21世纪经济与管理精编教材·经济学系列

财经应用文写作

（第二版）

Finance and Economics Practical Writing

傅宏宇 尹夏楠 等编著

北京大学出版社
PEKING UNIVERSITY PRESS

图书在版编目(CIP)数据

财经应用文写作/傅宏宇等编著. —2版. —北京：北京大学出版社，2013.7
（21世纪经济与管理精编教材）
ISBN 978-7-301-22774-9
Ⅰ. ①财…　Ⅱ. ①傅…　Ⅲ. ①经济—应用文—写作—高等学校—教材　Ⅳ. ①H152.3
中国版本图书馆CIP数据核字(2013)第146237号

书　　名：财经应用文写作（第二版）
著作责任者：傅宏宇　尹夏楠　等编著
策 划 编 辑：刘誉阳
责 任 编 辑：刘　京　刘誉阳
标 准 书 号：ISBN 978-7-301-22774-9/F・3657
出 版 发 行：北京大学出版社
地　　址：北京市海淀区成府路205号　100871
网　　址：http://www.pup.cn
电 子 信 箱：em@ pup.cn　QQ：552063295
新 浪 微 博：@北京大学出版社　@北京大学出版社经管图书
电　　话：邮购部62752015　发行部62750672　编辑部62752926
出版部62754962
印 刷 者：涿州市星河印刷有限公司
经 销 者：新华书店
787毫米×1092毫米　16开本　15.25印张　377千字
2006年10月第1版
2013年7月第2版　2017年5月第6次印刷
印　　数：16001—21000册
定　　价：32.00元

第二版前言

网络信息时代查找各种信息的便捷使得应用文写作经常使用“Ctrl+C”和“Ctrl+V”，年轻的大学生尤其如此。许多大学生的写作水平堪忧，不仅表现为对于要写作的内容缺少认真主动的思考，而且对于行文的结构、逻辑、文字表达也缺少积极主动的构建。作者在本书改版过程中搜寻例文，也顺便看了一些网上大学生的各种作业性质的报告，实在是不敢恭维。有人说：“电脑毁了我一手好字。”不知网络的方便是否会带来整体写作水平的下降。但毫无疑问，即使是对于应用文写作，完善的内容、合理的结构、清晰的逻辑、准确流畅的文字表达也都是必要的。对于财经大类专业的大学生，在学校期间通过各种报告、论文写作过程中教师的严格规范的指导要求，提高实际的写作水平是非常必要的。财经应用文写作课程不仅应教会学生各种应用文的体例格式，更要提高其实际的写作水平，更应该以此为目标。

本书出版后颇受好评，印了九次，这是我们所始料不及的。因为参加本书编写的老师都是金融学和会计学专业的教师，没有人专门讲授财经应用文写作课程，这样的成绩是对我们最好的肯定。在此，对于选择本书的教师和同学深表感谢！

本次改版我们保留了全书简明的特点，对于书中的文字进行了修订，主要更新了多数章节的例文。本次改版由北京联合大学管理学院的教师集体完成。傅宏宇、尹夏楠负责编写的组织工作。编写的具体分工为：傅宏宇编写第六、七、十五、十七章；尹夏楠编写第一、三、九、十二、十三章，并负责整理附录和参考文献目录；傅巧灵编写第五、八章；唐赵苾编写第二、十六章；孙尧斌编写第四、十、十一、十四章；傅宏宇写作第二版前言；最后由傅宏宇和尹夏楠进行统稿。

多年以来，北京大学出版社对于本书的出版发行给予了大力的支持，第一版的责任编辑陈莉老师、张迎新老师投入了大量的时间、精力。第二版的责任编辑刘誉阳老师为本书的修订做了大量的工作。在此对北京大学出版社和各位编辑老师的辛勤付出深表感谢！由于本书的编写者缺少财经应用文写作课程的教学经验，书中错漏之处在所难免。恳请各位专家、老师、同学斧正。

编者

2013 年 5 月

前　言

财经应用文是交流财经管理信息的最基本方式。大学财经类专业的毕业生在其日后工作中往往会频繁地书写各类财经应用文，因而，财经应用文的写作是大学财经类专业学生应该掌握的基本技能。

财经应用文的写作不难，但把财经应用文写得好，写得言简意赅，甚至写得流畅、漂亮却远非人人都能做到。写好财经应用文一方面取决于写作者的文字功底和对文字本身的着意；另一方面则取决于对于特定财经应用文的体例、要求的熟悉。对于财经类专业的大学生，文字功底应该属于个人的基本素质。至于书写财经应用文时对于文字的着意，在当今快节奏、信息量巨大的财经实务中，往往难以做到。作者的一位在美国华尔街工作的朋友曾谈到他们每天都要翻阅处理大量的文字信息，甚至是体积约为一个立方米的文字报告。在这种情况下，写作者对于所要写作的报告的体例的熟悉，特别是对于报告使用者对信息需求的了解就变得十分重要，包括熟练、合理地使用首段概括和首句概括的方法。

大学财经类专业的培养计划不会包含加强学生文字功底的内容，这是因为大学培养计划的着重点是构建学生的专业基础，培养学生专业方面的能力。但许多学校的财经专业都将财经应用文写作课程列入培养计划，对此，我们的理解是，通过这门课程的教学使学生了解、掌握各类财经应用文的体例和具体要求，提高学生的文字能力。本教材就是基于这样的思路编写的。书中用主要的篇幅介绍了不同类型财经应用文的体例和具体写作要求，并给出了多个范例和对范例的分析。通过对本教材的学习，相信学生会提高财经应用文的实际写作能力。

本教材主要由北京联合大学应用文理学院的教师集体编写。傅宏宇、尹夏楠负责编写的组织工作。编写的具体分工为：尹夏楠编写第一、三、九、十二、十三章，并负责整理附录和参考文献目录；傅巧灵编写第五、八章；唐赵苾编写第二、十六章；孙尧斌编写第四、十、十一、十四章；清华大学经济管理学院经济系的王晓晨、程婉静编写第六、七、十五、十七章；傅宏宇写作前言；最后由傅宏宇和尹夏楠进行统稿。

目前，有关财经应用文写作方面的教材版本众多，其中不乏具有特色的。本书在编写过程中参考借鉴了许多出色的教材和相关书籍，篇幅所限，在此恕不一一列出。北京联合大学应用文理学院的领导对本书的编辑出版一直十分关心支持；北京大学出版社对本书的出版给予了大力支持，陈莉编辑付出了许多辛劳，在此表示衷心的感谢。由于参与本书编写的都是从事财经专业教学与科研的教师，虽然对财经应用文的内容相对熟悉，但在写作的理论知识与教学经验方面都有所欠缺，因而本书的肤浅、疏漏甚至错误之处在所难免，恳请专家和同行批评指正。

编者
2006 年 7 月

目　　录

第一篇　总论

第一章　财经应用文写作概论 3

第一节　财经应用文的含义和特点 3
第二节　财经应用文的分类和作用 5
第三节　财经应用文写作的基本要求 7
思考与练习 8

第二章　财经应用文基础知识简介 9

第一节　财经应用文的写作过程 9
第二节　财经应用文写作的相关基础知识和能力 17
思考与练习 22

第二篇　财经基础文书篇

第三章　公文 25

第一节　公文概述 25
第二节　公文的基本结构及其写作 28
第三节　例文简评 38
思考与练习 51

第四章　计划 52

第一节　计划概述 52
第二节　计划的基本结构及其写作 54
第三节　例文简评 56
思考与练习 60

第五章　总结 61

第一节　总结概述 61
第二节　总结的基本结构及其写作 63
第三节　例文简评 66
思考与练习 71

第六章　规章制度 72

第一节　规章制度概述 72

第二节　规章制度的基本结构及其写作 74
第三节　例文简评 76
思考与练习 79

第三篇　财经调研决策文书篇

第七章　市场调查报告 83
第一节　市场调查报告概述 83
第二节　市场调查报告的基本结构及其写作 85
第三节　例文简评 88
思考与练习 92
第八章　经济合同 93
第一节　经济合同概述 93
第二节　经济合同的基本结构及其写作 96
第三节　例文简评 99
思考与练习 111
第九章　市场预测报告 112
第一节　市场预测报告概述 112
第二节　市场预测报告的基本结构及其写作 114
第三节　例文简评 116
思考与练习 118
第十章　可行性研究报告 119
第一节　可行性研究报告概述 119
第二节　可行性研究报告的基本结构及其写作 121
第三节　例文简评 122
思考与练习 129
第十一章　经济活动分析报告 130
第一节　经济活动分析报告概述 130
第二节　经济活动分析报告的基本结构及其写作 133
第三节　例文简评 135
思考与练习 149
第十二章　审计报告 150
第一节　审计报告概述 150
第二节　审计报告的基本结构及其写作 153
第三节　例文简评 157
思考与练习 164

第四篇　财经信息宣传文书篇

第十三章　商品说明书 167
第一节　商品说明书概述 167
第二节　商品说明书的基本结构及其写作 168
第三节　例文简评 170
思考与练习 173
第十四章　广告 174
第一节　广告概述 174
第二节　广告的基本结构及其写作 177
第三节　例文简评 179
思考与练习 181
第十五章　招标书和投标书 182
第一节　招标书和投标书概述 182
第二节　招标书和投标书的基本结构及其写作 185
第三节　例文简评 187
思考与练习 189

第五篇　日用文书篇

第十六章　常用往来文书 193
第一节　常用往来文书——求职信、介绍信、证明信和申请书概述 193
第二节　常用往来文书的基本结构及其写作 197
第三节　例文简评 201
思考与练习 206
第十七章　常用告知文书 208
第一节　常用告知文书——条据、启事、声明概述 208
第二节　常用告知文书的基本结构及其写作 210
第三节　例文简评 213
思考与练习 215
附录Ⅰ 216
附录Ⅱ 222
附录Ⅲ 229
主要参考书目 233

第一篇

总　论

第一章　财经应用文写作概论

第二章　财经应用文基础知识简介

第一章　财经应用文写作概论

本章学习要点与要求：

本章为本书内容的主要概括，是人们认识财经应用文及其写作的切入点。本章的学习要点有：财经应用文的概念、特点、分类和作用；财经应用文的写作要求。通过本章的学习，要求掌握财经应用文的含义及其特点；了解财经应用文的不同分类；理解财经应用文的作用；掌握财经应用文的写作要求。

第一节　财经应用文的含义和特点

一、财经应用文的含义

财经应用文是关于国民经济和各经济部门以及整个经济社会所发生的各种经济实践活动和经济理论的文章。

在社会各界开展经济活动的过程中，财经应用文广泛地应用于经济、管理工作的方方面面，财经应用文可以说是应用文的一个分支。财经应用文写作是文体写作中较大的一个类别，具体包括财经应用文写作理论和财经应用文写作实践两个部分。财经应用文写作理论是各类财经应用文写作实践经验的总结，是各类财经应用文格式、特点、规律、规范、要领、要求、方法和技巧等由感性认识到理性认识的升华，是财经应用文写作内在规律的科学概括；财经应用文写作实践是财经应用文写作理论的本源和基础。可见，财经应用文写作理论和写作实践二者相互推进，写作实践为写作理论的提升提供基础资料；而写作理论则从写作实践中掌握其写作的基本规律和技巧，为写作实践更为科学化、条理化和系统化服务。

二、财经应用文的特点

财经应用文写作区别于文学创作和其他应用文写作，深入了解财经应用文的主要特点，对于认识财经应用文的性质、功能和内容，掌握财经应用文写作的规律、规范、要领、要求、方法和技巧，都有着十分重要的意义。财经应用文写作除具有一般应用文体的属性（如实用性、简约性等）外，自身还具有几个显著特点：

（一）政策性

党和国家的方针政策是一切财经工作的生命线，作为反映财经活动、传递财经信息的财经应用文写作也必须以党和国家的路线、方针、任务及颁布的经济政策、法律、法规、条例、章程等为准则和依据，其写作内容随之体现出鲜明的政策性。如本书的财经公务文书类所属的文书，其本身就是党和国家的经济方针、政策和法律、法规的载体；其他类的文书大多也直接或间接地在不同程度上反映政策的指引方向，比如可行性研究报告、经济合同、招标投标书等，必须符合国家的有关政策和法令。可见，政策性贯穿于一切财经活动中，同时也贯穿于整个财经应用文写作中。

（二）真实性

财经应用文写作是从实际应用中产生和发展起来的，反映在写作内容和文风上，必须具有求真务实的特点。具体包括两个方面：写作材料的真实性和写作的实用性。写作材料的真实性要求在写作时取材真实，提供的信息必须客观准确，即财经应用文反映的内容要实事求是，真实准确，容不得半点虚假，而且所引用的数据也要反复核实，确保无误；同时，还要注意写作的态度要认真、诚实，一是一，二是二，语言要做到平直、朴实，便于理解。在制作商业广告和产品说明时尤其要注意这一点，不得做虚假的宣传，蒙骗消费者。写作的实用性是指所提出的办法、措施要切实可行。大多数的财经应用文写作的目的不是供人品鉴和欣赏，而是服务于经济生活、经济活动、财经工作和经济建设的需要，回答和解决经济领域中发现和提出的各种问题，从而推动国民经济持续、稳定、健康地向前发展。因此，财经应用文必须遵循求实性，才能据以办事，解决实际问题。

（三）专业性

财经应用文写作反映财经领域的经济活动，传递各项财经工作信息，这要求财经应用文的作者必须熟悉并掌握财经领域的运行规律，了解各项财经工作的特点，判断不同财经信息的价值，发现财经活动中的新事物或新问题，提出解决问题的办法，预测经济活动的走向。因此，财经应用文作为财经实践工作的组成部分和经济理论研究的有效手段，具有较强的专业性。这主要表现在：一是写作内容的专业性，财经应用文所反映的是财经领域中的各种现象、各种活动和各项工作，所要解决的是财经领域的实际和理论问题，其专业性非常明显；二是写作语言表述的专业性，财经应用文结合了许多经济学和管理学方面的原理和方法，以叙述、说明、议论为主要表达方式，运用大量的统计数据、图表来说明问题，用较多的财经专业术语来表述，明显区别于其他专业应用文的语言表述；三是作者的专业性，写作内容的专业性和写作语言表述的专业性决定了财经应用文写作的作者的专业性。

（四）规范性

财经应用文写作的文体繁多，形式各样，但又有一定的规范性。这主要表现在：一是文章体裁的规范性，如市场调查报告、经济管理决策报告属叙述体裁，商业广告、产品说明书属说明体裁；二是文章格式的规范性，一种是法定格式，如行政公文如何写，其要素如何安排等基本格式在《国家行政机关公文处理办法》中做了明确的规定；另一种是惯用格式，即在长期使用过程中逐渐形成并被大家承认和接受的约定俗成的格式，如经济合同、招标书和投标书等；三是语言的规范性，用规范的语言写作是对一切文章的基本要求，财经应用文写作必须使用规范的财经语言，包括财经专业术语和数据、图式、缩写、符号计量单位等，都应符合规范。此外，我国国家标准局和国际标准化组织以及有关职能部门对某些财经应用文体的书写格式、用纸规格、顺序、装订方式等，也都做了规范性、通用性、标准化的明细规定，实务中必须严格执行，不得随心所欲、自行其是。

（五）时效性

财经应用文的实用性决定了其时效性。财经应用文一般是用来在特定时间处理特定问题的，具有一定的时效性。如通告、通知、批复等，一旦工作完成，就失去效用，转为档案备查；再如市场调查报告、投标书、市场预测报告等也是针对不同项目、不同时期所做的工作，一旦错过时机，所做的工作成效也就付之东流。随着经济运作节奏的加快，机关、企事业单位的工作效率也必然加快，而必然要求为之服务的财经应用文更加迅捷、高效。

第二节　财经应用文的分类和作用

一、财经应用文的分类

由于社会财经活动范围广、门类杂、环节多，且随着社会经济的发展，财经活动的内容和项目也越来越多，新的文种不断出现，交叉性的文体不断产生，因此，财经应用文的分类向来是个复杂且难以统一的问题。实务中不同的编著者因其编著目的不同、使用对象不同，所采用的分类标准往往也不相同。本书以文体类别的性质不同作为分类标准，即将性质相似、特点作用相近的文书归为一类。采用这种分类标准的财经应用文大致可以划分为财经公务文书类、财经调研决策文书类、财经信息宣传文书类和日用文书类等四类文体。

（一）财经公务文书类文体

财经公务文书是指党政机关、企事业单位、人民团体处理公务时通常使用的文书。这类文书各行各业通用，且使用频率高。财经公务文书主要包括法定行政公文和一般公务文书两类。

法定行政公文是指国务院办公厅 2000 年 8 月 24 日发布的《国家行政机关公文处理办法》中规定的 13 种，即命令（令）、决定、公告、通告、通知、通报、议案、报告、请示、批复、意见、函、会议纪要。

一般公务文书是指《国家行政机关公文处理办法》中未做规定而在党政机关、企事业单位、人民团体中又经常使用的公务文书，如计划、总结、规章制度等。

（二）财经调研决策文书类文体

财经调研决策文书是指在经济活动开展的不同阶段、经济项目实施的不同环节所使用的专业性较强的文书。它包括的范围较广、种类较多，主要文种包括市场调查报告、经济合同、市场预测报告、可行性研究报告、经济活动分析报告、审计报告等。

（三）财经信息宣传文书类文体

财经信息宣传文书是指向大众传播财经信息，使大众了解企业的生产经营状况、产品的特点和性能等方面情况的文书，主要包括招股说明书、配股说明书、商品说明书、广告等。本书仅介绍最贴近大众生活的商品说明书和广告两类文书。

（四）日用文书类文体

日常文书是指人们在日常工作、学习、生活中，处理公私事务时常用的、有惯用格式的一类文体，简称日用文。主要包括常用往来文书和常用告知文书。

常用往来文书是指需要往来双方认可的日用文书，包括求职信、介绍信、证明信、申请书等。

常用告知文书是指需要告知某方的日用文书，包括条据、启事、声明等。

二、财经应用文的作用

财经应用文是社会经济生活中普遍运用的一种文体，它对现代经济活动的进行和社会经济的发展发挥着重要的作用。它既是国家机关、企事业单位、社会团体进行行政管理、处理日常事务、传递信息、交流情况、总结经验、记载经济活动的重要工具，也是人民群众表达意愿、交流思想感情、办理事务的重要工具。它的作用主要体现在以下三个方面：

（一）指导财经工作，加强财经管理

财经应用文是处理社会经济关系，开展财经业务活动的重要工具。从宏观经济角度来看，政府制定国民经济总体发展战略和中长期发展规划，确定各部门经济协调发展的中短期目标，发布经济改革的有关文件，制作反映总体经济动态的书面报告等工作都是以财经应用文为手段和载体的。从微观经济角度来看，无论企业还是单位为实现最大的经济效益，在进行任何决策前，都要进行一系列的准备工作，而这些工作都离不开财经应用文。如某大型项目的决策过程中，首先要进行市场调查、市场预测、可行性研究、行政请示，并撰写相应的书面报告；项目实施过程中要书写实施方案，招标投标书，各种工作通知、报告，订立经济合同，制作宣传广告；项目结束时还要撰写工作总结报告，邀请专家进行评估鉴定并写出评估鉴定书，上级部门还要进行项目审计并写出审计报告，技术部门要写出工艺管理规程或产品说明书等。因此，财经应用文在指导财经工作、加强财经管理的过程中发挥着重要的作用。

此外，在日常的经济工作中，往往通过制定各种财经管理条规对经常性的活动实施有效的

指挥、监督、协调和控制，行使其管理的职能，从而使财经管理进一步规范化和科学化。

（二）传播财经信息，开拓市场

市场经济条件下，信息不仅是一种资源，而且还是一种产业。财经工作离不开信息的搜集与传播，作为信息的载体，财经应用文在上传下达、内外交流、捕捉战机、宣传产品和树立企业形象等方面发挥着越来越重要的作用。财经工作者经常以报纸、杂志、广播、电视、网络等为载体，发布财经新闻，传播财经信息，登载产品广告，从而开拓市场。

（三）记载经济管理内容，反映经济业务活动

财经应用文的凭证作用来源于其记录功能。财经应用文的作者在记录财经管理的内容、反映经济业务活动情况的同时，用文字记载了财经管理的要求和经济业务活动的情况，成为从事财经管理工作和经济业务活动的凭证。财经应用文的这种凭证作用在实务中起着非常重要的作用。一是相关部门在制定经济政策、做出财经决策时，可以把财经应用文客观反映的事实作为依据凭证；二是下级机关、企事业单位在开展工作、处理问题时，上级机关发布的有关法规、指示、决定等文件成为他们办事和解决问题的重要依据和凭证；三是企事业单位在进行奖惩时，制定的相关规章制度成为其执行的依据；四是有些财经文书不仅指导了当时的各项财经工作，在归档后也能对今后的经济工作起到查考、凭证作用，甚至成为研究历史的第一手资料，具有重要的史料价值。

第三节　财经应用文写作的基本要求

财经应用文的特点决定了财经应用文写作的基本要求如下。

一、遵循客观经济规律，以理论为指导

各种财经应用文的写作都要以客观经济规律为指导。例如，在商品经济条件下，经济合同的写作，必须按价值规律办事，贯彻等价有偿、平等互利、协商一致的原则。只有这样才符合客观经济规律，有利于促进商品经济的发展。财经应用文是财经工作实践的反映，而财经工作是以党和国家有关方针、政策、法律、法规为依据的。因此，财经管理工作者必须认真学习经济理论和相关的方针、政策，树立正确的立场、观点和方法，不断提高政策水平、理论水平和法制观念，以经济理论为从事财经应用文写作的指南。

二、注重调查研究，提高业务水平

调查研究在财经应用文写作的过程中有着特殊的地位和作用。财经应用文写作的过程就是调查研究的过程。善于调查研究，才能收集大量的财经信息，掌握第一手材料，在此基础上，进行分析整理，找出各部分的本质、属性及彼此间的联系，归纳出经济活动的内在规律，并根据经济现象及其发展变化的趋势，提出有针对性的方案和建议。

此外，熟悉财经业务是写出高质量的财经应用文的前提条件之一。财经应用文的写作者应掌握社会主义市场经济规律，了解社会再生产过程中各环节的关系和规律，熟悉本系统、本单位的相关业务，只有这样，才有可能写出高质量的财经应用文。

三、语言力求规范、简练、平实

财经应用文写作涉及的范围广、内容多，但大多侧重于揭示经济规律、交流财经信息。因此，财经应用文专业性和求实性的特点要求在其写作时一定要做到用词准确、规范，并且用简练畅达、质朴无华的语言来反映财经内容，做到条理清晰、逻辑严密、不拖泥带水。财经应用文不同于其他文体，它既不需要用华丽的辞藻修饰，也不需要用夸张、比拟等修辞手法和描写、抒情等表现方法。

思考与练习

1. 什么是财经应用文？其与文学作品相比有哪些特点？
2. 财经应用文在我们的生活、工作中有哪些作用？
3. 谈谈怎样才能写好财经应用文。

第二章　财经应用文基础知识简介

本章学习要点与要求：

本章主要阐述了写作财经应用文的基本步骤以及高质量的财经应用文的写作者应具备的素质。本章的学习要点有：财经应用文的写作步骤；财经应用文写作的相关基础知识和能力。通过本章的学习，要求熟悉财经应用文的写作步骤；了解如何才能写出高质量的财经应用文。

第一节　财经应用文的写作过程

财经应用文的写作过程可以分成几个步骤：第一步是调查研究和搜集信息资料；第二步是确立主旨、运思；第三步是选择文体结构和表达方法；第四步是下笔行文。当然这些步骤并非完全按上述顺序进行的，有时是先有主旨，然后行文；有时又是几个步骤相互交叉重复进行的。

一、搜集材料

写文章，素材是非常重要的，写作者要做的第一个工作是获取大量的材料。财经应用文的写作不仅需要第一手具体的、现实的材料，而且也需要间接的、概括的、历史的材料。通过观察积累和调查研究可以获得第一手资料，而通过查阅资料有可能获得范围更广的信息。

（一）观察积累

现代社会中的经济活动、商务往来、日常生活和实际工作等过程中都能够接触到大量的经济现象、事物和实例，这些就是直接的、最为丰富可靠的第一手材料。只要善于观察并有意识地搜集、整理分析，日积月累就可以获得具有普遍性、客观性和现实性的、说服力强、可信度高的写作材料。

（二）调查研究

调查是获得第一手材料的重要而有效的方法。通过调查访问，可以获取大量的有价值的材料，并可以把问题的研究引向深入，进而找出规律，找到解决问题的方法，分析出典型意义。“没有调查就没有发言权”，因此，在具体的财经应用文写作时，应该注重调查研究，做到所叙之事真实可靠。

（三）查阅资料检索文献

观察和调查是直接从生活中取材，阅读则是通过文字媒介从文件、互联网、书籍、报刊和有关历史资料中获取材料，这是财经应用文写作获取材料的又一重要途径。这类材料、信息虽然是间接的第二手资料，但却是他人直接来源于社会生活经验的归纳总结。通过查阅资料获取材料不仅可以弥补时间精力有限的问题，超越时空界限，还可以对历史和现状做纵向和横向的考察和比较，深化认识，对问题的研究和具体的应用文写作有很高的借鉴和参考价值。特别是互联网技术为知识、信息的传递提供了极大的方便，无疑为进一步扩大获取材料的范围提供了一个非常便捷的途径。

（四）筛选材料

通过各种途径所获得的相关材料是大量的、分散的，在开始写作之前，写作者应对所拥有的材料进行必要的整理、归类、筛选，达到去粗取精，去伪存真，使文章的主旨可以通过写作者所选用的材料很好地体现出来。在材料的筛选中，一般采用以下的选择标准：

1．选择最能说明主旨的材料

材料的取舍必须以表现主题即主旨为依据，而不能孤立地着眼于材料本身。因此，要对材料进行仔细推敲、鉴别，从中选取最能说明问题、最能突出表现主旨的材料，与主旨无关，或关系不大的、不能表现和支撑观点的材料，无论多真实、准确、新颖，都应坚决剔除，避免材料堆砌，淹没主旨。

2．选择真实准确的材料

真实是财经应用文的生命，因此，文章必须符合客观事实，有较高的可靠度和可信度。财经应用文所选用的材料，自然也必须始终坚持真实性、准确性的原则。而这种真实应是本质的真实，是确凿无疑、可靠无误、与客观实际完全相符的。只有基于准确的数据和真实的情况，才能推出正确的结论，才具有普遍指导意义。因此，要使财经应用文真正体现处理事务、交流沟通、规范经济活动的工具功能，唯有注重选材的真实准确。

3．选择典型的材料

所谓典型材料是指最具有广泛代表性的，最有说服力的，能够反映事物共性和特征，揭示事物一般规律，能充分表现文章主旨的材料。人们认识事物总是由个别到一般，又由一般到个别这样循环往复地进行，所以，选择典型材料，通过个别反映一般，通过个性反映共性，符合认识规律，是选材的重要原则。只有使用典型材料，才能把应用文的主旨表现得更深刻、更充分，也才能真正地反映客观实际。

4．选择新颖的材料

新颖的材料一般是指新发生的事物，新发现的事例，新出现的观念、观点，富有吸引力、预示新趋势的材料，这类材料最有生气、最具活力。反映符合时代特点的新情况，容易使人产生共鸣，这样才能避免雷同，才能展现个性、突出事物的特点。当然，在旧材料中发掘出与过去不同的新意，同样可以表现深刻、新颖的主旨，给人以新的启示。

二、确立主旨、运思

（一）确立主旨

古人称文章的主旨为“意”，“意者，一身之主也”。“意”贯穿文章始终，起着主导的作用。通常一篇文章只有一个主题或主旨。

在议论文中，它是作者对某个问题的观点、意见和看法；在说明性的文章中，它是对某个事物或事理的解说和诠释；在记叙性文体中，它是对人和事带有倾向性的，具有感情色彩的陈述表达。而在财经应用文体的写作中，它往往是对某项工作所提出的原则或具体实施的方案规章，是解决实际问题的务实性决策。

财经应用文的主旨多是“意在笔先”。在具体的写作实践中，往往是先确立写作的目的、观点、原则，即“主题先行”，然后再组织材料、构思布局、选择结构、规范表达等。这是因为财经应用文的行文导向往往来自于国家的政策、法规、指导意见，或决策层的示意。因此，财经应用文体的主旨应当弱化个人意愿和感情，注重组织的意愿，并且必须真实地反映客观实际，不允许运用文学创作中灵活自由的艺术夸张、合理想象、渲染、铺陈等方法。

主旨是财经应用文写作的关键，对文章的质量和效用有着至关重要的作用。主旨在文章的构思行文过程中起着纲领的作用。其他要素如文章体裁的确定、材料的选择、结构的安排、表达的方式以至遣词造句都要听命于主旨，为其服务，受其制约。

主旨制约文章的内容，是文章的中心思想和基本观点，是贯穿全文的线索，对文章内容有制约、指向和主导的作用。在财经应用文写作中，内容始终是为主旨服务的，而文章的旨意是通过文章的内容体现出来的，因此，主旨对内容起着制约的作用。如在现代社会中非常有实用价值的经济合同，它的主旨实际就是双方交易活动的目的（标的），交易进程中的价格、数量、质量、方式、权利和义务等诸多条款，都是围绕标的（主旨）来制定的。

主旨规范着文章的形式。文章的谋篇布局、表达方式的选择，目的都在于较完美、集中地表现主旨。而财经应用文体与其他文体相比较，它具有惯用的、约定俗成的、相对固定的程式性特征，常常是在“框框里面做文章”，但在文体、语体的选择上，仍然服务于、服从于主旨和写作目的的需要。

一般来说，确立主旨的标准从以下几个方面考虑：

第一，确立主旨要以党和国家的方针、政策、法律、法规为依据，并切合社会经济发展的实际。作者应能把握国际、国内宏观的社会经济发展的动态和趋势，比较深刻地了解党和国家的经济发展方针和政策，同时熟悉本地区、本部门、本单位的微观经济环境和具体情况，通过调查掌握好第一手信息资料，然后对所掌握的材料做如实客观地分析研究，依据党和国家的经济发展政策确定文章的主旨。

第二，开掘要深，立意要有深度。实际的财经应用文写作要求揭示事物的本质及其内部规律，善于抓住主要矛盾，即“意”要简约，发掘具有本质性和倾向性的问题。因此，财经应用文写作在解决问题、提出意见、反映情况、交流信息的过程中，对社会现象和事实材料进行去粗取精、去伪存真、由此及彼，由表及里的理性开掘，并使之升华，力求形成较全面深刻的主旨。

第三，立意要新，富有创造性。财经应用文写作的立意必须突出一个“新”字。现代社会，经济活动瞬息万变，新情况、新问题、新经验层出不穷，要及时抓住新事物、新信息，解决新问题，达到规范经济活动的目的。

第四，在确立财经应用文的主旨时，必须注重实际效果和可行性。在现代社会中，市场经济纷繁复杂，千变万化，怎样根据社会的热点、焦点及公众普遍关注的问题，并结合有关方针政策确立财经应用文主旨的价值，一个重要的标准，就是在成文后是否有实际效果。这就需要我们在掌握真实信息情况的基础上做出正确的判断和选择。

（二）运思

在主旨确立后，下笔以前，作者首先要整理自己的思路，即所谓的运思。运思是作者写作行文前的思想活动，是人类特有的一种定向的创造性思维活动，是升华认识、理清材料、理顺逻辑关系、设计文章布局的必由之路。作者要以主旨为纲领，琢磨提出什么样的问题，分析哪些可能的影响因素，文章以何种形式展开深入，得出什么样的结论。运思的目的就是最好地表达主旨。财经应用文作者在下笔之前，可用图 2-1 所显示的框架来初步整理自己的思路，理顺文章中各因素之间的逻辑关系，财经应用文的文章结构往往有规定范式，而叙事与说理的方式则可以有多种变换。

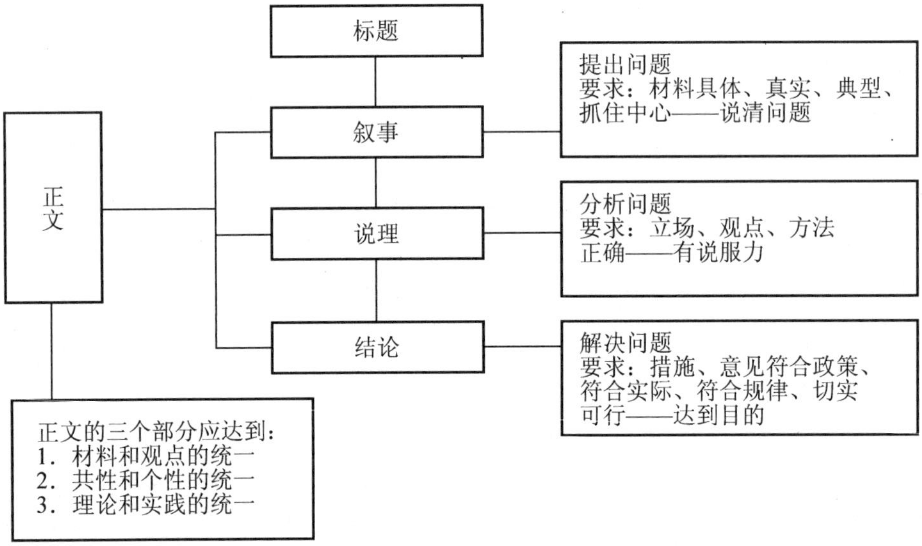

图 2-1　财经应用文的运思框架

财经应用文常常采用不同的逻辑关系来展开叙事和说理的部分，其中常用的方法有以下四种：

归纳演绎法：它们是两种方向完全不同的对立的思维方法。归纳是由个别或特殊的具体知识出发，推出一般结论，得到普遍原理的思维方法；演绎法是从一般引申出个别的思维方法，二者是相互依存的辩证统一体。归纳是演绎的基础，演绎的前提常常是归纳。在财经应用文写作中，常用归纳、演绎方法来构想文章说理或叙事的思路。

分析综合法：分析综合是一种辩证的思维方法。分析是对事理进行分解、剖析，它是一个人的知识和能力的表现；综合是在分析的基础上，把事物各部分、各方面的因素结合起来，从整体进行考察认识，由分到总、集零为整的思维方法。分析综合也是互相依存、互相联系、互相转化的一对矛盾的思维过程，如应用文写作中的分类，对事物纵向和横向的分析，在财经应用文中常用的定量、定性分析等。

比较法：这是把一事物与其他事物的属性特征加以对比来确定事物的共同点和不同点的思维方法。有比较才有鉴别。在财经应用文写作中，常常使用的比较方法主要有同类比较法、纵横比较法，还有把比较与分析、综合等思维方法结合起来运用的复杂比较法等。

因果法：就是从事物的原因和结果的关系入手进行分析的思维方法。在应用文写作中运用因果法，有利于我们深化认识，明确方向，找到解决问题的方式、方法，可以较好地体现应用文写作的实用价值。

在财经应用文写作中叙事和说理的思路还有多种，以上只是常见常用的几种。在具体的写作实践中，可用一种，也可多种并用，视具体写作情况而定。但是思路要以作者的观点为主导，即以文章主旨为主导，不应偏离主旨而任由思路海阔天空。

三、选择结构

主旨明确，文章应提的问题、阐述的逻辑思路、利用的材料大概理清后，就需要确定文章的结构。由于财经应用文主要以规范的文体结构为主，因此不同的目的和主旨要用不同的文体结构。选择适当的财经应用文结构是写好财经应用文的关键步骤。

（一）财经应用文的结构

结构是文章的各部分按一定组合关系联结而成的序列形式。“结构”一词，原是建筑学中的术语，后来借用到文章写作中，指文章的总体安排。文章的结构包括：一是文章各部分的先后顺序；二是文章各部分之间的内在联系，即逻辑关系。文章的内在联系方式是多种多样的，但在外部形式上，各层次之间仅仅是先后顺序的关系，把依此排列的各层次分为开头、主体、结尾三部分是结构的基本形式。而各基本形式又是由段落和层次组成。

1．财经应用文常用的开头形式

财经应用文常用的开头有以下几种形式：

（1）概述式：用叙述的方法，概括地写出对象的基本情况、问题，或写出工作的基本过程。此种开头多见于报告、调查报告等。

（2）提问式：先提出问题然后引起下文。这种开头有时用于调查报告。

（3）引叙式：引用下级来文、上级指示精神，或有关情况法令，以作为撰写文件的依据。

这种开头多用于指示、报告等。

（4）结论式：先说明所论对象、工作的意义或背景情况，再叙述主旨或其他有关材料。这种开头多见于报告、批复、条例、通知等公文。

（5）强调式：对全文主旨的意义进行强调说明,引起重视，以有助于贯彻执行。

（6）呼应式：开头揭示主旨，结尾和开头相呼应，进一步强调和说明主旨。

2．财经应用文常用的结尾形式

财经应用文的结尾，在文章中起了重要的作用。常用的结尾方式有以下几种：

（1）总结式结尾：在结尾部分对全文做总结，以概括总的观点，点名主题。常用于总结、调查报告及一些经济分析文章中。

（2）自然收束式结尾：这种结尾的特点是在文章主体部分的主要内容写完后，事尽言止，不另做结尾，自然收尾。常用于通告、通知、决定等简短的文章中。

（3）希望、鼓励式收尾：在结尾部分提出希望，展望未来，鼓舞斗志。常用于计划、总结、报告等文章中。

（4）规定式结尾：这种结尾常用于规定格式写法的文体中，如经济合同、章程、条例等固定格式的应用文。

（二）财经应用文的段落和层次

结构的基本单位是段落与层次。

1．段落

段落就是自然段，是文章层次的基本构成单位。文章分段，既能表现作者思路发展的步骤，又能帮助读者理清文章的层次结构和理解文章内容的内在联系。一个段落内只能谈一件事，即使是同一逻辑层次的事情也不能在同一个自然段里谈。

段落的划分要注意三点。第一点，单一性指一段只能说明一个问题，只能有一个段意，不能把不相干的意思放在一个段落里；完整性指把一个意思在一个段落里集中讲完，不能把完整的意思拆得七零八落。第二点，各个段落间的意思要有内在联系，使每一段均成为全篇的一个有机组成部分，做到分之为一段，合则为全篇。第三点，分段要适当注意整体的匀称，做到轻重相当，长短合度。

2．层次

层次指文章内容的表达次序，就是阅读、分析文章时常说的意义段、逻辑段。层次的划分，体现了作者基本思路的走向和文章内容展开的自然逻辑顺序。层次要通过一定的段落形式才能表现出来，一个层次可以含有一个至几个自然段，而一个较长的自然段，也可以分成几个层次。层次的划分主要有以下几种形式：

（1）序列式：即按照各层次之间的逻辑顺序分列条项。先说什么，后说什么，要有内在的逻辑关系。表面看来好像是并列的，实际上前后条项不可颠倒，如财务会计制度等。

（2）递进式：即各层次之间是递进关系，也就是层层深入的关系。一般表现为由虚到实、由表及里、层层深入，如财经论文。

（3）总分式：即各层之间存在着总分关系，先总说后分说，或先分说后总说；先归纳后演绎，或先演绎后归纳。一般适用于工作计划、工作总结等。

（4）典型式：即通过典型事例，叙述某项工作的发展进程。一般适用于工作总结、调查报告等。

（三）财经应用文的常用结构形式

财经应用文常用的文章结构形式可以总结成如下几种：

（1）篇段合一式：即一段式，指全篇只有一个自然段。由于内容少而简单，不便分开，往往采用一段式的写法。例如行政公文中的命令、决定、公告、简单的通知、批复、函，日常应用文书中的介绍信、便条、启事等，常常是一段式的写法。

（2）总分式：这是一种总起分述的结构样式。开头先对全文的内容做简要的概述，然后依此分别对其展开论述。总分式还可以分先总后分式、先分后总式及先总述再分述、最后总述的总分总式。

（3）分条列项式：这种结构方式所展现的各层次之间的关系是一种并列关系，互不隶属。条例、规定、办法、章程等，多采用这种结构方式。此外，它还可以作为一种局部的结构方式与其他结构方式结合使用。例如，并列式的常用文体有学术论文、计划、总结、报告等。

（4）事理演进式：采用此种结构方式,各层次之间的内在意义往往呈现一种由浅入深、由表及里、步步推进的逻辑关系。该结构遵循的是人们对事物的认识规律。对于说理性较强的文章，采用演进式结构，可以体现出思维的逻辑性，使文章完整、严谨，具有很强的说服力。

四、下笔行文

（一）表达方式

表达方式也称表现方式，指在写作中运用语言来反映情况，陈述整理，说明问题，探索总结规律，阐明观点的具体方法和手段。通常情况下，采用的表达方式有五种，即记叙、议论、说明、描写、抒情。财经应用文书受其文体性质和写作目的的制约，它的表达方式以说明为主，兼用记叙和议论，一般不用描写或抒情。

1．说明

说明，是以简明而准确的文字，对事物或事理的性质、状态、特征、成因、关系、功能、构成等进行阐释和解说。说明是应用文写作的主要表达方式之一，在具体的写作实践中被广泛使用，常用的说明方法有：

（1）定义说明：对事物的本质属性做明确的界定，用简明的语言，科学地揭示事物或事理的本质特征。

（2）诠释说明：即对定义做较全面、详细、具体的阐释、解说，使人们对客观事物有一个全面认识。

（3）举例说明：通过具体、典型的事例来说明事物和事理，即通过个别认识一般。

（4）分类说明：对构成较复杂的事物，进行分门别类的介绍说明。

（5）数字图表说明：用统计数据和图表来说明对象。

（6）比较说明：通过将相似或不同的事物进行对比、类比来揭示事物的性质和特征。

在具体说明中，还有其他说明方法，可根据需要选择采用。

财经应用文写作对说明的要求是准确简明、语言平实、抓住特征、条理清楚。多种说明方式常常同时使用。

2．记叙

记叙是应用文写作中最基本和最常用的一种表达方式，是运用陈述性的语言，对人物的经历和事件的发展变化过程做介绍和交代。多数应用文都涉及一定的事件、事项，因此，常采用记叙手段陈述事实，交代背景，表述经过，揭示因果等。

在财经应用文写作中，运用记叙这种表达方式时，一般采用概述而不用详述，并经常与说明、议论结合使用；记叙方式通常以顺叙为主，讲究平铺直叙，有时也用分叙和倒叙，一般不用插叙和补叙；在应用文中，记叙的三种人称，大都单独使用，在人称转换时都应有交待和过渡。

3．议论

议论是对客观事物或某个问题、事件进行分析、评论，表明自己的观点、意见、态度的一种表达方式。在应用文写作中，除了学术研究文书以议论方式为主要表达手段以外，其他应用文中，议论一般多作为说明、记叙的补充手段，处于从属地位。

完整的议论是由论点、论据、论证三要素构成。论点是核心，论据是基础，论证是联系论点和论据的桥梁。应用文着重在实际问题的解决，以客观事实为基础，以明确的政策、法规为依据，论证力求简明。因此，通常采用不完整论证，简化论证过程，直接表明立场、观点、主张等论证结果，而且多以正面论证为主，同时与其他表达方式结合使用，夹叙夹议是常用的方式。

在实际的应用文写作中，说明、记叙、议论三种表达方式经常交互使用，相辅相成。同时，表达方式与文体也有着互为依存的关系，不同的文体在运用表达方式时，由于文体特征的制约，在选择时往往是有所侧重的。根据文体要求选用恰当的表达方式，是保证财经应用文写作质量的重要条件。

（二）表达语言

语言是人类思维交流的工具，是思维结果物化的重要手段，是文章的要素之一，也是财经应用文写作表达的基本工具和载体。财经应用文种类多，内容不同，体式各异，但它们都是用以处理事务、解决实际问题，因此是讲求实效的，这就决定了它的语言必须以实用为准则，以提高效率为目的。与一般文章相比，财经应用文的语言有其独有的特点。

第一，严谨、有分寸感。财经应用文的各类文种，大都不宜使用口语和文学语言，而必须使用严谨、规范的书面语言。不可褒贬过分，也要杜绝弹性和模棱两可的话，要有分寸感，直陈其事，“析辞必精”，“述情必显”，遣词用语含义明确，限定无误。行文中也可有分寸地选用外来语、文语词汇、简缩语、方言、简称等。

第二，常用专门及行业词语。财经应用文专用语、行业术语繁多，并具有较强的行业定指导性。长期以来，人们在文书中沿用一些使用频率较高的、专用的或固定模式的词语。例如，称谓语、经办语、引叙语、祈请、表态、结尾语等。这些词语虽不是法定的，但是约定俗成的，它有助于使文章语言简练，文约意丰。

第三，常用较固定的句式和特定形式的语言。为使语言表述直观简洁，应用文常使用陈述句、祈使句，较少使用感叹句、疑问句，常使用图表、符号、公式等特定形式的语言。

第四，常用数字语言。数字语言在财经应用文写作中常具有特殊的功能，尤其在表现经济活动的发展与变化方面更具有一般文字所不能替代的揭示、说明、计算、显现和增强说服力的作用。

第二节　财经应用文写作的相关基础知识和能力

一、熟悉党和国家的经济理论和政策

要想熟练地进行财经应用文的写作，写作者要有较高的政策理论水平。

任何社会工作的顺利开展都离不开政策理论的指导与制约。在建设有中国特色的社会主义伟大进程中，财经工作是众多工作的中心。要想顺利实现全面建设小康社会的奋斗目标，财经工作的开展不能没有党和国家的方针政策及理论的正确指导与宏观制约。财经应用文在指导和推动经济工作、推广经济管理经验、传播经济信息方面起了重要的作用，是财经工作的一个重要环节。因此，要想写好财经应用文，必须研究党和国家的路线方针，加强政策理论学习。

例如，党的“十六大”已将不断增强我国可持续发展能力，改善生态环境作为全面建设小康社会的目标之一，这应该作为开展财经工作的一项重要指导方针。当在进行某些财经工作的规划时，就要将此项财经工作的开展对可持续发展的影响、对生态环境的影响考虑进去；当在预测某项财经工作的效益时，也要将其可持续发展成本考虑进去，不能盲目追求经济效益而不顾子孙后代。

从上面的例子可以看出，财经应用文的作者，应该把学习、研究党和国家的经济方针、政策、法律、法规摆在重要的位置上，需要全面、系统地学习与研究，弄清现行经济方针政策的实质、来龙去脉，进而有效地通过财经应用文的写作去宣传贯彻党和国家的各项经济方针政策，达到推动经济建设发展的目的。

二、具备良好的综合分析能力和逻辑判断能力

（一）综合分析能力

分析就是在思维过程中，把客观事物的整体分解为各个部分、方面、要素，逐个加以研究的方法。在写作中，作者分析的主要任务是敏锐地发现材料的新鲜因素和独特价值，找出问题的各影响因素，以及对问题最有影响的因素。常用的方法有分类分析法与因果分析法。

综合就是在分析的基础上，把对象的各个部分、各个方面、各个环节、各个因素联系起来加以整体考察的方法。综合法是认识事物、形成概念的重要思维方法。在实际思维过程中，分析与综合总是相互联系、互相转化的。分析是综合的基础，综合是分析的目的。综合的目的就是把分析过的各部分材料，按照它们各自的属性以及内在联系，由此及彼、由表及里，即通过找出事物的前后联系，或者纵横之间的关系，把握事物发展的主流，揭示事物的本来面目。

没有分析做基础，综合出来的东西是空洞的、表面的；而分析后不进行综合归纳，分析出来的东西是零碎的。必须把分析和综合有机地统一起来，才能使感性认识上升为理性认识，也只有在充分分析和符合事物发展规律的素材综合基础上才能得出结论。

分析、综合能力是写好财经应用文的必要条件之一。这是因为一项经济业务的变动，一个主要经济指标的变化，往往涉及很多方面的问题，可能是由几个原因造成的。只有依靠作者的分析能力和综合判断能力对现象进行研究分析，去粗存精、去伪存真，捋顺关系，才能找出问题之所在。

例：某电器集团 2011 年、2012 年的部分经营指标如下表，请你就此做一个分析，试找出该公司 2012 年与 2011 年相比，好在什么地方，不足又在什么地方？

某公司部分经济指标完成情况分析

项目	2011 年	2012 年	增减额	增减百分比（%）
主营业务收入（元）	10200	11720	1520	14.9%
利润总额（元）	778	860	82	10.5%
流动资产平均余额（元）	750	930	−30	−4%
流动资产周转天数（天）	35	30	−5	−14.3%

分析：该企业 2012 年主营业务收入比 2011 年增加了 1520 元，增长幅度为 14.9%，而流动资产平均余额比上年降低了4%，实现了销售收入增长（主营业务收入）同时小幅减资，因此，流动资金周转速度加快了 5 天，这样相对节约了占用流动资金。但是，利润的增加幅度低于主营业务收入的增加幅度，说明主营业务利润率在下降。

从上述的分析可以看出，分析的过程不是数字之间的简单对比，而是通过数字之间对比产生的结果，找出数字之间的内在联系，以反映出企业的真实经营状况，即企业的销售和资金的使用是良好的；但利润的增加幅度低于销售额的增长幅度则需要进一步查明原因，需要找出影响利润增长幅度的因素，并进一步提出改进措施。

可以看出，通过作者的综合分析，得到各因素变动之间相互的影响关系，依据相关的企业管理和财务知识进行分析，得出当前企业好的方面是“增销不增资”，存在的问题是“利润增加但增幅低于销售额”。因此，分析、综合、判断能力的强与弱，可以决定一篇财经应用文质量的高与低。分析、综合比简单的对比效果要好得多。分析综合能力与逻辑思维判断能力是财经应用文作者应不断培养加强的能力。

（二）逻辑判断能力

逻辑思维又称抽象思维，是舍弃了具体的感性形象，运用概念、判断、推理，以分析与综合、归纳与演绎等为基本方法的一种思维方式。它是实用性、评论性文章写作时主要使用的思维形式。

在财经应用文的写作中，要想得出正确的概念，或给客观事物下一个正确的判断，必须依靠作者自身的逻辑思维能力，通过分析、综合、比较、抽象、概括的思维活动，以概念、判断、推理的形式完成，反映出客观事物的运动规律，达到对事物本质特征和内在联系、规律的把握，如预见和推知事物的过程，或把同一类事物的共同特征、本质特征抽取出来加以定义。

财经应用文的写作过程是作者不断进行思维活动和逻辑判断的过程。材料的搜集整理组织、主旨的提炼、结构的安排、语言的组织都离不开思维活动。不能有效地进行分析、综合、比较、抽象、概括，不能通过经济概念进行科学的判断、推理，反映经济现象的本质，体现经济现象的内在联系及经济工作的内部规律，那么这个作者无疑是写不好财经应用文的，所以我们必须有意识地进行逻辑判断和思维能力的训练，努力做到全面、具体、严密、深刻地思考、分析、解决问题，并通过财经应用文表现出来。

三、较强的业务能力和熟练掌握财经专业术语

（一）业务能力

好的财经应用文，它的作者无疑是非常熟悉经济业务的。应用文写得好不好，问题揭示得深入不深入，所定制度规章起不起作用，与作者是否熟悉业务有着十分密切的关系。不熟悉业务必然导致遇事困惑，难以落笔，或者蜻蜓点水，做表面文章，不能解决任何问题。因此，财经应用文的专业特点，从内容表达上来看，要求作者具有精益求精的业务能力。但是，熟悉业务不是一朝一夕的事，而要靠日常的探索和积累。只有在平时多学习，多思索分析，常做有心人，才有可能使自己的业务能力不断提高。

（二）财经专业术语

财经专业术语的正确应用是写好财经应用文的基本要求，它包括财经应用文的习惯公文用语和经济业务的概念表达的财经术语。但是在财经术语中，不少术语之间仅个别字不同，其含义和应用范围却很不同。财经应用文的作者有必要搞清楚这些术语的含义，才能在写作中正确应用。例如：“审核”、“考核”、“查核”、“复核”、“核准”，相互间只一字之差，但是意思却有差别。有些是“考察”的意思，有些是“仔细对照”的意思。

四、掌握数据的分析、表达及其书写规则

（一）数据的分析

经济工作离不开数据，并往往是从各种数据的对比分析中发现问题、分析问题、解决问题的。因此，在财经应用文的写作过程中，在对写作的情况和问题进行剖析时，常常要注意到所涉及数量的增减变动情况，利用基本的数量分析，来反映其实质性的变化。所以说，对数据的恰当运用是撰写财经应用文的一个重要技术要求。

在财经应用文中，常用的数据分析有以下几种：

1．绝对数分析

绝对数是反映社会现象的规模和水平的数值，是经济现象的量的具体表现，常常被称为总量指标。如某公司某年主营业务收入 8 000 万元，利润 1 500 万元，资产 3 000 万元，净资产 1 000 万元，职工 600 人等。读者根据这些数据，能对公司的生产规模与经营水平有一个基本的了解。无论是调查报告、总结、计划，还是审计报告、财务情况分析，都要用到绝对数分析。

2．相对数分析

相对数是两个有联系的指标的比较。通过相对数分析，可以反映现象和问题的相互联系和对比关系的程度。相对数通常是以倍数、百分数、千分数等来表示，尤以百分数的应用最为普遍。

在经济活动分析中，相对数分析往往通过财务比率分析进行。财务比率包括结构比率、效率比率和相关比率。由于相对数往往是两个指标的对比关系，所以又可称为相对指标。计算相对指标，应该注意的是，用来对比的指标口径之间应有可比性和衡量标准的科学性。

3．平均数分析

平均数是综合反映某一类现象的一般水平指标，用它可以研究事物发展的规模和水平。值得注意的是，平均数只能用于研究同质事物的一般水平，不同质的事物不能混在一起计算平均数。

4．动态数列分析

现象随着时间的推移而发生变化的情形，叫做动态。通常，我们把说明某一财务现象的一系列指标，按其时间顺序排列起来，就叫做动态数列。通过对动态数列的分析研究，可以了解经济现象的发展趋势及其规律性。发展速度与增长速度、序时平均数、平均发展速度与平均增长速度等都是通过动态分析获得的。动态数列指标内容，包括范围、计算方法、计算单位、时间长短必须一致，以便明显地反映现象发展过程的规律性。

例如，某公司 2011 年应收账款 600 万元，销售额 2 000 万元；2012 年应收账款 700 万元，销售额 2 800 万元。从绝对数分析，应收账款 2012 年比 2011 年增长了 100 万元，而从相对数分析，应收账款占全部销售额的比重从 2011 年的 30%，下降到 2012 年的 25%。如果只就这两个绝对数来看，应收账款是增加了，但从结构相对数来看，应收账款占销售额的比重有所下降。这就可以清楚地了解到，随着某公司经济的发展，销售额不断增长，应收账款

相对减少，说明公司的应收账款的管理水平在提高。因此，这样看问题，就可以避免只看绝对数可能产生的错觉。

在进行数据分析过程时，应从全面、辩证、发展的视角来看待所要分析的问题或现象。上面几种数据分析的实例是应用文写作中经常采用的数据分析方法，体现了数据分析辩证关系的重要性，供读者在写作中参考。数据分析是经济应用文写作中经常采用的分析方法，使用时要注意数据之间的各种对比分析，如辩证关系分析、远近关系分析、相对绝对关系分析等，学习经济应用文写作的过程中应关注这方面的练习。

（二）数据的表达

由于数据比一般的语言描述能够更清晰地表达和解释所涉及的问题，因此，财经应用文常常会采用大量确凿的数据来表达。作为财经应用文的写作者，必须学习准确、清楚地利用数据来表达经济业务的事实。财经应用文的数据是说明经济业务来龙去脉以及增减变化实质的数值，是文章立论的依据，是组成文章材料的重要内容之一，对写好财经应用文具有积极的意义。

在财经应用文写作时，常见一些数据表达混乱和失误的情况，比如在语言描述上使用“混淆”的字以及表达不准确，最常见的如表达数量变动时比原来增加的倍数和是原来的多少倍之间的混淆；准数与约数同时使用的错误；概数重复使用的错误等。

（三）数字的书写

财经应用文经常以数据来作为所反映问题和现象的依据，数据的重要性在财经应用文中尤为特殊。因此正确的数据书写是提高文章质量的关键之一。

财经应用文中对于数字的正确书写有以下几点应注意的地方：

（1）金额数字，采用阿拉伯数字。书写时做到不连写、不草写。各个数字各自成形，易于辨认。小数一般保留两位，“元”与“角”之间要有小数点。

（2）四位数以及四位数以上的数字可采用国际上通行的三位分节法，节与节之间空 1/4 个阿拉伯数字的位置，但不用“，”分节的标出方法。如 15 678.24 不能写成 15 678.24。

（3）金额前若标出人民币符号“￥”时，金额后不再加“元”；若金额前用“人民币”三字，则金额最后可加“元”。例如，“￥888”，可写成“人民币 888 元”。

（4）金额需要大写时，一律正楷，字体如下：壹、贰、叁、肆、伍、陆、柒、捌、玖、拾、百、千、万、元、角、分、零、整。错误用法：一、二、三、四、五、六、七、八、九、十、两、俩、仨、毛、另、0 等。

综上所述，要想写好财经应用文，其写作者必须具备较广博的文化、理论、政策、行业、文体、技术等相关知识。因为不管是应用写作的程序、格式还是语言，其涉及的内容都不只是写作本身，而是蕴含了诸如行政学、财会知识、法律知识、管理知识、经济学、语言学、心理学、哲学等多门学科的相关内容。这些知识相互联系地越来越紧密，在实际工作中处处都会用到。因此，作为财经应用文的写作者，在平时的实践工作中应多注意学习，广泛涉猎各种学科的知识，不断充实和提升自己，这样才能写出高质量的财经应用文。

思考与练习

1．简述财经应用文写作的几个重要程序。

2．使用材料时应注意哪几个方面的问题？

3．财经应用文的语言表达有哪些特点？

4．在实际工作中，可以从哪几个方面提高自己的财经应用文写作能力？

第二篇

财经基础文书篇

第三章　公文

第四章　计划

第五章　总结

第六章　规章制度

第三章　公　文

本章学习要点与要求：

本章主要阐述了《国家行政机关公文处理办法》中规定的 13 种公文的写作。学习要点有：命令（令）、决定、公告、通告、通知、通报、议案、报告、请示、批复、意见、函和会议纪要共 13 种公文各自的特点、基本结构、写作要求及其注意事项；各种公文的范例及其评析。通过本章的学习，要求理解各种不同公文的特点及其适用条件和范围；掌握各种公文的基本结构；掌握不同公文间的联系与区别；在分析范例的基础上，更好地理解各种公文并能够熟练而准确地写作各种公文。

第一节　公文概述

一、公文的概念

公文是公务文书的简称，是指国家机关、社会团体、企事业单位用以处理公务所使用的书面材料的总称。它是传达贯彻党和国家的方针政策，颁布法律、法规、规章，请示和答复问题，汇报情况，交流经验以及记载政务活动相关内容的重要工具。

公文文书主要包括法定行政公文和一般公务文书两类。

法定行政公文是指国务院办公厅 2000 年 8 月 24 日发布的《国家行政机关公文处理办法》中规定的 13 种，即命令（令）、决定、公告、通告、通知、通报、议案、报告、请示、批复、意见、函和会议纪要。

一般公务文书是指《国家行政机关公文处理办法》中未做规定而在党政机关、企事业单位、人民团体中又经常使用的公务文书。如计划、总结、规章制度等。本书所讲的公文仅指法定行政公文。

二、公文的特点

公文与其他文体相比，具有鲜明的特点，主要表现在以下几个方面：

（一）法定的权威性

公文作为国家行政机关行使其行政管理职能的重要工具，直接反映制文机关的立场观点和决策意图，而且一旦发布生效，任何单位和个人必须遵守贯彻执行，因此，其内容具有法定的权威性和约束力。任何性质的国家、社会政治集团，总是通过公文的发布和实施，规范人们的言行，确保统治集团对国家的统治和管理，具有极强的政治性和政策性色彩。

公文的权威性来自国家机关的权威性。在法定的时间、范围内，公文对受文对象具有强制阅读、强制执行或强制复文等效力，受文对象必须贯彻执行，不容违背。

（二）严格的程式性

公文是一种严肃的文体，具有严格的程式性。所谓程式性是指撰写公文有统一规定的种类、格式和行文关系。每种公文都有其特定的适用范围、表现内容和使用格式，不能别出心裁，标新立异，也不能自搞一套，混同使用。如《国家行政机关公文处理办法》明确规定："公文一般由发文机关、秘密等级、紧急程度、发文字号、签发人、标题、主送机关、正文、附件说明、成文日期、印章、附注、附件、主题词、抄送机关、印发机关和印发日期等部分组成。"此外，其他的如用纸、书写、装订等也都有统一要求，任何单位、任何个人在撰写时都必须严格遵守，不得滥造乱用。

此外，公文要经过正式会议审核通过才能由相关主管领导签署发布。为了保证公文传递的运作通畅与贯彻执行，还规定了严格的公文收发处理程序，包括登记、分办、拟办、批办、承办和催办等。

（三）制发者的特定性

公文的制发者必须是依法成立并能以自己的名义行使职权和承担义务的组织、机关或其领导人。这里的"领导人"是指作为一个组织的代表而不是指"自然人"。公文的撰拟由专人负责，并代表专门机构，即使是以个人名义发布的，也不意味着就是以个人的名义谈话，而是代表其所在机关或单位。公文一旦形成，其一切责任由制发单位负责，与拟稿人即通常所指的作者本人无关。

三、公文的分类

从不同角度，公文有不同的分类标准。

从公文的来源可分为收文和发文两类。收文是本机关收到外机关送来的文件，如上级机关发来的指示、通知等。发文是本机关制发的文件，一部分发送给外机关，一部分下发给本机关内部使用。

从行文关系上可分为上行文、平行文和下行文三种。上行文即下级机关向上级机关报送的公文，如请示、报告；平行文指同级机关或不相隶属的机关之间互相往来的公文，如函、议案；下行文指上级机关发给下级机关的公文，如命令（令）、决定、批复等。

从文件的机密程度上可分为绝密公文、机密公文、秘密公文和普通公文。

从公文发送与处理的时间要求可分为特急、急件和平件三类。

不同种类的文种，有各自的使用范围和条件，因此，在选用公文文种时，一定要在考虑本机关与主送机关的工作关系、本机关的工作权限以及行文目的和要求等几方面情况的基础上，选用正确的公文种类。

四、公文的作用

（一）领导和指导作用

公文作为管理国家行政事务的工具，既是领导机关传达贯彻党和政府方针政策的有效形式，又是传达工作决策的重要手段。党和国家所制定的方针政策、政府各部门颁发的法律、法规基本上都是以各种公文的形式向下传达，布置交代任务，以此领导和指导下属单位有效地开展各项工作。例如，国务院对财政部的发文，就对财政部起领导作用。财政部对各省财政厅局的发文，就对各省财政厅局的业务起指导作用。

（二）规范和约束作用

我国的各种法律、行政法规和规章中，基本都是以公文中的命令、决定、通告、通知等形式发布的。如《中华人民共和国会计法》《中华人民共和国刑法》《中华人民共和国刑事诉讼法》《企业财务会计报告条例》《会计档案管理办法》《会计基础工作规范》《绿色食品标志管理办法》等都以公文的形式发布。这些法律、行政法规和规章是由国家各级权力机关、行政机关发布的，一经盖章发出，就具有了法定效力，对社会组织、社会成员的各项工作和活动具有规范和约束的作用。在其有效的时间和规定的范围内，任何单位和个人必须遵守，不得违反。

（三）联系和沟通作用

公文是一种重要的政务信息载体，在加强机关之间的联系和沟通信息方面起着重要的纽带作用。在公务活动中，上下级之间需要答复询问，通知相关事宜，请示报告情况；平级和不相隶属的单位之间需要相互联系业务，沟通情况，交流信息等。例如，下级机关向上级机关汇报工作和请示问题；上级机关向下级机关传达党和国家的方针政策、指导工作、答复问题；平级机关或不相隶属的机关之间商洽工作、互通情况等，一般都是在公文这个桥梁的联系和沟通的作用下来实现的。这样不仅有利于相关机关之间达成共识，密切配合，而且还能提高工作效率，推进各项工作的顺利进行。

（四）宣传和教育作用

有些公文本身就是宣传教育材料，旨在提高人们的思想认识，调动人民群众的积极性，保证党和国家的路线、方针、政策的贯彻执行。实践证明，载有中央领导同志重要讲话的公文的发布和传达，在改革开放和经济体制改革的各项工作中对全国人民都起着极大的鼓舞作用。此外，利用公文进行奖惩也是一种行之有效的宣传教育手段。

（五）凭证和查考作用

公文反映了制发者的意图、愿望和要求，受文机关必须依此来贯彻执行和处理事务；同时，公文也作为事后用以证实发文机关意图的凭据。因此，公文一经发布，即作为凭证依据必须登记、立卷、存档，以备查用；另一方面，公文作为一定时期政治、经济、文化等方面的真实记录，成为重要的凭证史料，还具有考查、凭证作用，有的甚至能为研究历史提供第一手资料。

第二节　公文的基本结构及其写作

公文的基本格式是指法定文种外形结构的组织和安排的规定，包括公文的构成要素以及这些要素在页面上的标志构成及其位置。国务院办公厅发布的《国家行政机关公文处理办法》对公文的格式做了规范性的规定。

一、公文格式的基本结构

公文的结构一般由眉首、正文和文尾三部分构成。

公文格式的构成要素包括发文机关标识、发文字号、秘密等级、紧急程度、签发人、标题、主送机关、正文、附件说明、成文日期、印章、附注、附件、主题词、抄送机关、印发机关和印发日期和印发份数等项目。

（一）眉首部分

眉首又称文头或版头，由发文机关标识、发文字号、秘密等级、紧急程度和文件份号等要素组成。

1．发文机关

发文机关的名称（全称或规范化简称）一般都用套红大字居中印在公文首页上部，以示庄重。它是公文制发机关单位的标识。一般由公文制发机关全称加文种构成，如“中华人民共和国财政部公告”；几个机关联合行文时，主办机关应排列在前，如《财政部、国家档案局关于印发<会计档案管理办法>的通知》。下行文的发文机关名称后常加“文件”两字，如“××市人民政府文件”。

2．发文字号

发文字号又称发文号，即发文机关单位的代号和文件的登记编号，由机关代字、年份、序号三部分依序构成。机关代字是发文机关的代称，年份是发文的年度，序号是发文的顺序号，如“国办发〔2012〕5 号”，其中“国办”即国务院办公厅的代称；“〔2012〕”是发文年号，指该文于 2012 年发出；“5”是发文顺序号，指该文是国务院办公厅 2012 年发出的第 5 个文件。

一份公文只能有一个文号，联合发文标主办机关的发文字号。如《财政部、国家海洋局关于印发<无居民海岛使用金征收使用管理办法>的通知》是财政部与国家海洋局的联合发文，财政部是主办单位，该文的发文字号是“财综〔2010〕44 号”。

有些公文一般不标明发文字号，而只标明序号。序号置于公文名称之下正中位置（汇编成册的公文，其发文字号则通常位于标题的正下方或右下方），如《中华人民共和国主席令》，在其正下方居中标有“第二十四号”。

上报公文应当在发文字号右侧标注“签发人”，“签发人”后面标明签发人姓名。如有多个签发人，主办单位签发人姓名置于第一行，其他签发人姓名从第二行起在主办单位签发人姓名之下按发文机关顺序依次排列。

3．秘密等级

秘密等级是指公文内容所涉及的国家秘密的等级，分绝密、机密、秘密三级。凡内容属于或涉及国家秘密的公文都应当在首页右上角标注出秘密等级。绝密、机密公文的制发，还应当标明份数和序号。如需要同时标识出秘密等级和保密期限，二者之间用“★”号隔开。

4．紧急程度

紧急程度是指对公文送达和办理的时间要求的标志。对一些急需处理的公文，应当在首页的右上角（秘密等级之下）标明紧急程度。紧急程度分“特急”和“急件”两种。

5．文件份号

文件份号是指同一文稿印制若干份时每份公文的顺序号码，也叫“编号”。份号位于眉首的左上角，用阿拉伯数码编印。如果一个文件印发 500 份，份号就是从 1 号到 500 号。其目的是便于发文和查对。

（二）正文部分

正文部分是公文的主体，一般由公文标题、主送机关、正文、附件、发文机关、印章、成文日期、附注等部分构成。

1．公文标题

公文标题通常由发文机关名称、公文的事由和文种三部分组成，或者由发文机关名称和文种两部分组成。其位置位于文件首页发文字号之上，可分一行或多行居中书写，字体比正文的字体大些。如《国务院关于加强预算外资金管理的决定》。其中的“国务院”是发文机关，“关于加强预算外资金管理”是发文的事由，“决定”是文种。发文事由一般由介词“关于”引出，并应当准确、简要地概括公文的内容。再比如《中华人民共和国主席令》、《中华人民共和国财政部公告》，则是由发文机关名称和文种两部分组成。其中的“中华人民共和国主席”、“中华人民共和国财政部”是发文者和发文机关，“令”、“公告”是文种，发文事由通常省略，这种情况一般适用于少数公文，如“令”、“公告”、“通告”等。

此外，标题中除法规、规章名称加书名号以及并列的几个机关名称之间可加顿号外，一般不用标点符号。

2．主送机关

主送机关又称受文机关，指公文的主要受理机关，应当使用全称或者规范的简称或统称。主送机关应标注在标题之下，正文之上靠左，并顶格书写，其后用冒号。当主送机关有数个并易于列举时，应并列写出；当主送机关很多，无法一一列举时，可以统称。如财政部向省、自治区、直辖市财政厅（局）行文，不可能把全国各省、自治区、直辖市财政厅或财政局的全称或简称一一列上，那么该文的主送机关就可以统称为：“各省、自治区、直辖市财政厅（局）：”。

上行文和非普发性的下行文一般只写一个主送机关。命令及一些公布性的公文，如公告、通告等，一般不注明主送机关。

3．正文

正文是公文的主体部分和核心内容，用来说明文件的内容。一般由发文缘由、具体事项和结尾三部分组成。正文的行文要求简练、逻辑严密、文字准确。正文字体不能太小，字距行距要清晰。

4．附件

附件是附属于公文正文之后的文字材料，是整个公文的重要组成部分。为使受文者正确理解和准确执行或办理公文，可以添加附件。附件有两种：一种是用于补充说明或证实正文的文件材料；另一种是随命令、通知等发布、批转或转发、印发的文件材料。

如有附件，应在正文之后、成文日期之前注明附件的顺序和名称，或在正文相关处用括号注明“见附件”等字样。如正文标题中已标明所批转、转发、印发、发布的文件的，则在正文之下不加附件说明，文中也不用标注“见附件”等字样。

5．发文机关

发文机关也称“落款”，指制发公文的机关。其名称位置在正文的右下方、日期的上方。发文机关落款时应当写全称或规范化简称，以领导人名义行文的落款要注明其职务和姓名。有些下行文件可不写发文机关名称，而盖以发文机关的公章取代。

6．印章

印章指作为机关权力象征的图章。公文上的印章是公文生效的一种标志。公文上的印章有两种：一种是发文机关的印章，亦称公章；另一种是机关负责人的印章，亦称签名章。公文中除会议纪要和以电报发出的文件以外，都须加盖印章，否则视为无效。

单一机关制发公文时，也可不签署发文机关名称，只标识成文日期。成文日期距离右边沿空四个字，加盖印章；当联合行文需加盖两个印章时，应将成文日期拉开，主办机关印章在前，两个印章均压成文日期；当联合发文需加盖三个以上印章时，应将各发文机关名称排在发文日期与正文之间。主办机关印章在前，每排最多三个印章，两端不得超出版心，最后一排如余一个或两个印章，均居中排布。印章之间互不相交相切。署名以国家领导人名义发布的公文还需有领导人署名。

7．成文日期

成文日期是文件的生效日期。成文日期以领导人签发该文的日期为准；联合发文的，以最后签发机关的领导人签发日期为准；会议通过的决定、决议等以会议通过日期为准；法规性文件则以文件批准日期为准；一般情况下，除在正文中明确规定了公文生效日期的公文外，其他公文的成文日期即为公文开始生效的日期。成文日期位于发文机关名称之下，并应用汉字书写，如“二〇一二年六月三日”，不能写成“2012 年 6 月 3 日”，也不能简写。

8．附注

附注是指对正文中出现的名词术语和有关事项、使用方法等所作的简要说明和解释。如有附注，应当加括号标注，一般标识在文件末成文日期之下，主题词之上，每项说明为一个自然段。附注有多条时需用序号进行排列。

（三）文尾部分

文尾又称版记，该部分属于文件的附加部分，主要是对文件印发情况加以说明，包括主题词、抄送机关、印发机关、印发日期、印发份数等部分。

1．主题词

主题词是指从文件中抽象出来，能够反映公文主要内容的并经过规范化处理的名词或名词性的词组。主题词标在文件的抄送栏之上，顶格写，由左向右排列，词与词之间要空一格，不能用标点符号。一般情况，除类别词外最多不超过 5 个能够确切表达公文主题的关键词。标引主题词必须从有关主题词表中选用，如《国务院公文主题词表》等。一份公文标引的依据是：先标反映文件内容的词，后标反映文件形式的词。具体的标引顺序：（1）类别词；（2）类属词；（3）文种。如《国务院关于加强水土保持工作的通知》，先标类别词“农业”，再标类属词“水土保持”，最后标上文种“通知”。再如《国务院关于深化城镇住房制度改革的决定》，其主题词为“城乡建设　住宅　制度　改革　决定”。其中“城乡建设”为类别词；“住宅”、“制度”、“改革”为类属词，范围由大到小；最后标上文种“决定”。

2．抄送机关

抄送机关是指除主送机关以外需要执行或知晓公文的其他机关，应使用全称或规范简称。抄送机关一般只需了解公文的内容而不负责答复和办理。抄送机关置于主题词栏之下。如果抄送机关较多，它的排列次序要分别按党政机关级别和领导人职务的高低排列。

3．印发机关

印发机关是指负责印发公文文件的机关，一般是发文机关的办公厅（室），例如，市政府的文件印发机关是市政府办公室。印发机关置于抄送栏下，左端署公文印发机关的全称。

4．印发日期

印发日期指办公厅（室）接稿后送往印刷的时间。印发日期署在印发机关的右边。如“二〇一三年三月十日印发”。

5．印发份数

印刷份数是指该份文件的总印份数。印刷份数置于印发机关及印发日期栏底线下方。如，“共印××份”。

公文的具体格式如下：

（一）眉首部分

编号　　　　　　　　　　　　　　　　　　　　　　　　　　　机密★一年

　　　　　　　　　　　　　　　　　　　　　　　　　　　　　　特　急

××市人民政府文件

×政发[2012]2号

（二）正文部分

关于×××××××的通知

各乡（镇）人民政府、街道办事处，市政府各部门，各直属企业：

××。

附件：×××××××××

（××市人民政府印章）

二〇一二年一月十八日

（三）文尾部分

主题词：××× ×× ×× ××

抄 送：××，××，××

××市人民政府办公厅　　　　二〇一二年×月××日印发

共印××份

说明：

（1）公文用纸一般用16开型，长260mm、宽184mm、左侧装订。也可使用成品幅面尺寸为210mm×297mm的国际标准A4型纸张。“布告”、“公告”、“通告”用纸大小，根据实际需要确定。

（2）公文用纸天头（上白边）为：37mm±1mm；公文用纸订口（左白边）为：28mm±1mm；版心尺寸为：156mm×225mm（不含页码）。

（3）公文的眉首、正文和文尾三大部分，每一部分的项目内容和所处位置都必须按规定的标准安排。机关正式文件用固定的套红版头，标明机关的全称或规范简称，后面加上“文件”二字，并用间隙红线(有的在红线中间加五角星)将文头与正文部分隔开。

（4）公文各部分项目选用规定的不同型号的字体印刷。公文标题使用二号宋体，小标题使用三号宋体。正文一般用三号或四号仿宋字体。

二、公文的写作要求

公文的写作首先要求平时注意广泛地收集材料；其次，要求进行实地考察，在此基础上，去伪存真、去粗取精，用准确规范的语言写成条理清晰的综合材料，使之一目了然。但不同的公文种类，具体表达的基本观点和中心思想也不相同，具体的写作要求也存在差异，下面就具体的公文种类来说明公文的写作。

（一）命令（令）

命令使用的级别比较高，一般由国家行政领导机关、部门及其领导人发布。命令（令）适用于发布行政法律和规章，全国人大及其常委会讨论通过的法律，以及地方人大讨论通过的地方性法规和各级行政管理部门制定的行政法规，大都是通过颁布命令实施的。命令（令）具有权威性和强制性的特点。

命令（令）一般可分为：公布令、任免令、行政令、嘉奖令、惩戒令、撤销令、特赦令、通缉令等。

命令（令）的结构格式很简单，一般由标题、编号、正文、落款、日期等部分组成，行政令还带有附件。

公布令、任免令的标题一般由发令机关名称（或领导人职务名称）和文种构成，如“中华人民共和国主席令”；行政令、嘉奖令一般由发令机关名称、事由和文种构成，如“国务院对胜利粉碎劫机事件的民航××机组的嘉奖令”。

命令（令）的编号不同于其他公文的编号，它不是由机关代字、年号和顺序号组成，而只标顺序号。

命令的正文文字较少，通常都很简练，只有一两句话。一般包括三项内容：公布对象、公布依据和实施时间三部分。

（二）决定

决定是党政机关对于某些重要事项或重大行动做出决断、安排时所使用的一种指挥性公文。决定是一种重要的规范性公文，上至党和国家的重大决策和战略部署，下至基层单位的奖惩事宜均可使用，使用范围很广。决定具有很强的领导性、权威性和规定性的特点。

常见的决定有：法规性决定、重大事项决定、处理重大事件决定、表彰英模的决定、机构设置的决定、人事安排的决定和接受辞职的决定等。

决定一般由标题、日期、正文、落款四个部分构成。

标题一般由发文机关、事由加文种三部分构成或者由事由和文种两部分构成。正文的结构一般由决定的缘由、决定的内容和结尾三部分组成，有的还需要带有附件。在第一部分中应简要交代发布决定的目的、意义及其背景；第二部分说明决定的具体事项，属于决定的主体，行文要求具体明白、层次清楚，便于有关单位执行；第三部分是结尾部分，用于提出希望、要求或执行说明。有附件的决定，应当于正文之后、发文机关署名之前注明附件的名称或依据，并将附件附在主件之后。

（三）公告

公告是党和国家各级权力机关、行政机关向国内外宣布重要事项或法定事项时所使用的公文。公告的内容具有严肃性和规定性，同时还要具有文体的庄重性和告知范围的广泛性。

公告一般由标题、正文、落款和日期四个部分构成。

公告的标题一般由发文机关和文种构成，如《中华人民共和国司法部公告》。有时可直接标出“公告”即可。如果是连续发布的公告，要在标题下注明“第×号”。公告正文一般包括公告依据、公告事项以及结语三部分。正文的行文要求文字精练，语气亲切平和。公告的落款指在正文右下方另起一行署上发布公告的机关名称和发布时间，如果已在标题中写上了发布公告的机关名称，也可省略。公告的发布日期可署在落款的正下方或写在标题之下，正文之上，用括号括上。

（四）通告

通告适用于在相关范围内公布社会各有关方面应当遵守或周知的事项。通告具有制发单位广泛、内容相对专业和法定的约束性等特点。

通告一般由标题、正文、落款和日期四个部分构成。

通告的标题可以由发文机关和文种构成，也可以由发文机关、事由和文种构成。正文一般包括通告依据、通告事项以及结语三部分。在第一部分中应简要交代发布通告的缘由、根据和目的；第二部分说明通告事项的内容、要求和执行措施等；第三部分通常用“特此通告”、“此告”等习惯用语结尾。

（五）通知

通知用于批转下级机关的公文，转发上级机关和不相隶属机关的公文；传达要求下级机关办理和需要有关单位周知或者执行的事项，任免人员。通知具有适用范围广、适用频率高的特点。

按照不同用途可分为指示性通知、知照性通知、批转性通知、转发性通知、颁布性通知和任免性通知六种类型。

指示性通知用于对下级机关需要执行与办理的工作或具体事项所做出的指示、要求，带有强制性、指挥性和决策性的特点。

知照性通知用于告知对方只需要知晓而不需要直接执行或办理的事项。

批转性通知用于对下级机关的来文进行批示后再转发给有关单位遵照执行。

转发性通知用于上级机关、同级机关及不相隶属机关的公文中对本机关下属各单位的工作具有指导意义的，将其转发给相关单位。

颁布性通知用于颁布有关规定、规则、制度、条例、办法等规章制度。

任免性通知用于人事的任免。

通知一般由标题、正文、落款和日期四个部分构成。

通知的标题可以由发文机关、事由和文种构成，也可以由发文机关和文种构成。正文一般包括开头、主体和结尾三部分。在开头部分中应简要交代发布通知的缘由和目的；主体部分说明通知事项的具体内容；结尾部分说明执行要求。正文的行文要求语言准确、简明，通知事项具体明确、切实可行。

（六）通报

通报用于表彰先进，批评错误，传达重要精神或情况，是上级机关向下属机关发出的一种周知性文件。通报具有内容的真实性和目的的明确性的特点。

根据其不同用途可分为表扬通报、批评通报和事项通报三种。

通报一般由标题、正文、落款和日期四个部分构成。

通报的标题可以由发文机关、事由和文种构成，也可以由发文机关和文种构成。正文一般包括发文原因、事件及其评议和所做出的决定三部分。正文在介绍事件的经过时要完整、简练，评议不宜过多，且要注意分寸。

（七）议案

议案用于各级人民政府按照法律程序向同级人民代表大会或人民代表大会常务委员会提请审议事项。

议案一般由标题、主送机关、正文、落款和日期五个部分构成。

议案的标题一般由发文机关、事由和文种构成。主送机关是指同级的人民代表大会或人民代表大会常务委员会。正文一般包括提案依据、议案的内容和解决办法三部分。落款署上提议单位的名称或代表姓名。落款的下方署上所提议案提交主送机关的日期。

（八）报告

报告用于向上级机关汇报工作，反映情况，提出意见或者建议，答复上级机关询问的专用文书。报告属于陈述性的上行公文，汇报性是报告的一大特点。

报告按内容可分为工作报告、情况报告、建议报告、答复报告和报送报告等；按性质可分为综合报告和专题报告。

报告一般由标题、主送机关、正文、落款和日期五个部分构成。

报告的标题通常只写事由和文种，也有的标题由发文机关、事由和文种构成。如果报告内容紧急，则可在标题中“报告”前冠以“紧急”字样。主送机关一般是直属上级机关。正文一般包括报告缘由、报告事项和结尾三部分。正文行文应根据不同种类的报告合理安排其陈述的结构，陈述的内容尽量使用准确的数据和概括性、有说服力的材料进行说明，做到言简意赅，重点突出。结尾部分通常用“特此报告”、“以上报告，请审阅”等惯用语结束全文。

（九）请示

请示用于向上级机关请求指示、批准。在公务活动中，涉及本机关无权决定而又必须经办的，或者有权决定但事由重大难以处理的或者按现有规定必须向上级请求指示的，则在办理之前应该向上级递交请示。请示具有明显的针对性、呈批性和时效性等特点。

根据其不同用途可分为请求指示的请示、请求批准的请示和请求批转的请示三种。

请示一般由标题、主送机关、正文、落款和日期五个部分构成。

请示的标题由事由和文种构成，也可由发文机关、事由和文种构成。请示的主送机关只有一个。如需同时送其他机关，应采用抄送形式。正文一般包括请示缘由、请示事项和结尾三部分。开头写明请示的原因、背景和依据。请示事项要写清请示、要求批准或要求解答的具体事项，事项要明确、具体。请示的结尾要明确提出要求，常用的有“以上意见，请予指示”，“以上要求，请予批准”或“如无不妥，请批转……”等。

（十）批复

批复用于答复下级机关的请示事项。请示是问，批复是答。批复具有被动性、针对性、权威性的特点。

批复一般由标题、主送机关、正文、落款和日期五个部分构成。

批复的标题由发文机关、事由和文种构成。标题的写作要求精练和清晰。批复的正文一般包括批复引语、批复事项和结尾三部分。批复引语中明确指出批复的对象。批复事项中表明对来文的态度。结尾部分以惯用语“此复”、“特此批复”等作为结束语。结束语一般另起一行，也可省略不写。此外，批复要求针对“请示”中的事项逐一答复，且要及时，不能久拖不复。

（十一）意见

意见适用于对重要问题提出见解和处理办法，主要是针对带有普遍性和亟待解决的问题提供具有指导性的方法、措施等。意见是一种重要的领导、指导性公文，具有知照性、主动性较强和操作的可行性等特点。

意见一般由标题、正文、落款和日期四个部分构成。

意见的标题由发文机关、事由和文种构成。意见的正文一般包括发文缘由、见解办法和发文要求三部分。发文缘由一般交代提出意见的背景、依据、目的、意义等，通常用“提出以下意见”、“现提出以下实施意见，请认真贯彻执行”等惯用语衔接下文；见解办法要求有理有据，且操作性强；结尾部分一般提出发文的要求、希望等，通常用惯用语“以上意见如无不妥，请批转××执行”、“报经××后下发”等作为结束语。

（十二）函

函用于不相隶属机关之间相互商洽工作、询问问题和答复问题、请示批准和答复审批事项。

函是比较正式的一种文种。函具有使用范围广泛、形式灵活和行文的多方向性等特点。

函按其性质及处理手续不同，可分为公函和便函。公函是正式公文，行文比较郑重，商洽的事情比较重要，按公文格式行文。便函不是正式公文，行文较简单，用来商洽一般不重要的事情，其格式灵活、简便，可以不编发文号，只盖单位办公厅、办公室公章即可。

函根据其内容、性质和用途不同可分为商洽函、问答函、请求函、告知函四种。

函一般由标题、主送机关、正文、落款和日期五个部分构成。

函的标题由事由和文种(函或复函)构成，也可由发文机关、事由和文种(函或复函)构成。主送机关即接受公函的机关。复函的主送机关与来函的发文机关是一致的。函的正文一般包括发函原因、发函事项和结束语三部分。发函事项说明商洽的问题，其行文要求简明扼要。结尾部分一般是表示希望和要求。通常以惯用语“特此函告”、“请查照办理”、“即请函复”等作为结束语。正文的语言要求文明礼貌、庄重典雅，语气温和，以达到较好的效果。

（十三）会议纪要

会议纪要用于记载和传达会议基本情况、主要精神和议定事项。它是根据会议的宗旨、目的和要求，按照会议记录、会议文件材料和会议的活动情况综合加工整理而成的，既可上呈，又可下达，是使用较为广泛的一种纪实性文件。会议纪要具有纪实性、提要性和指导性等特点。

会议纪要根据会议的不同性质可分为例会会议纪要、工作会议纪要、讨论会议纪要三种。

会议纪要一般由标题、正文、日期等三个部分构成。

会议纪要的标题一般由会议名称加文种构成，也可以由主办单位、会议名称加文种构成。会议纪要的正文一般包括会议情况简介、会议主要精神和结尾三部分。开头简要介绍会议的基本情况，如会议的时间、地点、参加人、主持人、会期、形式等。会议的主要精神部分是纪要的主体，应将与会者的发言进行分析、归纳、综合和概括，在此基础上准确而概要地反映会议研究的问题、讨论的意见、做出的决定、提出的任务、确定的措施等内容，要做到详略适宜，突出会议的重点和主要精神。结尾部分一般是提出希望、号召，要求贯彻会议精神，完成会议提出的任务。会议纪要的日期可以放在标题之下，也可以写在正文之后。

三、公文的注意事项

1．根据机关间的工作关系准确行文；选择适宜的行文方式，一般不越级行文；正确选择主送、抄送机关；明确发文权限，不越权行文；联合行文时，制发者应为“同级”。

2．注意文稿的用纸及书写格式要求。

3．公文的行文用词要准确、规范，避免发生歧义；词语间的搭配要遵循语言法则，谨慎使用修辞格；合理运用不同文种公文各自的惯用语；注意词语声音和语调对语义的影响，以正确表达作者的立场、观点和态度。要做到语言朴实、精炼、严谨、得体有力。

4．公文表达的内容要完整、具体、明确，使受文者易于理解，一目了然。

第三节 例文简评

例文 1：命令（令）

中华人民共和国主席令

第四十八号

《全国人民代表大会常务委员会关于修改〈中华人民共和国个人所得税法〉的决定》已由中华人民共和国第十一届全国人民代表大会常务委员会第二十一次会议于 2011 年 6 月 30 日通过，现予公布，自 2011 年 9 月 1 日起施行。

中华人民共和国主席　胡锦涛

2011 年 6 月 30 日

简评：这是一份颁布令。该命令由标题、编号、正文、落款、日期五部分构成。标题由发令领导人（中华人民共和国主席）和文件（令）构成。编号为 2011 年的第 48 号令。正文指明了三项内容：公布对象（《全国人民代表大会常务委员会关于修改〈中华人民共和国个人所得税法〉的决定》）、公布依据（由中华人民共和国第十一届全国人民代表大会常务委员会第二十一次会议于 2011 年 6 月 30 日通过）和实施时间（2011 年 9 月 1 日起）。正文行文文字简练，结构严谨而精悍，语气庄重，具有权威性和强制性。

例文 2：决定

国务院关于表彰全国劳动模范和

先进工作者的决定

国发〔2010〕11 号

各省、自治区、直辖市人民政府，国务院各部委、各直属机构：

2005 年全国劳动模范和先进工作者表彰大会以来，各行各业涌现出一大批在全面建设小康社会、加快推进社会主义现代化伟大实践中取得显著业绩的先进模范人物，他们是继续解放思想、锐意改革创新的时代先锋，推动科学发展、促进社会和谐的行动楷模。为表彰他们的突出贡献，弘扬他们的先进思想，进一步激励全国各族人民积极投身建设中国特色社会主义伟大事业，推动经济社会又好又快发展，国务院决定授予 2 115 人“全国劳动模范”荣誉称号，授予 870 人“全国先进工作者”荣誉称号。

国务院希望获得“全国劳动模范”和“先进工作者”荣誉称号的同志，谦虚谨慎，再接再厉，继续发挥模范表率作用，不断做出新的更大贡献。国务院号召全国各族人民，以全国劳动模范和先进工作者为榜样，学习他们信念坚定、胸怀大局的崇高思想，艰苦奋斗、勇于奉献的高尚品质，求真务实、纪律严明的优良作风，开拓创新、自强不息的进取精神，在以胡锦涛同志为总书记的党中央坚强领导下，高举中国特色社会主义伟大旗帜，以邓小平理论和“三个代表”重要思想为指导，深入贯彻落实科学发展观，同心同德、奋发图强，为夺取全面建设小康社会新胜利、谱写人民幸福美好生活的新篇章而不懈奋斗！

附件：全国劳动模范和先进工作者名册（共 2 985 名）

国务院

二〇一〇年四月二十四日

简评：这是一份表彰全国劳动模范和全国先进工作者的决定。该决定由标题、编号、正文、落款、日期五部分构成。标题由发文机关（国务院）、事由（表彰全国劳动模范和先进工作者）加文种（决定）构成。正文首先简要陈述了决定的背景和缘由：在建设小康社会、加快推进社会主义现代化伟大实践中取得显著业绩。之后说明这次行动取得的成果：推动科学发展、促进社会和谐。在此基础上提出决定的内容：授予“全国劳动模范”荣誉称号和“全国先进工作者”荣誉称号。最后对受表彰个人提出希望，对全国各族人民提出要求：以全国劳动模范和先进工作者为榜样，学习他们的崇高思想，为夺取全面建设小康社会新胜利、谱写人民幸福美好生活的新篇章而不懈奋斗。正文的行文简明扼要，用语准确。全国劳动模范和全国先进工作者名单用附件的形式表现，不但可以节约篇幅，还可以使名单更集中、醒目，值得借鉴。

例文 3：决定

水利部　财政部

关于对全国水土保持生态环境建设“十百千”

第四批示范工程命名的决定

2003 年 8 月 21 日　水保〔2003〕362 号

各流域机构，各省、自治区、直辖市水利(水务)厅(局)、财政厅(局)，各计划单列市水利(水务)局、财政局：

根据水利部、财政部《关于实施全国水土保持生态环境建设“十百千”示范工程的通知》(水保〔1999〕85 号)和《全国水土保持生态环境建设“十百千”示范工程实施管理办法》(水保〔1999〕297 号)，经研究，决定对第四批验收合格的示范县、小流域命名如下：

一、命名北京市房山区等 56 个县(市、旗)为“全国水土保持生态环境建设示范县”。

二、命名贵州省大方县新桥小流域等 302 条小流域为“全国水土保持生态环境建设示范小流域”。

希望被命名的单位再接再厉，开拓创新，发挥示范带动作用，为我国水土保持生态环境建设事业做出更大的贡献。

各地要向被命名的示范单位学习，贯彻预防为主、保护优先的方针，坚持以小流域为单元，统一规划，因地制宜，综合防治水土流失。要依靠政策和建设管理体制与机制的创新，调动全社会力量参与水土保持生态建设。要有效保护、高效利用水土资源，改善农业生产条件和生态环境，提高土地生产力和群众生活水平。要依靠生态的自我修复能力，大面积恢复植被，加快水土流失治理步伐，实现人与自然和谐相处，生态与经济协调发展。

附件：1.“十百千”工程第四批命名示范县名单

2.“十百千”工程第四批命名示范小流域名单

简评：这是一份联合行文的周知性的决定。该决定的标题由发文机关（水利部和财政部）、事由（对全国水土保持生态环境建设“十百千”第四批示范工程命名）加文种（决定）构成。正文部分分段说明决定的依据、决定的具体内容（对第四批验收合格的示范县、小流域命名），提出了对被命名单位的希望，以及对其他单位的要求（各地要向被命名的示范单位学习）。正文行文的内容具体明白、层次清楚。

例文4：公告

国家发展改革委 财政部公告

2012年第4号

根据《财政部 国家发展改革委关于开展“节能产品惠民工程”的通知》（财建〔2009〕213号）和《财政部 国家发展改革委关于印发“节能产品惠民工程”高效电机推广实施细则的通知》（财建〔2010〕232号）的要求，国家发展改革委、财政部组织对各地上报的高效电机推广申请报告及相关材料进行了审核。现将“节能产品惠民工程”高效电机推广目录（第四批）予以公告，推广目录在国家发展改革委网站（www.ndrc.gov.cn）和财政部网站（www.mof.gov.cn）上发布，请有关部门、单位及企业到上述网站查阅、下载。

附件：一、“节能产品惠民工程”高效电机推广目录（第四批）入围企业

二、“节能产品惠民工程”高效电机推广目录（第四批，请到有关网站查阅、下载）

国家发展改革委

财　政　部

二〇一二年三月二十一日

附件下载：附件一.pdf

附件二.rar

简评：这是一份联合行文的公告。该公告的标题由发文机关（国家发展改革委和财政部）和文种（公告）构成。正文的开头一般用惯用语“根据……的要求，现将……予以公告”，与下文衔接，为了节俭篇幅，符合条件的推广目录采用附件的形式列示，最后提出意见：到相关网站查阅符合条件的企业和高效电机推广目录。陈述公告的具体内容用语简练、清晰明了。

例文 5：通告

中华人民共和国东莞海关通告

2008 年第 11 号

为进一步完善海关监管企业的退出机制，规范对倒闭企业的登记注销工作，及时发现和处置倒闭企业，提高海关执法质量，保证企业信息完整、准确、有效，我关根据《黄埔海关预防和清理倒闭企业暂行办法》、《东莞海关倒闭企业预警和清理工作操作细则（试行）》相关规定，开展倒闭企业专项清理行动。现就有关事项通告如下:

一、经东莞海关倒闭企业联合勘核领导小组会议确认，以下企业（详见附件）已过报关有效期或经联合勘核确认为倒闭企业。

二、本次通告所涉企业为拟注销企业。如有异议，请企业负责人或相关代表于本通告发出之日起七个工作日内向我关提出，逾期将按规定办理企业注册登记注销手续。

特此通告。

（联系人：黄敏、方建生，联系电话：0769—22005304、0769—22005309）

附件：拟注销企业名单

二〇〇八年十一月二十五日

简评：这是中国东莞海关发布的一份周知性的通告。标题由发文机关（东莞海关）和文种（通告）构成。引语部分简练明确，通过一个惯用语“现就有关事项通告如下”转入主体部分。正文的具体内容涉及多个企业，所以采用附件形式列示，通告事项直接陈述，用语庄重严肃，口气坚定。

例文 6：通知

财政部
关于印发财政部门行使行政处罚
裁量权指导规范的通知

财法〔2013〕1 号

各省、自治区、直辖市、计划单列市财政厅（局）、新疆生产建设兵团财务局，部内各单位，财政部驻各省自治区、直辖市、计划单列市财政监察专员办事处:

为了规范财政部门行使行政处罚裁量权行为，促进财政部门依法、公平、公正实施行政处罚，提高财政行政执法水平，保护公民、法人和其他组织的合法权益，根据《中华人民共和国行政处罚法》等规定和国务院《全面推进依法行政实施纲要》（国发〔2004〕10 号）、《关于加强法治政府建设的意见》（国发〔2010〕33 号）的要求，结合财政执法实际，我们制定了《财政部门行使行政处罚裁量权指导规范》，现印发给你们，请参照执行。执行中有何问题，请及时向我们反馈。

附件：财政部门行使行政处罚裁量权指导规范

财政部

二〇一三年一月四日

简评：这是一份知照性的通知。标题由发文机关（财政部）、事由（财政部门行使行政处罚裁量权指导规范）和文种（通知）构成。正文的开头指出了制发该通知的背景、依据和其重要意义；具体内容采用附件的形式列示，不仅节省了篇幅，而且也使其具体内容一目了然。

例文7：通知

国务院
批转《关于深化收入分配制度改革的若干意见》的通知

国发〔2013〕6号

各省、自治区、直辖市人民政府，国务院各部委、各直属机构：

国务院同意发展改革委、财政部、人力资源社会保障部《关于深化收入分配制度改革的若干意见》，现转发给你们，请认真贯彻执行。

收入分配制度是经济社会发展中一项带有根本性、基础性的制度安排，是社会主义市场经济体制的重要基石。改革开放以来，我国收入分配制度改革不断推进，与基本国情、发展阶段相适应的收入分配制度基本建立。同时，收入分配领域仍存在一些亟待解决的突出问题，城乡区域发展差距和居民收入分配差距依然较大，收入分配秩序不规范，隐性收入、非法收入问题比较突出，部分群众生活比较困难。当前，我国已经进入全面建成小康社会的决定性阶段，按照党的十八大提出的千方百计增加居民收入的战略部署，要继续深化收入分配制度改革，优化收入分配结构，调动各方面积极性，促进经济发展方式转变，维护社会公平正义与和谐稳定，实现发展成果由人民共享，为全面建成小康社会奠定扎实基础。

我国仍处于并将长期处于社会主义初级阶段，当前收入分配领域出现的问题是发展中的矛盾、前进中的问题，必须通过促进发展、深化改革来逐步加以解决。解决这些问题，也是城乡居民在收入普遍增加、生活不断改善过程中的新要求新期待。同时也应该看到，深化收入分配制度改革，是一项十分艰巨复杂的系统工程，不可能一蹴而就，必须从我国基本国情和发展阶段出发，立足当前、着眼长远，克难攻坚、有序推进。

深化收入分配制度改革，要坚持共同发展、共享成果。倡导勤劳致富、支持创业创新、保护合法经营，在不断创造社会财富、增强综合国力的同时，普遍提高人民富裕程度。坚持注重效率、维护公平。初次分配和再分配都要兼顾效率和公平，初次分配要注重效率，创造机会公平的竞争环境，维护劳动收入的主体地位；再分配要更加注重公平，提高公共资源配置效率，缩小收入差距。坚持市场调节、政府调控。充分发挥市场机制在要素配置和价格形成中的基础性作用，更好地发挥政府对收入分配的调控作用，规范收入分配秩序，增加低收入者收入，调节过高收入。坚持积极而为、量力而行。妥善处理好改革发展稳定的关系，着力解决人民群众反映突出的矛盾和问题，突出增量改革，带动存量调整。

各地区、各部门要深入学习和全面贯彻落实党的十八大精神，充分认识深化收入分配制度改革的重大意义，将其列入重要议事日程，建立统筹协调机制，把落实收入分配政策、增加城乡居民收入、缩小收入分配差距、规范收入分配秩序作为重要任务。各有关部门要围绕重点任务，明确工作责任，抓紧研究出台配套方案和实施细则，及时跟踪评估政策实施效果。各地区要结合本地实际，制定具体措施，确保改革各项任务落到实处。要坚持正确的舆论导向，引导社会预期，回应群众关切，凝聚各方共识，形成改革合力，为深化收入分配制度改革营造良好的社会环境。

附件：关于深化收入分配制度改革的若干意见

国务院

二〇一三年二月三日

简评：这是一份批转类的通知。标题由发文机关（国务院）、事由（批转《关于深化收入分配制度改革的若干意见》）和文种（通知）构成。正文用简洁的语言阐明了批转机关对批转内容的态度以及执行这项工作的意义，并提出了该通知的要求；具体内容采用附件的形式列示。全文语言简练，态度肯定，具有一定的指示性，这也是批转类通知的特点。

例文 8：通报

财政部

关于 2011 年度全国金融企业财务决算报表工作评比情况的通报

财金〔2012〕99 号

各省、自治区、直辖市、计划单列市财政厅（局），新疆生产建设兵团财务局，有关中央金融企业：

根据《全国金融企业财务决算报表工作考核办法》（财金〔2005〕43 号），我部对 36 个地方财政厅（局）和 37 个中央金融企业 2011 年度的财务决算报表工作进行了考核打分，并结合各单位金融企业财务快报编报工作情况，综合确定考核结果，现对以下成绩突出的单位予以通报表扬：

一、地方财政部门先进单位：湖北省财政厅、山东省财政厅、广东省财政厅、北京市财政局、河南省财政厅、江苏省财政厅、重庆市财政局、山西省财政厅、黑龙江省财政厅、海南省财政厅、浙江省财政厅、安徽省财政厅、福建省财政厅、广西壮族自治区财政厅、天津市财政局、河北省财政厅、江西省财政厅、青岛市财政局、新疆维吾尔自治区财政厅。

二、中央金融企业先进单位：中国工商银行、交通银行、中国建设银行、国家开发银行、中国进出口银行、中国光大（集团）总公司、中国东方资产管理公司、中央国债登记结算有限责任公司、中国农业银行、中国银行、中国再保险（集团）股份有限公司、中国人民保险集团股份有限公司、中国长城资产管理公司、中国华融资产管理公司、中国信达资产管理股份有限公司、中国银联股份有限公司、中国农业发展银行、中国银河金融控股有限责任公司。

特此通报。

财政部

二〇一二年九月十四日

简评：这是一份内容较完整的表彰性通报。该通报的标题由发文机关（财政部）、事由（2011 年度全国金融企业财务决算报表工作评比情况）加文种（通报）构成。正文概括叙述发布本通报的背景和目的，之后列示被表彰的对象和嘉奖的形式。

例文 9：议案

国务院关于提请审议《中华人民共和国

企业所得税法（草案）》的议案

国函〔2006〕101 号

全国人民代表大会常务委员会:

为了适应对外开放的新形势，统一内资、外资企业所得税，创造企业公平竞争的市场环境，促进社会主义市场经济健康发展，国务院有关部门在认真调查研究、总结实践经验、广泛听取各方面意见的基础上，拟订了《中华人民共和国企业所得税法（草案)》。这个草案已经国务院常务会议讨论通过，现提请审议。

国务院总理　温家宝

二〇〇六年九月二十八日

简评：这是一份向全国人民代表大会常务委员会提请的议案。该议案的标题由发文机关（国务院)、事由（提请审议《中华人民共和国企业所得税法(草案)》）加文种（议案）构成。正文简要说明提请该议案的背景和目的，之后指出该议案的具体内容，最后提出程序要求，常以“现提请审议”文字表述。落款为议案提议机关的领导，即国务院总理温家宝。

例文 10：报告[1]

国家经贸委、质量技监局

关于棉花打假专项行动督查情况的报告

按照《国务院办公厅关于立即开展棉花打假专项行动的紧急通知》(以下简称《紧急通知》) 的要求，国家经贸委、国家计委、质量技监局、工商局、供销总社和原纺织局抽调人员组成四个督查组，从 12 月 8 日至 18 日，对河北、江苏、安徽、江西、山东、河南、湖北、湖南等 8 个棉花主产省开展棉花打假专项行动的情况进行了督促检查；供销总社派了 7 个检查组，开展本系统的自查自纠。国家经贸委、质量技监局、供销总社的负责同志也分赴河南、江苏、河北检查棉花打假工作，并与有关省政府主要领导交换了意见。现将有关情况报告如下:

[1] 陈佩玲、许国英主编:《应用文写作》，化学工业出版社 2005 年版。

一、8个棉花主产省贯彻落实《紧急通知》的基本情况

从督查情况看，棉花生产省一致认为国务院决定在全国立即开展棉花打假专项行动，完全正确，非常必要。《紧急通知》下发后，各地对棉花打假专项行动思想重视，行动迅速，措施有力，取得了初步成效。

一是思想重视。各级党委、政府对棉花打假专项行动旗帜鲜明，态度坚决。山东、河南、河北、湖北、江西省主要领导同志高度重视，及时做出批示；分管省领导亲自动员和部署，督导打假；有关市、县主要领导亲临打假一线。

二是行动迅速。11月26日晚中央电视台“焦点访谈”栏目对河南尉氏县大桥乡供销社棉花掺杂使假问题曝光后，根据总理指示精神，河南省连夜组织专案组奔赴案发地，对案件进行彻查。11月30日，《紧急通知》下发后，各省相继发出通知，召开紧急电视电话会议，11月底至12月初，各地棉花打假专项行动全面展开。

三是措施有力。（略）

四是效果明显。（略）

二、棉花打假专项行动中暴露出的问题

从全国棉花打假专项行动中暴露出的问题来看，棉花主产省普遍存在程度不同的棉花掺杂使假、以次充好、混等混级的问题，具体表现在以下几个方面：

一是普遍存在棉花掺杂使假的问题。（略）

二是棉花掺杂使假不择手段，性质恶劣。（略）

三是私商棉贩非法收购、加工活动十分严重。（略）

四是供销社系统棉花收购、加工企业的经营管理薄弱。（略）

五是棉花质量严重下降。（略）

六是一些省没有严格执行《国务院关于深化棉花流通体制改革的决定》（国发〔1998〕42号）的规定，对棉花收购、加工资格的认定工作不规范，疏于监管，使一些不具备资质条件的单位和个人取得了合法的资格，有的一家取证、多家经营，严重扰乱市场秩序，给不法分子从事棉花掺杂使假违法犯罪活动以可乘之机。

七是对棉花加工设备的生产、销售、采购的监管极其不力。（略）

造成上述问题的原因：一是许多地方政府和有关部门对国家棉花政策认识不清，将“拓宽渠道”混同于“放开市场”，认识上的模糊，直接导致对市场的管理放松；二是各级供销社对其棉花企业的内部管理松懈，质量管理工作严重滑坡，缺乏严格的自律机制，随波逐流；三是没有认真落实关于棉花收购、加工资格认定审查的规定；四是棉花质量监督遇到很大阻力，现有法律法规针对性不强，打击棉花质量违法行为的法律依据不足。

三、对下一步棉花打假工作的建议

这次棉花打假专项行动开局很好，但对打假成绩不能估计过高，在当前高压态势下，棉花造假、售假有所收敛，稍一放松又会反弹，下一步打假任务仍相当繁重。因此必须进一步采取有力措施，将棉花打假专项行动深入开展下去。

（一）加强领导，进一步提高对棉花打假专项行动的认识。（略）

（二）继续发动群众举报。（略）

（三）抓紧对掺杂使假案件，尤其是大案要案的查处。（略）

（四）综合治理、标本兼治。（略）

（五）加快纤维质量监督立法进度，有效地解决纤维质量监督法律法规针对性不强，打击纤维质量违法行为的法律依据不足的问题。

国家经贸委、质量技监局

二〇〇〇年十二月二十七日

简评：这是一份情况报告。该报告的标题由发文机关（国家经贸委和质量技监局）、事由（棉花打假专项行动督查情况）加文种（报告）构成。报告内容分为三部分：第一部分是陈述贯彻落实《紧急通知》的基本情况；第二部分是说明在执行过程中发现的问题并进行了原因分析；第三部分针对上述问题提出了下一步工作的建议。正文中阐述的事实清楚、客观，每一部分又分条列示，层次分明。

例文 11：请示

××自治区环保局团总支委员会

关于成立自治区环保局团委的请示

××团字〔2004〕1 号

区直机关团工委：

我局近年来人员结构发生较大变化，年轻人逐年增多，截至 2003 年年底全局共有 35 岁以下青年 133 人，其中团员 72 人。按照我局 2003—2005 年人才储备计划，我局利用 3 年时间从高校毕业生中每年招聘 50 名本科生或研究生，这样青年同志的比例还会有较大提高。因此，团总支已不能适应形势发展和工作需要，针对我局目前实际情况，区直机关团工委向我局机关党委建议我局成立团委，机关党委向主管局领导汇报了区直机关团工委建议，6 月 11 日局党组会议同意成立自治区环保局团委，根据机关党委的意见，按照团组织的程序，现特向区直机关团工委提出成立自治区环保局团委的请示。

妥否，请予批示。

二〇〇四年六月十六日

简评：这是一份请求成立自治区环保局团委的请示。该请示的标题由发文机关（××自治区环保局团总支委员会）、事由（成立自治区环保局团委）加文种（请示）构成。全文具体阐述了请求要求的背景、原因及条件，理由充分，请示事项要求具体明确，结尾部分以“妥否，请予批示”惯用语结束，用词准确、得体。

例文 12：批复

财政部

关于同意香港汇港会计师事务所有限公司

在中国内地临时执行审计业务的批复

财会函〔2013〕4号

汇港会计师事务所有限公司(PWPlus CPA LIMITED):

你所报送的关于在中国内地临时执行审计业务的申请函及附件收悉。

根据财政部《境外会计师事务所在中国内地临时执行审计业务暂行规定》(财会〔2011〕4号)，兹批准你所接受境外委托方委托在中国内地临时执行审计业务，并颁发(财会)字外所临证第399号《境外会计师事务所临时执行审计业务许可证》1份，有效期为2013年1月22日至2018年1月21日。你所应当按照《境外会计师事务所在中国内地临时执行审计业务暂行规定》及时进行业务报备。

附件:(财会)字外所临证第399号《境外会计师事务所临时执行审计业务许可证》(只发主送单位)

财政部

二〇一三年一月二十二日

简评：这是一份财政部针对香港汇港会计师事务所有限公司在中国内地临时执行审计业务而做出的具体明确的答复。该批复标题由发文机关（财政部）、事由（香港汇港会计师事务所有限公司在中国内地临时执行审计业务）加文种（批复）构成。正文首先引述来文，之后用“根据……，兹批准”转入批复的事项。全文针对性强，态度明确。

例文 13：意见

国务院办公厅关于促进油料生产发展的意见

国办发〔2007〕59号

各省、自治区、直辖市人民政府，国务院各部委、各直属机构:

食用植物油是城乡居民重要的生活必需品。抓好油料生产，对于稳定食用植物油市场、满足消费需求、增加农民收入、促进经济发展具有重大意义。近年来，油料生产效益偏低，农民种植积极性下降，全国油料种植面积持续下滑，产量徘徊不前，国内食用植物油产需缺口不断扩大。当前，加快恢复发展油料生产、保障市场供给任务十分紧迫。各地区、各有关部门务必高度重视，充分认识抓好油料生产的重要性，切实增强责任感和使命感，采取综合有效的政策措施，充分调动农民的生产积极性，促进油料生产迅速恢复发展。经国务院同意，现就促进油料生产发展工作提出以下意见:

一、进一步明确油料生产发展的基本原则、目标和任务

(一)基本原则和目标。油料生产和供给必须坚持立足国内，同时充分利用两个市场、

两种资源，满足需求的不断增长。（略）

（二）主要任务。一是适当恢复种植面积。长江流域扩大冬闲田油菜种植面积，东北及内蒙古地区通过合理轮作等适当恢复大豆面积。二是努力提高单产。（略）

二、加大油料生产扶持力度

（一）扩大大豆良种补贴规模。（略）

（二）设立油菜良种补贴项目。（略）

（三）建立对油料生产大县的奖励政策。（略）

（四）加快油料生产基地建设。（略）

（五）开展油料作物保险试点工作。（略）

（六）促进油料产业化经营。（略）

三、加强科技支撑能力建设

（一）提升科研创新能力。（略）

（二）加快新品种新技术推广。（略）

（三）提高生产机械化水平。（略）

四、完善大豆和食用植物油市场调控

（一）健全大豆和食用植物油储备制度。（略）

（二）建立油料和食用植物油产销预警体系。（略）

（三）培育油脂、油料期货市场。（略）

（四）控制油料转化项目。（略）

五、科学引导社会消费

严格执行《农业转基因生物标签的标识》，统一大豆产品标识，要求列入标识目录内的大豆产品必须按照规定在醒目位置显著标识，保障消费者的知情权和选择权。采取多种途径，引导市场消费行为，实现优质优价，促进国内油料生产。加强宣传引导，合理食油、用油，提倡健康生活方式，减少浪费。

六、切实强化组织领导

地方各级人民政府要按照国务院的部署要求，全面落实促进油料生产的各项政策措施，切实做好油料和食用植物油产供销工作。各地要加强政策引导，及早安排今年秋冬种油料生产，抓好受灾地区生产恢复，稳定增加油料播种面积。要加大市场调节和监管力度，完善应急预案，做好组织调运工作，保障食用植物油供应，妥善安排好低收入群体和大中专院校学生的生活。要加强食用植物油市场准入管理和质量监督检测，防止不合格产品进入市场，严厉查处违法经营、囤积居奇、哄抬价格、散布虚假信息等破坏市场秩序的行为。各有关部门要密切配合，及时沟通信息，确保各项政策措施的落实，指导地方抓好油料和食用植物油生产、供应和市场稳定工作。

国务院办公厅

二〇〇七年九月二十二日

简评：这是一份对重要问题提出见解的意见。该意见标题由发文机关（国务院办公厅）、事由（促进油料生产发展）加文种（意见）构成。正文首先说明制发本意见的背景和依据，并阐明制发意见的重要意义和作用；之后提出了具体的要求和工作任务，最后提出执行意见的希望。全文内容具体，条理清晰，态度明确。

例文 14：函

请求迎接××市赴×支教教师团的函

××省人民政府办公厅：

为解决××省部分山区中学教师师资缺乏、师资力量薄弱的困难，经研究决定，现派方芳等 50 名中小学教师组成的教师团前往义务支教。该教师团将于 3 月 20 日起程，3 月 21 日下午 2 时到达××机场，请到时派人迎接，并安排食宿及工作事宜。

请予函复。

××市人民政府办公厅
二〇一二年三月十日

例文 15：复函

关于迎接××市赴×支教教师团的复函

××市人民政府办公厅：

你办《请求迎接××市赴×支教教师团的函》收悉，现函复如下：

我省政府办公厅正在加紧准备××市赴×支教教师团的迎接工作。现已安排好方芳等 50 名教师的食宿、工作等方面的事宜。

特此函复。

附：关于方芳等 50 名教师的食宿、工作安排一览表。（略）

××省人民政府办公厅
二〇一二年三月十八日

简评：以上两份函属于往来商洽函。去函首先说明发函的原因，之后提出商洽请求和相关要求，最后以“请予函复”惯用语结束。复函首先引据来函，以“现函复如下”衔接，并做出明确具体的答复。两函的内容具体明确，语言简洁、平实谦和，注重礼貌。

例文 16：批复函

关于毕马威华振会计师事务所（特殊普通合伙）
申请合伙人变更（新增）备案的复函

财办会〔2012〕35 号

毕马威华振会计师事务所（特殊普通合伙）：

你所提交的关于合伙人变更（新增）备案的申请函收悉。经审核，该变更事项备案资料齐全，符合《会计师事务所审批和监督暂行办法》（财政部令第 24 号）的有关规定，拟新增的 41 名合伙人符合《财政部 工商总局 商务部 外汇局 证监会关于印发<中外合作会计师事务所本土化转制方案>的通知》（财会〔2012〕8 号）规定的资格条件，同意予以备案。

此复。

附件：毕马威华振会计师事务所（特殊普通合伙）新增合伙人名单

财政部

二〇一二年九月十四日

简评：这是一份批复类的函。函的正文对来函申请的问题做了明确、具体的答复，态度明确，语气肯定。这是批复函的特点。

例文 17：会议纪要

中国太平洋学会会长办公会议纪要

为迎接党的十八大胜利召开，布置落实 2012 年第四季度的工作，学会会长办公会议于 2012 年 10 月 15 日在京召开。张登义会长主持会议并讲话，鹿守本常务副会长对第四季度的工作安排做了说明。会议首先通报了国家海洋局对我会关于举办“2013 年中国太平洋论坛”请示的批复，并要求切实落实海洋局的批复精神，做好论坛的筹备工作。随后，对 2012 年第四季度的工作及会议安排进行讨论。现将会议纪要如下：

一、关于 2013 年中国太平洋论坛的筹备工作。会议要求落实国家海洋局的批复精神，从现在起分工负责，做好办会计划，并形成“论坛筹备工作实施方案”。会议议定，论坛初定于 2013 年 10—11 月在北京召开，主题为：合作、和平与发展；论坛规模在 100 人以内（其中海外、境外 20 人左右），规模、规格适中；参会人员以专家学者为主，突出学术性。会议还要求，学会学术研究工作委员会应于本月适当时候召开专门会议，研究论坛内容及报告题目的方向，拟定邀请海外、境外专家的合适人选；并于适当时候在刊物、网站上预发论坛通知和征文，视征文情况再定邀请参会名单。

二、关于 2012 年第四季度工作（会议）安排。第四季度是一年之终，做好年终的工作是完成全年度工作任务的关键。我会第四季度工作（会议）安排是紧凑的，应把时间合理调配，做到时间不冲突。会议要求，要集中力量，把第四季度的工作完成好，该做的工作做好，该开的会开好，突出学会的重点工作、重点任务。尤其要组织好 2012 年年会，要尽早发布会议通报，报告学会理事；同时做好年会议程安排，落实学术报告人选及报告题目（内容）。争取在年会前（11 月 17—18 日）开一次会长会议，通报年会事宜及工作安排。会议初步议定，年会拟在 11 月 28 日左右召开，会期一天，会议由张会长主持，鹿常务副会长做学会工作报告，雷波主任在会上讲话。会议邀请几位专家作学术报告。

三、关于分支机构（分会、各专业委员会）的工作。学会应对各分支机构加强管理、加强沟通，互通情况，形成网络。各分支机构要利用所在地的资源，根据各专业机构的特点，积极开展学术交流活动。另外，拟申请成立的分支机构，条件成熟的，应即行成立。会议要求，海洋安全专业委员会应尽早成立，并开展工作；海洋文化专业委员会应尽早上送申报材料，完成机构设置，并筹备成立；原定拟成立的福建海洋经济专业委员会，拟改名为中国太平洋学会福建分会，请学会秘书处协助福建方面做好申报工作，完成审批手续。

四、关于学术研究工作委员会承担的研究课题。学术研究工作委员会成立两年来，做了许多工作，申报课题多个，有的已经完成结题，有的还在开展研究中，有的正在申报。会议要求，应根据课题任务抓紧推进研究工作，既抓紧出成果，又做好阶段性检查，该汇总的汇总，该结题的结题，切实提高课题研究质量；同时适当安排学术交流和结题评审会。会议议定，10 月 26 日在京召开学术研究工作委员会成立两周年暨中国太平洋论坛主题座谈会，研究论坛相关事宜，落实筹备工作计划。

最后，会议决议，要求学会理事单位、各位理事，关心学会建设，关注学会信息，积极参加学会的各种活动。以实际行动迎接党的十八大胜利召开，以新的姿态贯彻落实十八大精神。并以此为契机，开创学会工作新局面，圆满完成年度计划，为明年工作做好计划，打好基础。

中国太平洋学会
二〇一二年十月十五日

简评：这是一份采用逐条列示写法的会议纪要。正文首先介绍了会议的一些基本情况，包括会议的时间、主持人以及会议要讨论的议题；之后用“现将会议纪要如下”承上启下，引出本次会议对讨论的议题所达成的共识，并逐条列示。全文条理清晰，一目了然。

思考与练习

1. 公文一般由哪几部分组成？
2. 眉首部分由哪些项目组成？
3. 公告和通告有哪些异同点？
4. 通知和通报有哪些异同点？
5. 批复和函有哪些异同点？
6. 决定的写作应注意哪些问题？
7. 在报告和请示的写作中，各应注意哪些问题？
8. 在批复、函的写作中，各应注意哪些问题？
9. 意见的写作应注意哪些问题？
10. 会议纪要的特点有哪些？
11. 会议纪要的写作应注意哪些问题？
12. 练习各种公文的写作。

第四章　计　　划

本章学习要点与要求：

本章主要阐述了计划的相关知识。学习要点有：计划的概念、特点、分类和作用；计划的基本结构、具体写作要求及注意事项；计划的范例及其评析。通过本章的学习，要求理解计划的含义和特点；掌握计划的分类、写作要求及注意事项；在分析范例的基础上，能够熟练而准确地写作计划文书。

第一节　计划概述

古人云："凡事预则立，不预则废。"就是说，凡事早做安排，未雨绸缪，事情就容易成功。没有准备，盲目瞎干，只能是劳倍功半。事情的成功与事先的准备有着密切的联系。显然，这里强调的是计划的重要作用。

一、计划的概念

计划是党政机关、社会团体、企事业单位和个人对一定时间内所要开展的工作或所要完成的任务进行预先安排，制定明确目标、任务或具体要求，制定步骤、方法、措施，并加以书面化、条理化和具体化的一类应用文的总称。广义地讲，人们通常所讲的规划、方案、安排、设想、打算、要求等都属于计划的范畴。而因为其具体内容、性质、范围、时间等的不同而使用不同的名称。

计划的制订需要事先进行充分的调研，拟定时要实事求是，具有科学性和可行性。计划虽然不是正式公文，但计划一经制定，则在相关的单位、部门管辖的范围内具有一定的权威性，要求所属人员必须执行。如果计划经过法定的会议或通过法定代表人的批准，就具有了正式文件的效力。

二、计划的特点

（一）预测性

计划既然是对未来一段时间内实践活动预定目标的构想或策划，是在通过充分的调研后，对当前的具体情况和未来的发展趋势分析判断的基础上所做出的对于未来实践活动的预测和设想，所以具有一定的预测。

（二）可行性

计划的制订要对当前的实践活动进行客观科学的预测，必须以实事求是、可行和必要为前提，不能盲目乐观，超越实际。经过相关人员的努力，计划应该能够实现。

（三）目的性

任何一份计划都有其明确的目的，只有有了目标，实践活动才有了明确的方向和追求的目标。没有目标，计划也就无从制定。应该说，目的性是计划的方向和灵魂。

（四）针对性

任何一份计划都是在一定的时间内，针对特定的地区、单位或个人的实际状况，综合考虑其针对的对象的各种主客观因素制订的。因此，计划具有很强的针对性。

（五）约束性

在经过充分的研究和调研后，计划一经制订，在其针对的区域或部门就有了权威性，相关单位或个人在一定的时间内，必须切实贯彻执行。所以计划具有指导性，并对相关的单位或个人具有普遍的约束力。

三、计划的分类

计划是一个通称，具体来说，常见的还有规划、安排、打算、设想、要点、意见、方案等名称。在选择使用时，要考虑它们在时间、内容和成熟度等方面的差异。一般地说，预定在短时间内、小范围内要做的事情称之为“安排”；而对于其中的一些考虑不周全的指标或措施称之为“打算”：比较长远的发展计划叫“规划”；一些初步的、提供参考的未成型计划叫“设想”；对于一些领导机关或所属单位布置的工作通常叫“方案”或“意见”。

计划可以按不同的角度或标准进行分类。

按性质划分，有学习计划、工作计划、生产计划、科技发展计划、新产品开发计划、活动计划等。

按内容划分，有综合计划和专项计划（或单项计划）。

按范围划分，有国家计划、地区计划、部门计划、单位计划、班组计划和个人计划。

按时间划分，有长期计划、中期计划和短期计划。短期计划按时间长短又可以分为年度计划、季度计划、月份计划、旬计划、周计划等。

按计划的文种划分，有正稿、草稿、初稿、供讨论稿等。

四、计划的作用

计划的作用主要体现在以下几方面。

（一）计划规定了明确的奋斗目标，给人们指明了前进的方向

计划通常都明确指出了在一定的时间内，通过相关部门的努力所要达到的明确指标，具有很强的计划性和目的性，通过制定明确的奋斗目标，有助于形成凝聚力，调动所有相关人员的工作积极性，以共铸辉煌。

（二）计划具有指导性，对相关人员的实践活动具有约束力

计划一经制订，在一定的范围内就具有了效力，相关人员必须不折不扣地按计划执行，这样就把人们的自发活动变为自觉。

（三）计划通过制度化的安排，能合理配置各种要素，提高资源的利用率

通过调研制定的计划，与本单位的实际情况紧密结合，这样能充分利用现有的人力、物力、财力，减少不必要的资源浪费。另外，计划有利于各方分工合作、协调一致，使单位的资源达到最佳的合理配置，提高资源的利用率和工作效率，保证工作顺利进行。

（四）计划为工作的顺利进行和圆满完成提供了必要的依据

组织实施一项工作，必然要保证工作按时、保质、保量地完成。提前做好相关的计划，能及时处理实施过程中出现的各种情况，并能对工作进行阶段性的总结、评价及考核，及时提出相应的措施解决出现的问题。一个设计周密的计划能为这些工作的顺利进行提供保障。

第二节　计划的基本结构及其写作

一、计划的基本结构

计划的基本结构一般由标题、正文和落款三部分构成。

（一）标题

标题即计划的名称，一般应居于首行正中，字体略大。一个完整的计划标题一般包括单位名称、计划的时限、计划的内容和计划的文种（或计划的种类）四个要素。如《××大学2011－2012学年第一学期寒假工作安排》，“××大学”是单位名称，“2011－2012学年第一学期”是计划的时限，“寒假工作”是计划的内容，“安排”是计划的文种。当然，计划标题并不一定都要具备这四个要素，在某些情况下，计划标题可以省略某些要素，如计划的单位名称。此外，计划的文种或计划的种类要根据计划的属性选择，如计划未经批准或讨论通过，可在后面注明初稿或草稿。

（二）正文

正文是计划的核心部分，也是计划的主体，一般由三部分构成：前言、主体和结尾。这部分应围绕“为什么做”“做什么”“做多久”“怎样做”来进行表述。表述要具体明确，主次分明，条理清晰，简明扼要。

1．前言

前言是计划的开头，也是计划的总纲和灵魂，要具有概括性。具体内容主要说明制订计划的背景、依据、目的、意义、指导思想等，即为什么要制订这个计划，依托的背景及根据是什么，例如根据上级文件或指示，或根据今后的工作总结等实际状况等；再如“按照国家教育部及北京市教委的指示，这学期我们学院全体师生要广泛深入地开展迎评促建活动，努力整顿学风，提高教学和科研质量，力争一次性通过教育部本科教学水平评估。”这段前言就简明扼要地说明了制订计划的依据和奋斗目标。大多前言通过对本单位的基本状况简要介绍后，应对下一步工作做概要的说明，末尾通常以惯用语“现制订计划如下”或“下一阶段要抓好以下几项工作”等作为过渡语。

2．主体

主体部分是计划的重要部分。这一部分主要说明计划的目标和任务，采取的相应的措施、方法与步骤。

（1）计划的目标和任务

这是计划的主要内容，任何一份计划都要提出一定时期内的具体任务和目标，也就是明确规定“做什么”。计划的任务、目标要写得具体，明确，尽量用数字来量化指标，不能含糊其辞，模棱两可，责任不清。对于一些难以用具体数字表达的工作任务，如素质教育，精神文明建设等，也要有明确的要求，提出要分几个方面，每方面应达到什么程度。

（2）步骤与措施

在任务和目标确定后，接下来就要解决“怎样做”的问题。首先要求我们必须结合实际条件，确定工作的方法和步骤及必需的措施，以保证计划任务的完成。其次，在制定相关步骤的同时，一定要科学、合理地进行安排。一般把总体任务分解为几个阶段，若干步骤来执行，确定先做什么，后做什么，明确各环节的衔接程序。最重要的是还要规定各种切实可行的措施，充分调动有限的人力、物力、财力来保证资源的合理配置。

由于这部分涉及的内容较多、范围较广，所以常常采用条文式、表格式或者条文表格两者相结合的方式。

3．结尾

结尾部分是对全文的总结，往往要表明决心，或者提出要求、希望、号召等，或者指出在执行计划时应注意的事项。有的计划这部分也可省略不写。

（三）落款

在正文最后的右下方，要明确写出制订计划的时间及制订计划的单位名称，有的计划可以省略制订计划的单位名称。

二、计划的写作要求

（一）条例清楚、简明扼要

为了把内容较多的计划表达清楚，在编制计划时常常采用分条列项的表达方式，此时，一定要做到条例清楚，逻辑严谨，思维连贯。语言力求简练明确，讲究实用，切忌琐碎冗陈。

（二）以大局为重

为了更好地传达、贯彻、执行党和政府的相关政策、法律、法规、条章等，制订计划时，一般应把相关政策的精神和要求与本单位的实际情况相结合，始终贯彻部门服从国家，地方服从中央，局部服从全体，下级服从上级，个人服从集体的整体原则。

（三）实事求是

计划的制订要在坚持党的相关政策精神的前提下，结合本部门、本单位、本地区、本单位、本人的实际状况，实事求是地确定目标、任务，提出切实可行的步骤、措施，保证计划按期保质完成。目标定得太高，盲目乐观，头脑发热，浪费资源；目标定得太低，安于现状，不思进取，不能调动大家的积极性。当然，由于计划是事先制订的，而客观状况是在时时刻刻发生变化的，所以，当实际状况发生大的变化时，也应及时对计划进行修正。

（四）内容明确具体

计划是一段时间内的指导性操作指南，实际工作要以其为指导，所以计划的相关内容一定要写得明确具体，从目标、任务、步骤到实施措施，一定要无可争议，杜绝内容表达含糊不清，模棱两可。

三、计划写作的注意事项

（1）在制订计划时切记要结合实际，避免盲目乐观，提出一些不切合实际的目标，“大跃进”的教训不能忘记。

（2）计划的制订要具有可操作性，计划一旦制订，就成为部门、单位执行的蓝本，只有措施到位，切实可行，才能起到计划应有的作用。

第三节　例文简评

例文 1：

2013 年××医院工作计划

2013 年的到来，工作中，我们将一如既往地以邓小平理论、“三个代表”、科学发展观为指导，全面落实科学发展观，认真学习宣传、贯彻党的十八大精神，继续认真持久地抓好医疗服务质量，按照医院制订的“五年发展规划”及其配套文件，一步一个脚印地抓好落实，真正做到内强素质、外树形象、强化管理，使医院再上新水平、再登新台阶。在此，我们做出了 2013 年的医院工作计划：

一、认真组织学习、贯彻党的十八大会议精神。按照上级党委和有关领导部门的要求，我院党总支、院委会要把学习贯彻党的十八大会议精神作为一件大事来抓，列入重要议事日程，进行精心安排部属，党政工团齐抓共管，在全院范围内掀起一个学习贯彻落实党的十八大精神的热潮。利用各种会议进行学习、教育、领会，在实际工作中贯彻落实、全面落实科学发展观，与本院的实际结合起来，把科学发展观落实到实际工作中，为构建和谐社会做出应有贡献。

二、继续抓好医疗服务质量管理效益年活动。这项活动，国家卫生部、省卫生厅、市卫生局已连续倡导进行了好几年，每年都收到了很好的效果，应该深入持久地抓下去，2012 年工作总结中的教训告诉我们，全力改进医院目前存在的问题和不足，实施新方法，采取新措施，再发动、再动员，真正把医疗服务质量这个永恒的主题抓好。

三、抓好医院五年规划的落实工作。我院出台的《2013 年至 2017 年五年发展规划》，经过全院干部职工酝酿讨论，几经修改完善，已着手实施。这个《规划》如能顺利实施，将对我院今后的发展是一个很大的促进。从 2013 年起，我们一定围绕这个《规划》做文章、下工夫。

1. 扩建业务用房。对于建造 40 000 平方米高标准综合楼的问题，我们从年初就要着手做这方面的准备。快速向领导和相关部门汇报，争取领导和各相关部门及社会的支持，建立专门的医院建设班子，成立医院发展建设委员会，争取分管市长担任主任，卫生局领导为副主任，院领导为建设办公室主任，具体协调好各方面的关系，千方百计筹措所需资金，尽快办好相关手续，争取早日动工兴建。如果能克服困难将此楼建成，市中医院的硬件建设就前进了一大步。医院就可上升到一个新的层次，达到一个新的规模，就可能步入一个良性的循环。

2. 加速人才培养。作为一个医院，人才是最宝贵的财富，是医疗市场竞争最关键的条件，根据医院的发展状况和需求，在现有人才的基础上，本着以内部培养为主，外部引进招聘为辅的原则，有计划地培养和招聘专业技术人员各 20 人，逐步形成合理的人才梯队。

3. 拓展业务范围。根据我院的实际情况，根据事业发展的需要，整合细化临床医疗科室。2013 年，创造条件准备把糖尿病与心内科分别组科，其他科室如果有利于业务的开展，也考虑在适当时机进行整合细化，多方争取与大医院联合，带动和拉动我院的发展，引进先进的医疗技术和项目，做强做大现有的临床科室。

4. 切实加强专科专病，特色科室建设。我院的特色专科建设，尽管喊了好多年，也有了一定进展，但力度不大，特色尚不突出，缺少全国、全省重点专科，就连市级的重点专科也算不上。在这方面，作为一家中医医院应该狠下工夫。我院 2013 年工作计划中着手把中风、骨伤、肝病、糖尿病、针推等科室作为市级重点专科加以培植，在财力、物力、人力方面向其倾斜，使其逐步成熟，向省级、全国级重点专科迈进，带动全院业务工作的发展。

四、加强医院全方位管理，使医院整体上台阶上水平。

1. 深入开展医院改革，推行竞争上岗和绩效工资制，最大限度地提高职工工作积极性。

2. 争创文明单位。在 2013 年创建市级文明单位的基础上，更进一步地开展争创省级文明单位的活动，使医院职工始终保持昂扬向上的心态，使大家具有拼搏进取的精神，有一股干事业的干劲，这样才能有利于事业的发展。

3. 进一步搞好医院文化建设。唱响院歌《心灵的歌唱》，对干部职工进行院训、院规、办院宗旨、办院目标、办院方向等教育，使其深入人心，凝聚力量，振奋精神，共同为中医发展大业，做出贡献。着手征集院徽，编修院志，继续办好院报。

4. 加强医院宣传。在练好内功的同时，注重加强医院宣传的力度，利用各种形式，采取各种办法，把医院宣传出去，使医院知名度越来越高。注重信息沟通，把医院发生的重大事件、情况及时向上级有关部门报送，使领导了解中医院，支持中医院。

5. 积极组织创收，提高职工福利待遇。在 2012 年总收入 3 000 万元的基础上，2013 年年总收入达到 3 700 万—4 000 万元，住院病人、门诊病人以提高 20%—30%的幅度增长，职工福利也随之有新增长。同时注意节支，严格执行财务制度，把有限资金用好，花在刀刃上，防止浪费。

6. 认真学习落实医院各级各类岗位职责和各项规章制度。我院现在正加紧汇集整理各级各类岗位职责和各项规章制度，准备编印成册让各科室每位职工学习掌握。这项工作非常重要，是搞好医院工作的基础，必须认真抓好。动员全院同志学习掌握，进行考核考试，真正落实到工作实际中，使工作制度化、规范化。

以上是我院 2013 年的总体工作计划，相信在院领导的大力支持及全体医务人员的共同努力下，一定会将我院的整体水平推向一个更高的台阶。

××医院：×××
二〇一三年一月十日

简评：这是一篇××医院二〇一三年工作计划的安排，这份工作计划非常具体，首先明确了指导思想，提出了工作目标和工作任务，之后撰写了落实计划的措施和具体步骤。整篇计划结构完整，层次清楚，计划切实可行。语言简练明了，内容先后有序，有条不紊。

例文 2：

××市政府 2013 年工作计划书

2013 年，我们市将在党委、市政府正确领导下，以党中央的十八大精神为指针，坚持以科学发展观统筹工作和建设，紧紧围绕为全市地方经济大发展创造良好安全环境的总目标，以保障和改善民生为着力点，以推进信息化建设为载体，以加强执法规范化建设为重点，以构建和谐的警民关系为支撑，求真务实，改革创新，真抓实干，为服务经济社会发展、维护社会和谐稳定做出新贡献。现特制定了以下市政府 2013 年工作计划。

一、加快城镇化建设步伐，努力改善硬件环境

一是按照全镇整体规划设计进一步充实小城镇化内涵，建立以驻地为中心，以两大工业集中区和优质蔬菜生产基地为辐射点的金三角，形成初具规模的小城镇框架；二是要加大投入力度，通过各种途径尽力争取建设项目和资金，节支开源，千方百计增加财政收入，充分

调动社会资金，加快建设；三是重点抓好基础设施建设，对驻地主干道两侧进行进一步的综合治理，搞好驻地绿地、亮化建设；四是投资 25 万元，完成对文化中心的扩建工程，投资40 万元对梅兰芳剧团进行升级，着力提升全镇文化品位，为群众提供丰富多彩的精神食粮。

二、积极营造稳定和谐的社会环境

一是要进一步抓好“市委书记”大接访活动，认真落实稳定工作责任制，进一步完善领导包案、接访责任制和群防群治网络体系，积极主动解决好群众反映的问题和困难，把各种矛盾化解在萌芽状态；二是要加强社会治安综合治理，完善预警和快速反应机制，严厉打击各种违法犯罪活动，确保社会大局稳定；三是要高度重视安全工作计划，始终把人民群众的生命财产安全放在第一位，狠抓各项安全责任制的落实，加大对各种安全隐患的排查力度，坚决杜绝重大安全事故的发生；四是抓好计划生育工作计划基层基础工作，大张旗鼓地开展计划生育集中行动，重点是做好长效避孕措施的落实，同时加大社会抚养费征缴力度，在全镇抓违法生育“典型”，压缩违法生育空间。

三、继续大力加强农业和农业基础设施建设工作，增加农民收入

一是加大农业基础设施投入，粮食区重点做好总投资 875.13 万元的国家大型商品粮基地和优质粮食主产区的水、路、林工作，蔬菜区主要是扩大电力覆盖面和解决冬季大棚用水的问题；二是继续扩大蔬菜种植和设施农业面积；三是抓好农业标准化生产，搞好与××大学的合作，建立实践基地，教育引导农民采用新技术、新品种，培育并发挥好农业合作社的引领作用，增加土地产出效益；四是做好农产品的宣传和推介工作。

四、加强招商引资工作

一是保障投资 1.8 亿元的中联水泥和 4 000 万元的中管新能源项目顺利建设，确保 2015 年年底投产；二是改善软硬环境，提高服务水平，服务好现有企业，促进欧亚珠宝二期投资和草编、花生加工两个农产品加工企业扩大规模。

五、下大力气改善农村生产生活条件和保障民生

一是投资 360 万元，在埠东、程戈庄等 10 个村庄开展“五化”建设；二是投资 774.4 万元建设孙袁路、程方路等通村路 7 条共 14.08 公里，完成“村村通”收尾工作；三是投资 420 万元，对东尖、西尖等 11 个村庄进行自来水改造，使全镇村庄自来水改造率达到 100%；四是投资 293.2 万元，在全镇范围内进行沼气新能源推广工作，改善生活环境，发展循环经济；五是投资 470 万元，美化驻地水上公园环境，投资 120 万，完善驻地消防配套设施，为居民营造平安和谐的生活环境；六是投资 960 万元扩建镇中心中学，新建教学楼、学生公寓、餐厅等设施，扩大建筑面积 12 600 平方米，使我镇教育条件得到进一步提高。

2013 年我们市将全面贯彻党的十八大精神，以邓小平理论和“三个代表”重要思想为指导，深入贯彻落实科学发展观，按照“高举旗帜、围绕大局、服务人民、改革创新”的总要求，解放思想、实事求是、与时俱进，贴近实际、贴近生活、贴近群众，以深入学习贯彻科学发展观为主线，以社会主义核心价值体系建设为根本，以创建文明行业为目标，以提高人民思想道德素质为目的，以弘扬“乐于奉献，艰苦奋斗，严谨务实，不断进取”精神为重点，以群众性精神文明创建活动和学习宣传先进典型为载体，以优异的成绩迎接祖国新的辉煌。

××市：×××

二〇一三年一月九日

简评：这是一篇××市工作计划的安排。整篇计划采用列条款式，非常清晰地列出未来一年具体的工作任务，使人一目了然。

思考与练习

1．制订计划要注意些什么？

2．计划的主要作用是什么？

3．根据自己的实际情况，拟写一份学习计划或课外读书计划，要求目标明确，措辞适当，符合实际。

第五章　总　　结

本章学习要点与要求：

本章主要阐述了总结的相关知识。学习要点有：总结的概念、特点、分类和作用；总结的基本结构、具体写作要求及注意事项；总结的范例及其评析。通过本章的学习，要求理解总结的含义和特点；掌握总结的基本结构、写作要求及注意事项；在分析范例的基础上，能够熟练而准确地写作总结。

第一节　总结概述

如果说计划是对未来的构思，那么总结则是对过去的回顾与思考。日常生活中，总结与计划的联系是分不开的。计划是任务执行前所制作的实施蓝图，总结是任务完成一部分或全部完成时对蓝图的重新审视。在总结中要抓住实践中规律性的东西，进一步升华以便为新的蓝图做准备。许多时候，人们都是在这种计划——总结——再计划——再总结的过程中逐步积累经验、补充知识、增长才干和推动社会发展的。由此，学会并善于总结也是发展和前进的重要方法和途径。

一、总结的概念

总结是人们把过去一定阶段内的工作、生产、学习的成绩与教训、缺点和错误进行系统回顾，深入分析，归纳经验教训，力求得出规律性认识，并指导今后的事务性文书。

日常工作中，人们经常把总结与报告联系在一起使用。在汇报工作这一点上，报告与总结的功能是一致的，表达方法也基本相同。但我们也要注意二者的区别。首先，报告属于公文，而总结只是一般性的事务文书。其次，报告对做过的工作只做叙述，而不做评价；总结则必须对其所做进行议论，做出评价。再次，报告在反映情况的基础上可以用较大的篇幅来提出建议和意见；而总结虽有此功能，但不能这样处理。

二、总结的特点

通常说来，总结具有实践性、客观性、指导性和概括性的特点。

（一）实践性

总结是对过去实践行为的分析和研究，总结的内容来源于实践，是实践的反馈。总结的目的就是通过对过去的经验教训进一步认识，从而指导未来的实践。

（二）客观性

总结是对过去一定时期内的工作、活动进行的分析和研究，是在实践的基础上展开的，其内容必须真实、客观地反映实际情况，解决问题，获得经验，而不能主观臆断、无中生有和凭空虚构。

（三）指导性

总结是对过去实践的回顾与反思，其目的在于更好地指导今后的工作，通过对以往工作的全面剖析，提高认识，把握客观规律，争取在未来的生活与工作中扬长避短，把工作做得更好。

（四）概括性

总结是人们对实践中客观规律的认识和反映，它以文字的形式对过去进行概括。但这种概括不是对工作简单的复述、罗列与堆砌，而是要做到由表及里、从浅入深、从现象到本质的理性概括。

总之，总结是通过对以往实践的客观概括，来进一步指导未来的实践活动。

三、总结的分类

从不同的角度可以对总结进行不同的分类：

按范围划分可分为全面总结、专题总结。

按性质划分可分为工作总结、学习总结、生产总结、思想总结、劳动总结、会议总结等。

按应用领域划分可分为个人总结、单位总结。单位总结可分为全国性总结、地区性总结、部门总结等。

按时间划分可分为月（旬）总结、季度总结、年度总结、阶段性总结等。

区分以上总结的种类，目的在于明确重心，把握界限，为构思写作提供方便。但上述分类不是绝对的，相互之间可以相容、交叉。分类只是因划分的角度不同而有不同的名称。在具体写作上，各类总结却也有总的规律。

四、总结的作用

总结是在开展一项活动、执行一项任务告一段落或全部完成之后，用来肯定成绩，找出不足，总结经验教训的。这样便于指导今后的工作，把将来的事情办得更好，以争取更好的成绩。

（一）有利于提高认识水平，明确努力的方向

通过不断地总结可以提高认识。因为平时的工作实践是感性的、零星的，通过总结可以把这种片面、肤浅的感性认识升华为全面、系统的理性认识，进而逐步把握事物的规律，使

今后的工作多一些科学性、自觉性，达到事半功倍的效果。从个人或集体来说，总结是不断提高业务水平、积累经验、总结教训的一项切实的事情。从整体范围来说，总结还能为国家制定各项路线、方针、政策提供重要依据。

（二）有利于相互交流与经验推广

总结可以提供很多信息，反映新情况、新经验、新教训。通过书面的总结材料，可以达到上传下达、下情上奏、上下沟通、相互交流、相互了解的目的。对同行业的单位而言，也可以通过总结互通有无、取长补短，使未来的工作效率得到提高。

（三）有利于调动各方面的积极性

工作和学习中，我们可以通过总结了解情况，鼓励先进、帮助后进，以此调动人们工作的积极性。定期的总结可使人们在未来的实践中继续发扬优点，不断克服缺点，认真努力地完成各项工作，以争取在下一轮总结中有更好的业绩体现。

总之，“前事不忘，后世之师”，总结能够帮助人们避免无谓的失误，使各项工作顺利开展。

第二节　总结的基本结构及其写作

一、总结的基本结构

总结一般由标题、前言、主体、结尾四部分构成。

（一）标题

标题即总结的名称，一般可以将主要内容、性质作标题，如不能表达出完整的意思时，在正标题下可以再拟副标题。

总结的标题有三种：

（1）完整式标题。完整式标题是由单位名称、时限、内容提要和文种几部分组成。如《××公司×年×季度×工作总结》、《××市财政局 2012 年工作总结》等。

（2）主题式标题。主题式标题是根据总结的内容，简洁地概括出总结的基本观点，揭示总结的主旨。如《做好财务预算　提高经营效率》、《构建农民进入市场的新机制——××市麦棉产区发展农村经济的实践与总结》等。

（3）问题式标题。如《××医院是怎样提高管理水平的？》、《如何理顺银行的内部控制工作？》等。

在实际运用中，采用什么样的标题形式，可根据具体情况而定，不可一概而论。

（二）前言

前言部分要简明扼要地概括基本情况（如时间、地点、背景、内容、进展状况、总的收获等），让读者先有一个总体印象，由此而产生进一步了解的兴趣。具体说来，可以采用以下几种方式来进行简单的介绍。

（1）概述式：概括介绍基本情况（如工作时间、地点、背景等）。

（2）提示式：对工作的主要内容进行提示性的简要概括。

（3）结论式：对要总结的工作下一个结论，然后再展开详细的叙述情况。

（4）提问式：提出问题，引起读者的关注，同时明确总结的要点。

（5）对比式：对有关情况的过去和现在、后进和先进、准确与错误等做简略的背景介绍，在背景中表明所要总结的工作的基本情况。

（三）主体

主体是总结的核心部分。这部分一般应叙述所总结事件的总体情况、心得体会、存在的问题、经验教训，以及解决问题的对策等，并且要做理论的概括，总结出规律性的结论。总结的优劣，主体是决定性的部分。

写主体部分，切忌事无巨细，而是要做到重点突出、条理清楚。因此在写作中应采用各种方式来安排结构和形态。

1. 主体的结构形态

主体部分常见的结构形态有三种：

（1）纵式结构。纵式结构就是按照事物或实践活动的过程安排内容。写作时，把总结所包括的时间划分为几个阶段，按时间顺序分别叙述每个阶段的成绩、做法、经验、体会。这种写法的好处是使事物发展或社会活动的全过程清楚明白。如：一、所做的工作；二、取得的成绩；三、经验和教训。

（2）横式结构。横式结构是按事实性质和规律的不同，分门别类地依次展开内容，使各层之间呈现相互并列的态势。这种写法的优点是各层次的内容鲜明集中。如：一、主要经济指标层层落实，生产经营成果及时测算分析；二、支持技术改造，提高经济效益；三、严格财经纪律，维护国家利益；四、加强会计基础工作，充分发挥反映作用。

（3）纵横式结构。安排内容时，既考虑到时间的先后顺序，体现事物的发展过程，又注意内容的逻辑联系，从几个方面总结出经验教训。这种写法，多数是先采用纵式结构，写事物发展各个阶段的情况或问题，然后用横式结构总结经验或教训。

2. 主体的外部形式

主体部分的外部形式，有贯通式、小标题式、序数式三种情况。

（1）贯通式适用于篇幅短小、内容简单的总结。它像一篇短文，全文之中不用外部标志来显示层次。

（2）小标题式将主体部分分为若干层次，每层加一个概括核心内容的小标题，重心突出，条理清楚。

（3）序数式也将主体分为若干层次，各层用“一、二、三……”的序号排列，层次一目了然。

（四）结尾

结尾部分要提出今后努力的方向，要对今后的工作进行良好的设想和安排，表明自己的态度。这段内容要与开头相照应，篇幅不应过长。

二、总结的写作要求

（一）要充分占有材料

总结前通过不同的形式，了解有关情况，听取各方面的意见，从各种角度搜集整理有关事实和材料，用数据和事实说明问题。这样可以使总结更具有客观性和真实性，也更有说服力。

（二）条理要清楚

总结是供他人参考的，条理不清，就会给对方造成阅读障碍，使对方无法了解真实的情况和内容。这样就无法达到总结的目的。

（三）过程要严谨

总结的具体写作，可先思考，然后写出初稿，再进行修改，修改后再进行思考或讨论，最后得出定稿。这个过程也是一个再总结的过程。

三、总结的注意事项

（一）要坚持实事求是原则

实事求是、一切从实际出发，有一说一，有二说二，这是总结写作的基本原则。一方面，不能对过去的成绩夸大其辞。夸大成绩，隐瞒缺点，报喜不报忧、弄虚作假、浮夸邀功的作风，对单位、对国家、对事业、对个人都没有任何益处，必须坚决杜绝。另一方面，也不要出于所谓的“谦虚”，在总结中该写的不写，这样就无法肯定成绩，也妨碍了先进经验的交流与推广。

（二）要注意共性，把握个性

作为概括性的事务性文书，总结很容易写得千篇一律、缺乏特色。当然，总结不是文学作品，无需刻意追求个性特色，但千部一腔的文章是不会有独到价值的，因而也是不受人欢迎的。要写出特色，就要在注意共性的同时，突出个性。这就要求总结要有独到的发现、独到的体会、新鲜的角度和新颖的材料。

（三）要详略得当，突出重点

总结的选材不能求全贪多、主次不分，而是要根据实际情况和总结的目的，把那些既能显示本单位、本地区特点，又有一定普遍性的材料作为重点选用，写得详细、具体；而一般性的材料则要略写或舍弃，写作时要去芜存精。

总结中的问题也要有主次、详略之分，该详的要详，该略的要略，而不应面面俱到，没有重点。这样会使文章显得臃肿拖沓，没有起伏，不能给人留下深刻印象。

（四）要概括并归纳要点

写总结，要注意使用篇首摄要和段首摄要，也就是说要学会归纳要点。篇首摄要是全文的纲领，要用精确、简洁的语言勾勒出总结的概要。段首摄要是每一段的要点，也需要突出和提炼。

另外，总结要尽量避免使用“原则上”，“大体上”、“一定程度上”、“大概”、“可能”、“一般的”等模糊语言，以突出其可信度。

第三节　例文简评

例文 1：

内控团队 2012 年上半年工作总结

2012 年上半年以来，在总经理室的带领下，内控团队克服了人员少的困难，完成了较大的工作量。督办我部内控报告及对××内控建议书的意见等专项工作得到了部领导的高度赞扬，显现出较高的团队工作能力和凝聚力。

一、上半年工作

内控团队上半年的工作主要有两方面：一方面是涉及职能变化而延续的工作；另一方面是团队职能范围内的专项工作和配合部内外其他工作。

（一）涉及职能变化而延续的工作

1. 起草内部交易管理制度。董事长高度重视此项工作，在反复征求 CCO 意见的基础上，内控团队配合××进行多次修改，目前已基本完成。

2. 年初行内确定要在 5 月底前形成我行操作风险管理的基本制度。后来由于行内成立内控委员会，全行操作风险的牵头工作明确由法律与合规部负责。在我部和法律与合规部协商的基础上，我团队根据已经草拟的《××银行操作风险管理指引》，进行了进一步补充完善。

（二）我团队的专项工作

1. 下发调整内控团队职能的部发文，明确内控团队的职能定位。

2. 牵头负责全行内控制度建设 2012 年第一季度执行情况报告。

3. 国内团队的协助下，完成全行 2012 年“三项检查”整改报告，向银监会报送。目前已处于会签各部门，签报行领导阶段。

4. 根据部领导指示，在访谈各团队主管的基础上，形成了风险管理部内控报告，得到了部领导好评。在内控报告发现问题的基础上，制订了《风险管理部内控实施办法》。

5. 进一步加大督办工作力度，制定了《风险管理部督办细则》。

6. 贯彻落实行党委“从严治行、强化内控”的要求，邀请专业咨询公司为我部大课堂授课，同时组织了全辖系统内的内控征文活动，进一步提高了全部和全辖的内控意识。

7. 结合巴塞尔协议的有关要求，编撰了《授信产品流程梳理手册》，征求四家分行的意见，初步形成了授信产品操作风险管理思路，并向部领导进行了汇报。

8. 牵头部内各团队对××内控管理建议书提出修改意见。

（三）我团队配合行内其他部门和部内其他团队的工作

1. 配合监察稽核部进行经营性分支机构的业务大检查。

2. 参与编撰银监会教材衍生金融工具部分。

3. 按照合规手册编撰小组的要求，牵头编撰了我部重点操作岗位的合规手册。

4. 与规划、行政团队一起研究制订我部绩效考核办法，并提出了我部培训方案，牵头落实了培训教材的组织工作。

二、工作中存在问题

内控团队存在的主要问题包括：

（一）人力资源严重不足

内控是当前我行的一个薄弱环节，我部内控团队的职能经过调整后主要负责部内和系统内内控体系的建设。目前编制只有3人，实际工作人员4人（其中，××被聘任为统一授信团队高级经理，内控团队暂借，6月30日后将回到统一授信团队工作）。大量高标准、严要求的工作使每位同志工作负荷较大。

（二）部分工作不够细致，计划性有待进一步提高

督办工作是提高全部工作效率的重要手段，如能借助于IT手段建立一个小型督办工作平台，将极大提高督办工作效率。目前由于人力所限及其他原因，仍沿袭人工督办工作方式；授信产品梳理工作已列入上半年工作计划，由于工作头绪较多，没有及时赴分行征求意见，进一步完善手册，工作启动拖后。

三、下半年工作计划

下半年内控团队将继续保持良好的精神状态和工作作风，在做好团队内部工作的同时，努力配合行内其他部门和部内其他团队的工作，完成全年绩效考核目标。

风险管理部内的内控建设以抓存在问题的落实和整改为主，将问题的整改列入督办工作，督促牵头团队落实。努力通过引入IT系统提高督办工作效率，把督办工作作为全年绩效评价的依据。

风险管理系统内的内控建设以《中国银行内部控制指引》、银监会《商业银行内部控制评价试行办法》等制度为指导，以“三项检查”发现的内控问题和近期发生的案件为出发点，在充分进行调研的基础上，形成辖内风险管理系统内控报告制度，定期从决策、制度、流程、管理、执行、人员等各层面提出潜在风险点。同时，在下半年建立境内机构风险管理系统内控评价制度。

授信产品的操作风险管理以授信产品流程梳理为切入点，选择部分试点分行，建立标准

化授信产品流程，统计操作风险事件，为量化操作风险占用的经济资本打下基础。

总之，内控团队在上半年的工作求实创新，稳扎稳打，希望在下半年乃至以后的工作中能继续发扬优点，克服不足，取得更多的成绩。

简评：该文是一篇综合性总结。综合性总结又叫全面总结，是单位、部门或个人对一定时期内各项工作的全面回顾。写这类总结，往往要求作者掌握比较全面的情况，并具备相当的分析和判断能力。在写作过程中，既要注意全面，又要注意突出重点。

在内控团队 2012 年上半年的总结中，文章主体采用纵式结构，分为了三个部分，首先总结了上半年的工作情况；其次，审视工作中存在的不足；再次，展示了下半年的工作计划；最后，在结尾部分提出了对未来工作的展望。整个文章层次分明，重点突出，语言简洁流畅，达到了总结过去、放眼未来的目的。

例文 2：

××银行 2012 年资金计划管理工作总结

今年以来，随着粮食市场的进一步放开和深入，“三农”问题和粮食安全问题已日趋突出，××银行的管理职能和业务范围也发生了变化，收购资金封闭管理工作面临新的形势。我行资金计划管理工作在市分行党委的正确领导下，紧紧围绕收购资金封闭管理这个中心，适时调整工作思路，以总行的规范化管理考核为工作准则，以努力实现提高信贷资金运用效率和切实防范信贷风险为双重目标，调动资金计划条线在岗人员的工作积极性，充分发挥资金计划工作的职能作用，使我行资金计划工作取得了较好的成效。现将 2004 年资金计划管理工作总结如下。

一、统一思想，明确工作目标，量化和细化考核评比办法

继全省分、支行长会议之后，市分行召开了 2012 年工作会议，把风险管理摆在了全行各项工作的首位，明确提出了年度工作的指导思想和努力方向：以规范化管理为基础，以风险管理为核心，以绩效管理为重点，以改革创新为动力，灵活务实地开展计划信贷管理工作。并且对照省行资金计划处的考核办法，对资金计划工作百分考核内容进行了量化和细化，从处室到基层行都相应建立了计划管理人员岗位责任制，健全了各项管理制度。在百分考核办法中，把资金计划工作细分为计划管理、资金管理、财政补贴资金管理、现金及利率管理、统计管理、等级行管理、业务综合管理七大块，做到了岗位落实、人员落实、责任落实、工作落实，一年来的工作表明，年初制定的工作意见和考核评比办法方向明确，切合实际，对做好全市资金计划工作具有一定的指导性和针对性。

二、加强资金营运管理，提高资金使用效益

今年以来，我行进一步加强信贷资金营运管理，信贷资金回笼后及时归还系统内借款，贷款回笼和借款下降基本保持一致。全年每月信贷资金运用率均保持在 99.5%以上，信贷资金保持较高的营运水平。

（一）坚持资金头寸限额管理

今年以来我行计划部门进一步提高经营核算意识，严格对资金头寸的管理，在省行核定

的资金头寸限额内按季核定基层行的资金头寸限额，并要求在保证正常业务开展的前提下，各行根据自身情况在限额内尽量压缩头寸占用，对不合理占用及时调整，保证了各行科学合理占用头寸资金，做到不闲置、不浪费。

（二）完善资金调度管理

资金调度环节上，市县明确专人负责资金调拨管理工作。在请调资金时，做到资金调拨与信贷计划的衔接，增强了资金与计划双重宏观调控作用，避免了资金供应脱节情况的发生。今年以来电子联行资金请调系统运行正常，我行继续坚持“小额度、勤调度”的资金调度原则，尤其是总行调整了资金请调时间以后，更加方便了基层行的资金使用，减少了资金请调时间，减少了资金头寸占用，今年全行共请调资金 187 笔 45 350 万元。同时我行严格按上级行的要求，规范使用总行提供的各种资金来源等，建立了《系统内资金往来台账》，按月通过电子联行系统与总行对账，全年账务无差错，保证了资金的安全运行。

三、加强统计管理工作，提高统计资料质量

（一）我行各级统计人员克服统计工作量比往年有大幅提增、统计报表上报时间节假日不顺延等实际情况，加班加点，任劳任怨，保质、保量、按时做好统计工作。准确及时地上报了省分行与人民银行的各类统计报表，统计工作质量有了较大的提高。

（二）为加强对现金计划执行情况的监测和分析，我行建立了现金投放、回笼月度分析报告制度，按月对辖内支行、部现金收支情况及其特点进行分析，并对造成当期现金投放（或回笼）的原因予以重点分析。

（三）我行在统计管理上始终坚持按照国家统计法以及人民银行和××银行的有关规定进行，统计数据完全来源于各支行（部）会计部门的各项报表，坚持报真情、报真数，不擅自公开发表统计资料和泄露统计机密，在按时完成省分行规定的各项统计资料的同时，认真地做好当地人民银行要求上报的各类统计报表。

四、加强财补资金管理，做好监督拨付工作

今年以来我行对财政补贴资金管理的重点是加强与财政、粮食部门的联系，积极向政府、财政、粮食主管部门汇报粮食销售、保管情况，补贴资金能否及时拨付到位直接影响到我行各项工作顺利开展。

（一）自粮食市场放开后，国有粮食购销企业的各项财政补贴已逐步减少，加上历史遗留问题等因素给粮食企业经营和我行收息率的顺利完成带来了很大的难度，也严重影响到我行信贷资产的安全性和效益性。在新形势下，我行年初对所辖支行、部的财政补贴情况进行了调查摸底，及时掌握各级粮棉油储备数量、库存值的增减变化及其原因，对各项补贴的项目、金额、来源、时间要做到心中有数。并对已掌握的各项财政补贴政策和财政补贴资金拨补情况，认真实施规范化操作，切实加强财政补贴资金的督促到位和监督拨补等管理工作，按时正确上报各类财政补贴报表及有关情况分析；认真及时登记各类财政补贴台账，确保台账间数据准确、衔接。

（二）积极加强宣传，密切与财政、企业主管部门的联系，争取理解和支持，为管理财政补贴资金营造了良好的内外部环境。各支行、部落实配备了财政补贴资金管理的兼职人员，积极主动督促同级财政和企业主管部门及时拨付财政补贴资金，弄清每一笔补贴资金的来龙去脉，及时将补贴资金到位情况反馈给财政部门，督促下拨资金，避免了由于职责不清、信息不对称造成补贴资金滞留的情况，并与会计部门积极配合，做好柜面监督，共同做好了财政补贴资金专户和拨付手续的管理。

（三）经过我行与当地财政部门、企业主管部门的共同努力，财政补贴资金到位情况及监测管理水平有了较大的提高。至12月月末，全市应收各项财政补贴资金12 243万元，实收各项财政补贴资金10 857万元，财政补贴资金到位率88.67%。

五、监测和分析等级行管理指标，适时调整工作思路

2012年度等级行考核与以前年度相比有很大的调整，首先市行要求各支行认真领会等级行管理文件，掌握新的指标精神，并对考核指标提出反馈意见，分析各项指标完成的难易程度，指导全年工作。其次根据各行按月经营指标的完成情况，市行对各行的失分项进行原因和对策分析，通过对经营指标的监测反映，适时调整工作思路，找出工作重点，明确工作方向，为领导的预测决策提供了保障，有效提高了各行的经营管理水平。

六、加大调查研究深度，做好业务经营分析，发挥业务综合职能

为了充分发挥资金计划业务部门的综合职能作用，我行十分注重提高业务经营分析水平，增强业务分析的实用性，做好领导的参谋助手。通过对所辖支行、部和粮食购销企业信贷资金运用、粮油物资运动、信贷资金活动的变化、信贷资产结构变化及存贷款异常变化等收购资金封闭管理动态情况，深入分析影响全行业务活动的各种因素，并且坚持静态分析与动态分态相结合、近期分析与远期分析相结合、银行信贷业务活动分析与企业经营活动分析相结合、微观分析与宏观分析相结合的分析方法，紧紧抓住收购资金封闭管理重点和疑点，揭示规律，找出特点，反映问题，提出对策，增强了全行业务经营分析的前瞻性和指导性。

七、认真做好季节性信贷资金需求预测，为经营决策服务

为进一步做好2012年夏季粮油收购工作，保证粮油收购资金的供应，我行主动和粮食、农业等部门联系，搜集相关农业经济部门的信息资料，如农业生产结构调整变化情况，粮棉油种植面积变化、产量变化，粮棉企业改革改制进程等。并深入企业，获取企业的经营信息量，为计划预测服务。通过对今年夏季粮油购销形势的分析，预计前期收购进度较慢，收购时间会拉长，可能会出现收粮困难的现象。随着粮食收购准入条件放开，粮食收购主体呈多元化，收购量势必降低。结合多方面因素考虑，预计全市将收购小麦约6 200万公斤、收购油菜籽1 945万公斤。

八、工作不足

回顾2012年我行资金计划管理工作，虽然做了大量的工作，但是对照省分行的要求还有一定的差距，还存在一些薄弱环节，主要表现在：

（一）在新形势下，全市计划在岗人员的业务理论水平有待进一步充实，业务综合素质有待进一步提高。为此我们将积极组织理论学习，加强人员培训，提高员工的业务能力。

（二）所辖各支行、部每月（季）财政补贴资金到位情况不甚理想，有待进一步加大与当地财政部门的协调力度。

九、2013 年工作打算

2012 年我行资金计划管理工作要积极适应当前新形势，迎接新挑战，紧紧围绕年初制订的资金计划管理工作意见，积极开展工作，充分发挥资金计划管理工作的综合职能作用，更好地为全行的各项业务工作服务。

（一）根据年初确定的工作目标和考核内容，加大资金计划工作考核力度，按季向所辖支行、部公布考核指标完成情况，促进全市资金计划管理工作的顺利进行。

（二）建立适应市场化要求的信贷投放预测机制。按照"购得进、销得出、有效益"的原则预测年、季度企业购销量，编制年、季度粮棉购销计划；根据粮棉市场供需情况和预期购销价格测算，按照"以效定贷，以销定贷"的贷款原则预测信贷投放量，编制年、季度贷款投放计划。同时结合我市实际情况和粮棉市场变化趋势，及时修正年、季度粮棉购销计划和贷款投放计划，以逐步建立适应市场化要求的信贷投放预测机制。

（三）积极主动与当地财政部门沟通和协调，促使地方配套的财补资金按时足额到位，减少各类财补资金滞留专户的时间，努力提高财补资金的到位率，为实现全行经营目标创造有利条件。

（四）进一步提高现金和利率管理水平，组织业务人员认真学习并掌握有关现金和利率管理政策，同时结合当前银行反洗钱的工作要求，提高执行现金和利率政策的正确性，加大检查监督力度，及时发现和纠正现金和利率政策执行过程中出现的问题。

简评：该文是一篇专题性总结。所谓专题性总结就是对在一定时期内完成的某一项工作或针对某一具体问题做出的评价、结论，对所取得的经验进行专门总结，因此也称为经验总结。这种总结内容集中、单一、特色鲜明，要求概括出规律性的东西，使之对其他单位、个人起到指导、启蒙、借鉴、参考的作用。

××银行有关资金计划管理的工作总结同时又是该资金管理部门的一个年度总结。文中先在前言中概括性地介绍了工作的背景情况，而后在主体中以横式结构、以分项式的方法叙述了一年中资金计划管理的工作要点以及相应的成效，然后总结了工作的不足，最后提出了对下年工作的打算。该总结提供的工作经验、工作成效与工作教训的资料，为年度考核与未来的工作开展提供了资料依据。

思考与练习

1. 简述总结的作用。
2. 总结有哪些特点？
3. 总结与计划有哪些异同？
4. 总结的基本结构有哪几部分构成？
5. 总结标题的主要形式包括哪几种？
6. 简述总结正文各部分的主要内容、作用和要求。

第六章 规章制度

本章学习要点与要求：

本章主要阐述了规章制度的相关知识。学习要点有：规章制度的概念、特点、分类和作用；规章制度的基本结构、具体写作要求及注意事项；规章制度的范例及其评析。通过本章的学习，要求理解规章制度的含义和特点；掌握规章制度的基本结构、写作要求及注意事项；在分析范例的基础上，能够熟练而准确地写作规章制度。

第一节 规章制度概述

一、规章制度的概念

规章制度是各种制度、公约、章程、条例、规定、规则、细则、守则、办法、标准、须知等的总称，是国家机关、团体、企事业单位等在自己的权限范围内制定的一种具有法规性与约束力、要求相关人员必须共同遵守、照章办事的文件。规章制度的应用范围很广，上至最高领导机关，下至办公室，乃至社会生活的各个方面，都可以用规章制定需要遵守的事项、职责范围或达到的标准等，以保证工作、学习、生活等有序、协调的正常进行。

二、规章制度的特点

规章制度是一种运用广泛的有效管理手段，是人们经常使用的一种文体。主要有以下几个特点。

（一）目的性明确

规章制度是要规范人们在某一特定环境或者某一特定事情中的行为，对人们的工作、生活有实际指导和执行的效用，因此要有明确的针对性。编写规章制度时不能偏离原有的目的，也不能泛泛而论。

（二）约束力较强

规章制度是社会各种团体根据自己的职能和权限制定的文书，具有一定的强制力和约束力，有令必行，有禁必止。这一特点，是其他的文体所不具备的。

（三）一定的时效性

规章制度是针对实际生活中的实际问题而制发的，有着明显的时效性。一旦实际情况发生变化，规章制度也应该随之进行相应的调整。但是根据情况不同，规章制度的时效性长短也不同。

（四）体式的规范性

一般来说，规章制度在格式的规范性上要求较高，并且其规范格式和专业术语、习惯用语的稳定性在相当长的时间内不会改变。

（五）作者的特定性

规章制度的作者不是个人，而是法定的作者，即依法成立并能以自己的名义行使权利和担当义务的组织。机关、团体、企事业单位都是依据法律、条例、章程等建立并合法存在的法人团体，规章制度可以由它们根据自己的权职范围制发。

三、规章制度的分类

规章制度按照功能的不同可分为三类：

（1）全国性规章制度，由国务院制订，或由各部委制定经国务院批准后颁布，在全国实施。

（2）地方性规章制度，由地方政府及其部门制定，适用于所属地区。

（3）单位性规章制度，由企事业单位、社会团体根据法律规定的程序制定，运用于单位或团体所属人员。

按照执行的时限，规章制度还可以分为现行规章制度和暂行规章制度。

四、规章制度的作用

上述全国性规章制度和地方性规章制度属于法律法规范畴,其作用主要包括如下几方面：第一，明示作用，即以法律条文的形式明确告知人们什么是可以做的，什么是不可以做的，哪些行为是合法的，哪些行为是非法的；第二，预防作用，即通过法律法规的明示作用和执法效力，以及对违法行为进行惩治力度的大小使人们知晓法律，进而在日常的具体活动中，根据法律的规定来自觉地调节和控制自己的思想和行为，从而来达到有效避免违法和犯罪现象发生的目的；第三，校正作用，即通过法律的强制执行力来机械地校正社会行为中所出现的一些偏离了法律轨道的不法行为，使之回归到正常的法律轨道；第四，具有扭转社会风气、净化人们的心灵、净化社会环境的社会性效益。

单位性规章制度主要有两方面作用。一是起着本团体整体、各机构及其成员的行为规范作用。规章制度一旦制定、批准，该团体的行为必须根据规章制度的规则行事。二是起着让团体以外的公众人士了解该团体基本情况的媒介作用。团体的行为准则、方式可以通过这种特定形式广为传播，让公众了解熟悉该团体，也便于团体的活动。

第二节　规章制度的基本结构及其写作

一、规章制度的基本结构

规章制度的结构一般由标题、签署、正文三部分构成。

（一）标题

标题由发文单位名称、事由、文种名称三要素组成。也有的省去发文单位名称。

（二）签署

即署名和日期。如果在标题中已经写明单位名称，在正文后可略去署名，把日期直接写在标题之下，正文之上，用括号括起来。如果在标题中未写明发文单位名称，则要在正文右下方署名，并把日期写在单位名称之下。一般政府部门发布规章制度都要有一个发文通知，写明发文对象、基本目的、发文单位和日期。这种情况下发文单位和日期不出现在规章制度正文中。

（三）正文

正文是规章制度中的主体部分，其写法主要有两种类型。

第一种，分章列条款式，多用于内容比较繁多复杂或者较正规的规章制度。用分章列条款式写作时，首先将全文分为若干章：第一章为总则，以下各章为分则，最后一章一般为附则。总则简要说明制定本规章制度的目的和总要求；分则为具体内容，可以设小标题标明该章的内容；附则里说明附带事项，如本规章制度以及具体实施办法的制定权、修订权、解释权属于谁，适用对象和什么时候开始实行等。每章下还可以包括若干条款，写出该章规定的事项。条款的排序一般可写第几条款，或只用序码表明，序数可按整个规章制度顺序编排。

第二种，列项式，一般用于内容比较简单的规章制度，不需分章，一项项写出来就可以了，如守则、须知、注意事项等。

此外，还有一种常见的类型，如规定、规则等，其写作形式很像列项式，但是写作方法类似分章列条款式。这种写法把全文分为若干项：第一项的内容与上述“总则”内容相同；最后一项相当于“附则”的内容。中间项用序码标明，项下的小项目也用序码标明，序码按整个规章制度顺序编排。因此这种结构基本可以归入第一种，分章列条款式。

二、规章制度的写作要求

首先，规章制度必须依据党和国家的有关方针、政策和上级的指示精神来制定，要和中央政府的政策保持一致。否则，订立的规章制度不仅行不通，而且会给工作带来损失。所以，制定规章制度时，要先认真学习有关文件，按照上级的精神来写。如果上级已经有这方面的规章制度，不要另起炉灶，只要结合本地区、本部门的实际情况再做必要的补充即可。

其次，制定规章制度必须从实际出发，使之切实可行。特别是公约性质的规章制度，要组织相关成员研究讨论，发挥他们的创造力和主观能动性，使规章制度有助于促进工作生产，有利于学习生活。

另外，规章制度的条文要尽量简明扼要、内容具体，便于理解、记忆和执行。

三、规章制度的注意事项

（一）按程序规范写作

规章制度如果是法规类的，要严格执行立法程序，包括草案提出、草案讨论审议、文本表决和公布四个阶段。其中特别要做好讨论审议的工作。审议的内容包括是否符合上级的相关法规、是否可行、是否能在各个单位部门之间做好协调统一等。一般采用两审制，即经过两次会议审议。规章制度的公布常用公文形式下达，若有必要可同时登报、广播、网络传播等。

（二）重视写作依据

管理者在制定规章制度时，要受政府法律、法规、方针、政策的指导和约束；符合上级有关规章制度的精神。这就要求制定规章制度要有合法依据。在表述时，可以用“根据……的精神”之类的语句来表明依据所在，必要时还可以援引依据的要点或文本。

另一方面，规章制度也是管理者针对本单位、部门、地区制定的管理规范和措施，必须符合本单位、部门、地区的实际情况。因此制订者要深入调查研究，从实际情况中寻找制定规章制度的合理依据。在表述时，可在“依据……的精神”之后，用“结合……的实际”之类的语句来表明其针对性。为了使规章制度更具有合理依据，还可以借鉴和参考别的单位、团体、地区制定的相同或类似的规章制度。

（三）重视目的表述

制定目的是规章制度的内容要素之一，通常放在开头表述。表述时，可以用“为了……，制定……”之类的句式。目的的表述要有针对性且具体。

（四）内容周全合理

规章制度一旦生效，就要严格执行。能否执行，其内容是否周全、合理甚为关键。所谓周全，是指在规章制度中要充分考虑到可能发生的情况，特别是考虑到可能出现的特例。所谓合理，是指规章制度除符合管理者的意图外，是否符合绝大多数人的想法和利益，还要考虑到被管理者的条件和愿望。

（五）条款化与规范化

规章制度在表达上的重要特点就是分条列目、层次严谨。从结构上看，规章制度多采用条款式结构，纲目清楚，便于执行。内容安排体现在结构上，通常是先总纲，后细目；先一般，后个别。

第三节　例文简评

例文：

关于印发《研究生国家奖学金管理暂行办法》的通知

财教〔2012〕342 号

党中央有关部门，国务院有关部委、有关直属机构，各省、自治区、直辖市、计划单列市财政厅（局）、教育厅（教委、教育局），新疆生产建设兵团财务局、教育局：

为发展中国特色研究生教育，促进研究生培养机制改革，提高研究生培养质量，根据《国家中长期教育改革和发展规划纲要（2010—2020 年）》有关精神，财政部、教育部制定了《研究生国家奖学金管理暂行办法》。现印发给你们，请遵照执行。

附件：研究生国家奖学金管理暂行办法

财政部 教育部

二〇一二年九月二十九日

附件：

研究生国家奖学金管理暂行办法

第一章　总则

第一条　为发展中国特色研究生教育，促进研究生培养机制改革，提高研究生培养质量，根据《国家中长期教育改革和发展规划纲要（2010—2020 年）》，设立研究生国家奖学金。为做好研究生国家奖学金工作，制定本办法。

第二条　研究生国家奖学金由中央财政出资设立，用于奖励普通高等学校（以下简称“高等学校”）中表现优异的全日制研究生。

第三条　研究生国家奖学金每年奖励 4.5 万名在读研究生。其中，博士研究生 1 万名，硕士研究生 3.5 万名。

第二章　奖励标准与基本条件

第四条　博士研究生国家奖学金奖励标准为每生每年 3 万元；硕士研究生国家奖学金奖励标准为每生每年 2 万元。

第五条　研究生国家奖学金基本申请条件：

1. 热爱社会主义祖国，拥护中国共产党的领导；
2. 遵守宪法和法律，遵守高等学校规章制度；
3. 诚实守信，道德品质优良；
4. 学习成绩优异，科研能力显著，发展潜力突出。

第三章　名额分配与预算下达

第六条　财政部、教育部根据各高等学校研究生规模、培养质量以及上一年度研究生国家奖学金执行情况，制定研究生国家奖学金年度分配名额和预算。全国学生资助管理中心于每年3月底前，提出研究生国家奖学金名额分配建议方案，报财政部、教育部审定。

第七条　每年4月30日前，财政部、教育部将研究生国家奖学金分配名额和预算下达中央主管部门和省级财政、教育部门。

每年5月31日前，中央主管部门和省级财政、教育部门按程序将研究生国家奖学金分配名额和预算下达相关高校。

第八条　研究生国家奖学金名额向基础学科和国家亟需的学科（专业）倾斜。高等学校要统筹研究生国家奖学金和其他研究生奖学金的名额分配、评审和发放工作，充分发挥各类奖学金的激励作用。

第四章　评审组织

第九条　高等学校应建立健全与研究生规模和现有管理机构设置相适应的研究生国家奖学金评审组织机制。

第十条　高等学校应成立研究生国家奖学金评审领导小组，由校主管领导、相关职能部门负责人、研究生导师代表等组成。评审领导小组负责按照本办法有关规定制定本校研究生国家奖学金评审实施细则；制定名额分配方案；统筹领导、协调、监督本校评审工作；裁决学生对评审结果的申诉；指定有关部门统一保存本校的国家奖学金评审资料。

第十一条　高等学校下设的基层单位（院、系、所，下同）应成立研究生国家奖学金评审委员会，由基层单位主要领导任主任委员，研究生导师、行政管理人员、学生代表任委员，负责本单位研究生国家奖学金的申请组织、初步评审等工作。

第五章　评审程序

第十二条　研究生国家奖学金每年评审一次，所有符合本办法规定条件的攻读硕士、博士学位的全日制研究生均有资格申请。有意愿申请国家奖学金的研究生，本人应如实填写《研究生国家奖学金申请审批表》（附件1），向所在基层单位评审委员会提出申请。

硕博连读研究生在注册为博士研究生之前，或通过攻读博士学位资格考试前，按照硕士研究生身份申请国家奖学金；注册为博士研究生后，或已经通过攻读博士学位资格考试后，按照博士研究生身份申请国家奖学金。

直博生和招生简章中注明不授予中间学位的本硕博、硕博连读学生，根据当年所修课程的层次阶段确定身份参与国家奖学金的评定。在选修硕士课程阶段按照硕士研究生身份参与评定；进入选修博士研究生课程阶段按照博士研究生身份参与评定。

第十三条　研究生国家奖学金的评审工作，应坚持公开、公平、公正、择优的原则，严格执行国家有关教育法规，杜绝弄虚作假。

第十四条　基层单位评审委员会主任委员负责组织委员会委员对申请国家奖学金的学生进行初步评审，评审过程中应充分尊重本基层单位学术组织、研究生导师的推荐意见。基层单位评审委员会确定本单位获奖学生名单后，应在本基层单位内进行不少于5个工作日的公示。公示无异议后，提交高等学校研究生国家奖学金评审领导小组进行审定，审定结果在高等学校全范围内进行不少于5个工作日的公示。

第十五条　对研究生国家奖学金评审结果有异议的学生，可在基层单位公示阶段向所在基层单位评审委员会提出申诉，评审委员会应及时研究并予以答复。如学生对基层单位做出的答复仍存在异议，可在高校公示阶段向研究生国家奖学金评审领导小组提请裁决。

第十六条　中央高校将评审工作情况和评审结果报中央主管部门，地方高校将评审工作情况和评审结果报至省级财政、教育部门。中央主管部门和省级财政、教育行政部门对所属高校评审情况和结果汇总后，填制《博士研究生国家奖学金获奖学生汇总表》（附件2）和《硕士研究生国家奖学金获奖学生汇总表》（附件3），每年10月31日前，报财政部、教育部备案。

第六章　资金管理与监督

第十七条　高等学校于每年11月30日前将当年研究生国家奖学金一次性发放给获奖学生。高等学校应将研究生获得国家奖学金情况记入学生学籍档案，并颁发国家统一印制的荣誉证书。

第十八条　各省（自治区、直辖市、计划单列市）、有关中央主管部门和高等学校必须严格执行国家相关财经法规和本办法的规定，对研究生国家奖学金资金加强管理，专款专用，不得截留、挤占、挪用，并接受财政、审计、纪检监察等部门的检查和监督。

第十九条　财政部、教育部委托全国学生资助管理中心加强对研究生国家奖学金的日常管理。

第七章　附则

第二十条　各省（自治区、直辖市、计划单列市）要根据本办法制定具体管理办法，报财政部、教育部备案。

第二十一条　科研院所研究生国家奖学金管理参照本办法执行。

第二十二条　本办法由财政部、教育部负责解释。

第二十三条　本办法自2012年9月1日起施行。

简评：本例文摘自财政部网站（http://jkw.mof.gov.cn/zhengwuxinxi/zhencefabu/201210/+20121016_687851.html）。这是一篇全国性的规章制度公文，由财政部和教育部共同制定颁布，在全国施行。由于有专门的印发通知，所以文件正文中不再出现发文单位和颁布日期。标题由事由和文体名称组成。正文分七章，第一章是总则，说明了制定依据、目的和基本情况。以下五章是分则，分别是关于奖学金的奖励标准与基本条件、名额分配与预算下达、评审组织、评审程序和资金管理与监督，都用小标题标明了内容。每章下分若干条，序数按照整个文件编排，不分章单排，全文总共二十三条。最后一章为附则，说明相关具体办法的制定和参照执行的范围，以及该办法的解释权归属和施行时间。总的来说，这则暂行办法结构完整，语言规范，看起来一目了然，条款之间逻辑清晰、层次严谨，是一篇典范性的规章制度。

思考与练习

1. 规章制度有哪些特点？
2. 规章制度的作用有哪几个方面？
3. 规章制度一般各由哪几部分构成？
4. 规章制度的写作应注意哪些问题？

第三篇

财经调研决策文书篇

第七章　市场调查报告

第八章　经济合同

第九章　市场预测报告

第十章　可行性研究报告

第十一章　经济活动分析报告

第十二章　审计报告

第七章　市场调查报告

本章学习要点与要求：

本章主要阐述了市场调查报告的相关知识。学习要点有：市场调查报告的概念、特点、分类和作用；市场调查报告的基本结构、具体写作要求及注意事项；市场调查报告的范例及其评析。通过本章的学习，要求理解市场调查报告的含义和特点；掌握市场调查报告的基本结构、写作要求及注意事项；在分析范例的基础上，能够熟练而准确地写作市场调查报告。

第一节　市场调查报告概述

一、市场调查报告的概念

市场调查报告是通过对特定地区、特定类别的市场现状和发展趋势等问题进行深入的调查，在获得调查资料的基础上对其进行深刻细致的分析研究，从中归纳出具有重要参考价值的带有规律性的科学结论，用其特有的书面形式写就的专题调查报告。市场调查报告以市场调查为基础。市场调查是运用科学的方法，对商品在市场中的供求状况等诸多因素进行专项的调查研究活动。而市场调查报告就是基于市场调查，运用经济学原理，经过专业的分析和研究后所写成的报告。它反映了市场调查成果并从中概括出了市场变化的规律，从而有助于商家企业的生产经营活动更趋于合理化。

二、市场调查报告的特点

（一）指导性

市场调查报告是由企业生产经营的需要而产生的，它是对调查所得到的客观事实的描述，也是对这些客观事实及其内在规律的深入研究，给企业提供有价值的信息，帮助企业更好地发展。因此，它对企业和市场的发展具有很强的指导意义。

（二）综合性

市场调查报告是基于市场调查完成的。在市场调查时所得到的所有相关信息资料，调查报告的撰写者都要对其进行认真全面地综合分析研究，以便全面深刻地了解调查对象，从调查的资料中寻找规律性的东西，做出简洁扼要的分析和正确的判断，最后得出具有指导意义的正确结论。

（三）时效性

市场调查报告应能够迅速捕捉市场新动态、新特点，及时加以分析研究，否则市场调查报告就成了没有意义的废纸。市场调查报告不仅要及时反映出目前存在的问题，而且要提出相应的政策、办法、措施等等。所以时效性是市场调查报告的重要特点，准确及时的市场调查报告将有利于企业的发展。

（四）真实性

市场调查报告中所反映的情况必须是调查中获得的真实信息，否则之后的专业分析和最后写就的市场调查报告就失去了它的指导意义，反而有可能使企业做出错误的决策，影响企业的发展。真实的情况是市场调查的内容和对象，市场调查报告必须实事求是，就事说理，揭示主旨，写入报告中的所有材料都必须准确无误，确凿可信。

（五）针对性

通常市场调查报告都是针对某一地区、某一商品或是对某个问题而写就的。市场调查报告的写作要有明确的针对性和目的性，这样才能为企业决策提供有利的依据。市场调查的针对性越强，写成的市场调查报告就越具有指导意义。

三、市场调查报告的分类

目前，市场调查报告使用的范围很广，分类也很多，根据调查内容的大类可以大概分为：企业形象市场调查报告、商品营销市场调查报告、区域市场调查报告（其中包括国际市场调查报告）。而具体来讲，企业常用的市场调查报告有：

（一）需求方面的市场调查报告

该类市场调查报告主要是通过对消费者的广泛调查，了解用户的数量、分布的地区及其经济状况；了解不同的消费心理、消费习惯和消费层次的差异；了解消费的规律，如购买的喜好、季节安排等，以及消费者对商品的质量、商标、价格、包装、使用情况、广告宣传和售后服务等方面的评价、意见和要求；了解市场占有率及其走向。另外还包括了解产品销售对象的数量与构成、消费者家庭收入水平和实际购买力、潜在需求量及其购买意向、消费者对商品需求的变动等。只有充分了解相关的信息，才能准确把握企业未来生产的方向和规模，获得更高的经济收益。

（二）供给方面的市场调查报告

包括对市场供给情况的调查报告和企业产品供应情况的调查报告。对市场供给情况的调查是大范围的调查。通过调查了解该种商品在市场上的供求比例、商品生产厂家有关情况、商品供给前景等。对企业产品供应情况的调查主要是针对企业的生产情况和销售情况、企业商品的市场占有率以及影响销售的主要因素、商品销售的渠道与构成等。通过调查了解销售渠道是否畅通，如何进一步提高供求效率，挖掘供给销售的潜力，改善供应情况等。对企业的市场调查报告对生产和经营决策有直接的影响，因而其使用最为广泛。

（三）其他方面的市场调查报告

除了以上两大类之外，市场调查报告还包括一些小类别，如商品价格调查报告和市场竞争情况调查报告等。商品价格调查报告主要包括商品成本、税金、市场价格变动情况，消费者对商品市场价格变动的反应等内容。市场竞争情况调查报告主要包括市场竞争程度、竞争对手的基本情况、竞争手段、竞争产品质量、性能、价格等信息。

另外，市场调查报告以市场调查为基础，而市场调查可分为实地调查、样本征询、问卷调查、座谈问询和资料调查等形式。

四、市场调查报告的作用

市场调查是以市场为对象的调查研究活动，它反映着整个商品领域中特定商品的生产者与消费者、买方与卖方之间的广泛的经济联系。在市场经济日趋活跃的今天，中国已经成为世界经济大国，中国经济已融入世界经济，中国正在从制造业大国向制造业强国转变。所有这一切都离不开作为市场经济微观主体的企业的发展，而企业的发展又离不开对市场状况的把握，因而，市场调查报告的作用越来越重要。

概而言之，市场调查报告对处于市场环境中的企业来说具有如下两方面的作用：第一，从不同的角度和层面揭示特定市场环境中特定商品的供求关系等相关情况的现状；第二，帮助企业把握特定市场环境中特定商品的供求关系等相关情况的动态和发展趋势。这些为企业的决策者根据市场的经营环境和供求关系做出正确的决策提供了重要的依据，进而有利于企业适应市场环境，改善经营管理，促进生产发展，增强竞争力，最终在变动不居的市场环境中立于不败之地。

第二节　市场调查报告的基本结构及其写作

一、市场调查报告的基本结构

市场调查报告的基本结构一般由标题、目录、前言、正文、结尾、附件六部分构成。

（一）标题

市场调查报告的标题要求与文章的内容融为一体，是文章内容的高度概括。一般来讲，市场调查报告的标题写法是灵活多样的，有的比较简单只写一个正题，直接说明调查对象、调查内容或文章的主旨；有的则用比较生动形象的语言突出强调调查对象，同时伴有副标题。总之，标题应言简意赅，清晰醒目。

具体来讲，常见的标题格式有以下几种：第一种也是最简单的一种，直接在标题中写明市场调查的地区、调查的项目，或者直接提出某一种商品在市场上存在的问题，点明文章的中心，如《上海地区大型医疗器械产品的市场调查报告》；第二种是在正标题点明文章的中心的基础上加一个副标题以给出更多的信息，如《售后服务是关键——××地区电器行业的市场调查报告》，正副标题相辅相成，全面反映全文内容和主旨。这种方式既提出了问题，又写明了市场调查的项目、内容和范围。除了以上两种之外，还有一些灵活的方式，例如：以设问句的方式来概括市场调查报告的主要内容，来引起人们的关注，既生动又醒目。

（二）目录

如果调查报告的内容较多，为了方便读者阅读，应当使用目录或索引形式列出报告主要章节和附录，并注明标题、有关章节号码及页码，一般来说，目录的篇幅不宜超过一页。

（三）前言

市场调查报告的前言部分，一般包括调查的目的、调查的对象、调查的时间和调查的方法等，有时也可简要写明调查对象的背景或直接以调查结果作为开头以突出调查的核心内容。前言部分应简洁、扼要，紧扣调查目的、指导思想，总述调查概貌，概括基本情况，突出主要成果、经验等等，要提纲挈领，统帅全文，揭示主旨。总之，前言部分应该力求言简意赅，高度概括浓缩。

（四）正文

正文是市场调查报告的主体部分，是全文的中心论点根据所在。它一般可以分为客观情况介绍、对未来走势的预测、对相关部门的建议等。客观情况介绍部分一般用叙述或说明的方法，将调查得来的有关情况实事求是地表述清楚。这部分内容较多，可以按问题的性质归纳为几大类，以小标题或提问句的形式进行有条理的表述；也可以按时间、地点等顺序进行表述。对未来走势的预测部分，主要是通过对调查资料的分析研究，预测市场发展变化的趋势。这部分主要运用议论的方式和结论性的语言加以表述。对相关部门的建议部分，主要是根据调查分析结果提出建议，指出有关单位部门应采取的措施。

正文一定要本着实事求是的原则，如实地体现调查对象的现状并加以合理的分析，以期得到有价值的信息进而用以指导未来的工作，必要时可以附以图表、数字进行说明。在写法上，可以采取叙述与议论相结合的方式。由于这一部分篇幅较长，内容较多，要讲究结构方式，力求条理清楚，重点突出。正文部分的结构经常采用的有纵式、横式和纵横结合式等。纵式的特点，一般是按照时间顺序来叙述和议论；横式的特点，是从客观事物的各部分之间的逻辑关系入手，分成几个方面来说明问题。有时在面临一些复杂、经历时间较长的问题时往往采取横式纵式二者相互配合穿插的结构。

（五）结尾

市场调查报告的结尾部分要从前文的夹叙夹议中做一个自然的收尾，在理论高度上阐述出重要意义，在实事求是进行分析的前提下，归纳出一个有根有据、恰如其分而又简洁有力的结论，并且给出合理的建议。结尾的方式各有不同，有的可进一步深化中心思想，有的要写出结论和建议，有的要说明调查中存在的问题。但不论用哪种结尾方式，其文字都要做到高度概括，力求深化主题，首尾照应，加深读者的印象。

（六）附件

附件是指调查报告正文没有提及，但与正文所述内容有关，必须附加说明的部分，它是对正文信息的补充。附件一般包括数据及原始资料、背景材料等。

二、市场调查报告的写作要求

（一）目标明确，讲求时效

市场调查报告的针对性、时效性的特点决定了我们在选择调查题目时一定要明确目标。目标越明确，市场调查就会越有效地进行，最后才能得到有价值的可以指导市场和企业发展的调查报告。市场是瞬息万变的，随着市场经济的发展，产品的更新周期越来越短，人们的消费节奏也越来越快，因此在目前的市场状况中，要有敏感的经济感觉，有针对性地去调查、分析，明确调查目标，及时制定调查步骤，完成市场调查和调查报告的撰写。

（二）条理清晰，表述简要

写作市场调查报告，是市场调查最后阶段的关键工作。它将全面综合市场调查中获得的所有相关信息，对其进行专业的分析研究，提出结论性意见和建议。由于市场调查所获得的内容往往比较多，因此需要合理安排市场调查报告的结构，条理清晰地反映市场调查的内容，这也是市场调查整个过程成功的关键所在。市场调查报告的文字表达以叙述、说明、议论为主，要求表述简洁扼要，字句精练。

三、市场调查报告的注意事项

（一）实事求是

市场调查报告的最大特点是实事求是。以事实为基础，是进行市场调查、写好市场调查报告的前提和保证。从事实出发，发现问题，分析问题，得出结论，为企业决策者提供有价值的信息。因此，在调查中应努力克服主观性，广泛积累资料，尽可能全面地了解情况，力求每一个材料和数据都要做到翔实、可靠，进而认真分析，得出正确的结论，切忌弄虚作假。

（二）适当结合理论

市场调查报告要求有一定的专业水准，即在叙述客观事实的基础上，结合相关理论分析，以提高报告的理论水平。但是市场调查报告和我们一般意义上的学术论文是不同的，学术论文强调理论性，以理论分析为主，而市场调查报告的写作以情况报告为主体。因此，对理论分析的程度要做出正确的把握，应避免过多的理论论证或空泛议论。

第三节　例文简评

例文：

陕西本地绿茶的市场调查报告[①]

一、调查的目的

绿茶，又称不发酵茶。它以适宜茶树新梢为原料，经杀青、揉捻、干燥等典型工艺过程制成茶叶。其干茶色泽和冲泡后的茶汤、叶底以绿色为主调，故名绿茶。绿茶的特性，较多地保留了鲜叶内的天然物质。其中茶多酚咖啡碱保留鲜叶的85% 以上，叶绿素保留 50%左右，维生素损失也较少，从而形成了绿茶“清汤绿叶，滋味收敛性强”的特点。绿茶是中国的主要茶类，在初制茶六大茶类里产量最高，年产 40 万吨左右。绿茶产区最广，分布在浙江、安徽、江西、江苏、四川、湖南、湖北、广西、福建、贵州、陕西等各个茶区。绿茶和乌龙茶、花茶一样是茶叶市场上常见的品种。但是目前它被人们所接受的程度究竟如何呢？有没有进一步市场拓展的空间？通过此次调查，我们了解了经销商对绿茶的经营意愿，包括对绿茶的包装、价格的接受程度和意见，并据此预测了绿茶的市场前景，判定目标经销商群体、核心渠道，了解市场需求、竞争状况，以便结合自身企业的个性特点有的放矢、避强击弱。

本次调查共走访杨凌地区各大茶叶卖点和超级市场十几家，也现场调查了众多正在购买的消费者。对经销商的经营品种、渠道、销售旺季、主流产品价位段、主流产品类别、主流产品包装、团购下限及折让比例等一系列问题有了直观认识。对消费者的消费心理、购买习惯、购买场合、影响购买的主要因素、绿茶产品的知名度、质量以及竞争对手情况等进行了调查了解，取得了可靠的第一手资料，为本地绿茶新品牌大规模进军市场提供了事实依据。

二、调查的结果

1. 本地产品知名度的调查

茶叶在西北地区的消费市场需求潜力很大，仅我省每年由外地进入的茶叶就在 8 000 吨左右。西乡茶叶种茶历史悠久。陕西茶叶历史上比较早的品牌是“紫阳毛尖”茶和大众化的“陕青”茶，在计划经济时期具有相当可观的市场占有率和知名度。西乡绿茶直至今天仍然有相当比例的体验人群，在调查问题“了解西乡绿茶的渠道”时，高达 68%的消费者选择“喝过”，13%的消费者选择“亲朋介绍”，这是西乡绿茶巨大的营销潜在优势。

---

① 改编自“绿茶市场调查报告”（百度文库，http://wenku.baidu.com/view/d9ac8916a300a6c30c229fca. html）。目前市场调查行业已高度产业化，专业的市场调查报告内容翔实深入，动辄几十页甚至上百页的篇幅，且包含大量数据图表。显然，专业的市场调查报告不适宜作为本教材的例文。为适合作为本教材例文，编者根据原文的全部调查资料和写作原意，对报告的文字和结构做了较大幅度的修改，包括标题从“绿茶市场调查报告”改为“陕西本地绿茶的市场调查报告”。改动后的标题简单明了且扣住了报告的主题。

2. 消费者消费心理的调查

质量和口感是人们普遍最为关心的问题。经过消费者调查，消费者购买首选考虑“质量”的占29%，其次选择“口感”的占27%，而第三才是“价格”，比例占20%。这也体现出目前消费提升的潮流。传统喝茶的地区和喝茶的人群，在收入不断增加的情况下，喝茶的习惯不变，而喝茶的档次一定会越来越高，且喝茶的品种可能会因为所在文化、社交圈的变化而变化。新兴的喝茶人群正在稳步增加，这不单是因为收入因素，也是因为其他社会性饮料的生命周期有衰退迹象，即因为茶叶是根深蒂固的农产品，而非美欧盛行的工业饮料，根本的分歧在农业和工业在人类健康上理念的分野。第四选择“品牌”的占12%，反映出在茶叶购买上多为随意购买，消费者的品牌意识并不突出。以上结论和经销商调查结果可以相互印证，经销商在回答“影响顾客购买的主要因素”时，选择第一位为“质量”，比例高达47%；“价格”列次位，比例为37%。在“消费者购买茶叶主因素排名”时，依次为：质量—价格—包装—产地—品种—产季，也反映出类似偏好。

3. 消费者消费习惯的调查

消费习惯对消费者的消费行为有着决定性的影响，而且消费者消费习惯对企业的营销方案及渠道操作侧重点也有一定的指导意义。调查显示消费者购买渠道相当集中，分别为茶叶市场（29%）、超市（29%）、专卖店（26%）、百货商场（13%），选择其他的仅占3%。

4. 消费场合的调查

一般为家中、办公室、茶馆、茶楼、宾馆餐厅、户外等场合。喝茶习惯从个人走向社会化，人们喝茶已经更多注重文化的区分，区分的办法就是给喝茶打上更多的社会符号。因此很多人是在特定场合中消费茶，回到家里未必有那么的讲究，即喝茶的人群化。

5. 消费者消费依据的调查

把“生活习惯”作为选择依据的占有40%；选“解渴”的占20%；把绿茶的“提神醒脑”功能作为选择依据的占14%；选“清热解毒”的占11%；“休闲娱乐”占9%，“去油腻保健”占6%。整体来看，选择考虑茶叶健康作用的只占17%，绿茶的健康因素还需要大力强化。

6. 对本地绿茶产品的调查

通过对部分经销商进行访谈，我们对绿茶的质量、外观、价格等问题进行了调查。

虽然有相当高的知名度，但是无须讳言，由于种种原因，西乡绿茶在西安茶叶市场的美誉度不容乐观，在调查中共收集到以下意见：（1）加工工艺粗、高端少；（2）质量欠佳、口感不好，销售较好时出现断货；（3）包装差；（4）品牌不突出，消费者自选率低。肯定意见有：（1）性价比高；（2）茶形好。由此可见，早期的知名度为陕南绿茶的进一步市场开拓带来的正面影响有限，且产品质量参差不齐，低端茶叶居多的负面影响不容忽视，产品的美誉度还有待进一步提高。 绿茶外观的好坏对产品的销售有着直接的影响。调查结果表明，产品的外观造型还不尽如人意。

绿茶投放市场，适宜的价格有助于迅速占领市场份额，而且茶叶产品又属于价格敏感产品，价格的微小变动都会对销量产生巨大的影响。调查结果表明，对照市场上其他品牌茶叶的价格，消费者对本地绿茶的价格的理解还是比较合理、公正的。

三、茶叶市场存在的问题及对策建议

1. 茶叶市场存在的问题

部分消费者对茶叶市场的问题包括包装、质量、价格等方面。首要问题是市场不规范，质量参差不齐，占 32%；价格过高占 27%；生产日期、保质期没有保证占 8%；而以下问题均为 6%：品种不能满足需要；包装呆板，无新意；包装内搭售其他物品。稍加留意就会惊讶地发现，反映质量为主的问题占 40%（包括生产日期、保质期没有保证）；而比照经销商调查中“同业竞争主要因素”一项，依次为价格 37%；质量 23%；品牌 20%；其他 10%；渠道 7%；客户 3%。看来消费者对整个行业的信任度不足，而市场对消费者对质量问题的关注度显然没有深度了解体会，值得所有经营者在经营中考虑。

在对消费者消费茶叶的依据的调查中，40%的人选择的是“生活习惯”，20%的人选择的是“解渴”。可见，生活方式和实惠是消费者消费饮料的根本依据。在这方面，消费者对绿茶的高性价比给予肯定，但真正好质量且价格适中的产品还没有得到消费者的完全认同。

2. 对策建议

第一，提高现销绿茶的质量。质量是产品的生命，优质才有优价。作为食品行业，并且是即开即饮与消费者健康密切相关的茶叶来说，质量更为重要，从市场上的样品来看，多数现销绿茶的质量还亟待提高。

第二，注重防伪标志标识。由于绿茶是即开即饮且能多次冲泡的产品，因此，在调查中，许多人提到了防伪标志，对此茶叶企业应引起高度重视。

第三，注重茶叶品牌的营建。目前，商品茶质量良莠不齐，价格缺乏诚信，茶叶品牌过少，消费者对商品茶的质量和价格的选择往往无所适从，无法判断产品的真伪、优劣和真实价位。调查中以口味、价格选择购买的消费者合计比例为 47%，选择品牌的仅占 12%，可见人们购买茶叶有很大的随意性。品牌是商品质量、价格的信誉保证。消费者正逐渐对品牌茶叶表示认同和信赖，市场期待着更多茶叶品牌的涌现。由于茶叶企业经营规模小，品牌意识淡薄，知识产权（专利、版权、商标）方面投入不足，导致茶叶市场运营不规范、质量不稳定，消费者购买力受阻，从而制约了茶叶市场的深度拓展。成长中的国内市场和一体化的国际市场对茶叶品牌培育而言，既是市场需求又是发展契机。我国茶叶品牌从无到有、从小到大，具有极强的可塑性。加入 WTO 之后的我国茶叶经济，愈加体现出品牌建设的紧迫性和重要性。茶叶企业应制订切实可行的品牌发展策略和计划，以良好的品牌形象参与激烈的市场竞争。

第四，注重包装茶的盈利性。包装茶增值空间大、盈利性强，是茶叶品牌塑造的主要载体之一。品牌包装茶的开发商机，为茶叶产业发展注入了新的活力。茶叶作为快速消费品面对着多元化市场，市场的定位与细分要求茶叶包装应符合现代消费理念的变化，这包括应重视从包装材质、外形、装饰、规格直至满足包装需求的系列化包装机。茶叶包装应在坚持中国特色的同时，重视与国际包装惯例接轨，特别是出口茶叶包装的选材、 款式、规格、图文、标注等内容须符合进口国的法律规定、文化特点及消费习惯，以促进中国茶叶获取更高的国际市场份额和经济效益。

四、本地绿茶新品牌的市场前景及消费定位分析

1. 市场前景

总的来看，绿茶具有其他茶叶所具有的解渴等功能，同时又具有独特的保健功能，适合茶叶消费的发展趋势，市场前景比较广阔。在本次市场调查中，有两个数据值得关注。其一，有 17%的消费者购买茶叶时关注其保健功能，这是绿茶营销的一个优势。其二，在消费者问卷中，约 51%选择一次购买 2 斤以上，这还不包含 30%回答“不确定，用完再买”的，看来市场潜力是可观的。

本地绿茶产品历史悠久，在本地区知名度很高，具有很大的潜在营销优势。但本地绿茶新品牌要想取得好的销售业绩必须经过一个过程。

市场总需求是受多种因素影响的一个变量。任何有用产品，在没有任何刺激需求的投入时，都会有一个基本市场需求量，即市场需求下限。但在现代广告社会中推出一种新产品，不投入营销费用是不可能的。随着市场营销费用投入额的增加，市场需求水平也相应提高，提高的速度最初为递增，后为递减，最后达到某一点。在这一点上，无论怎样增加营销投入，需求量也不会再增加，这时即达到市场需求上限。

本地绿茶新品牌作为新产品，市场下限量会是比较低的，但人们对新事物的认可有一个认知的过程。在投入期营销投入额大，但市场需求量增长缓慢，公司在投入营销费用后的短期内不会收到很明显的效果。真正好的产品在营销支出达到一定的程度后，人们对其有了足够的认识，在这个时期，只要再增加小部分的营销支出，市场需求就会大幅度增加。从市场需求预测可以得知，绿茶的市场潜力是巨大的，市场前景是广阔的。当然，本地绿茶新品牌要想取得销售佳绩最为关键的还是自身产品质量，包括关注防伪标识和包装等问题。只有这样，本地绿茶新品牌才能不断赢得消费者的青睐。

2. 消费定位分析

（1）产品的档次定位

建议本地绿茶新品牌的产品应分为两大类：自用消费型和礼品型。自用消费型又分为习惯消费型及功能消费型。礼品型又分为旅游亲情礼品型和商务礼品型。自用消费型中习惯消费型应突出实惠及保健因素；功能消费型应突出保健及认同感。 礼品型不同程度地突出亲情、保健及价值传递功能。

绿茶属保健功能较强的产品，因此，档次绝不应定得太低。本次调查数据显示，当绿茶价格在 50 元/斤以下时，有约 38%的消费群体放弃购买。 但另一方面，大部分绿茶产品也属于大众消费品，且又属价格敏感类产品，因此， 档次又不宜定得太高。结合调查中经销商及消费者问卷、访谈，综合各方面的因素，自用消费型绿茶的档次应定位为“中档”或“中档偏上”的实惠、保健型茶叶为好，包装上应艺术性地体现美容、健康、降脂等内容。亲情礼品型则突出降压降脂、增强免疫力、益寿等宣传内容。而商务礼品型则定位于“高档特产保健礼品”，不仅价格较高，且产量较少，特别应显示保健功能，从而体现对收礼者健康的情感关注。

（2）目标消费者层次定位

在判定目标消费者时，应着重考虑如下因素。

消费场所：办公场所、家中、茶馆、茶楼、宾馆餐厅、户外等场合。

消费年龄：中青年消费者。

消费者收入水平：主要是具有中等收入水平以上的消费者。

自用消费型产品的消费者是消费主体，他们大致为：关注茶叶保健型因素的中青年人群（例如可突出对女性白领的健康、降脂、抗辐射导向）。

总的来看，本地绿茶新品牌的主体目标消费者应是有饮茶习惯、较关注健康且具有一定收入水平的中青年消费者。

五、结论

绿茶作为具有独特保健功能的饮品，在崇尚绿色消费的今天具有广阔的市场前景。陕西本地绿茶产品历史悠久，在本地区知名度很高，具有很大的潜在营销优势。这为陕西本地绿茶新品牌的市场推广提供了有利条件。但本地绿茶新品牌的推广还需要特别关注质量环节，经历一个合理的营销过程。总之，陕西本地绿茶新品牌具有良好的市场前景。

简评：文章的第一部分简要介绍了调查的目的和涉及的主要内容；第二部分清晰列示了调查结果；第三部分根据调查资料揭示了茶叶市场存在的问题并提出了有针对性的对策建议；第四部分则基于前面的内容分析了本地绿茶新品牌的市场前景及消费定位。结论部分高屋建瓴地总结了全文。修改后的报告内容翔实，观点鲜明，条理清晰。

思考与练习

1. 市场调查报告有哪些特点？
2. 市场调查报告的作用有哪几个方面？
3. 市场调查报告一般由哪几部分构成？
4. 市场调查报告的写作应注意哪些问题？

第八章　经济合同

本章学习要点与要求：

本章主要阐述了经济合同的相关知识。学习要点有：经济合同的概念、特点、分类和作用；经济合同的基本结构、具体写作要求及注意事项；经济合同的范例及其评析。通过本章的学习，要求理解经济合同的含义和特点；掌握经济合同的基本结构、写作要求及注意事项；在分析范例的基础上，能够熟练而准确地写作经济合同。

第一节　经济合同概述

一、经济合同的概念

合同也叫“契约”，是当事人为确立双方的权利与义务而达成并共同遵守的协议。经济合同是合同的一个分支，是商品经济发展的产物，自古有之。古时我国有契、券、质、剂等，演变到今天，逐步地规范化就形成经济合同。

经济合同是法人、组织之间为实现一定的经济目的而设立、变更、终止民事权利义务关系的协议。依法签立的合同，对当事人具有法律约束力，并受法律保护。涉外合同必须经政府机关批准才可生效。

二、经济合同的特点

（一）经济目的性

经济合同具有明确的经济目的，如签订目的是为了借款、购买某项商品，或确定委托关系，等等。

（二）合法性

经济合同的主体（两方或一方）应具备法人资格。只有合法的合同才会被法律承认有效，受到长期保护；反之，违法的合同不但无效，不能受到法律保护，还将视其后果追究责任。

（三）平等性

签订经济合同的双方处于平等地位，权利和义务相互对等，相互制约。任何一方均不能对他方施加限制或强迫。享受合同规定的权利，就必须承担相应的义务；规定了义务，就应享受相应的权利。一方的权利体现为另一方的义务，另一方的义务又体现为一方的权利，二者互为因果，相互产生作用与影响。

（四）规范性

经济合同是以书面形式签订的，其内容和形式都必须规范化。当事人所交易的内容，相互的权利与义务，都以书面的形式确定下来，这样才具备法律效力。也只有规范的合同，才能真正做到有章可循，有据可查，防止疏漏或歧义，避免不必要的矛盾和纠纷，确保合同双方的合法权益真正落实。

三、经济合同的分类

根据不同的标准可以对经济合同进行不同的分类。例如，根据书面形式划分，可分为条款式合同和表格式合同。根据《中华人民共和国合同法》（以下简称《合同法》）规定，合同可分为 15 种基本类型。

（一）买卖合同

买卖合同是出卖人转移标的物的所有权于买受人，买受人支付价款的合同。

（二）供用电、水、气、热力合同

供用电合同是供电人向用电人供电，用电人支付电费的合同。供用水、供用气、供用热力合同，参照供用电合同的有关规定。

（三）赠与合同

赠与合同是赠与人将自己的财产无偿给予受赠人，受赠人表示接受赠与的合同。

（四）借款合同

借款合同是借款人向贷款人借款，到期返回借款并支付利息的合同。

（五）租赁合同

租赁合同是出租人将租赁物交付承租人使用，承租人支付租金的合同。

（六）融资租赁合同

融资租赁合同是出租人根据承租人对出卖人、租赁物的选择，向出卖人购买租赁物，提供给承租人使用，承租人支付租金的合同。

（七）承揽合同

承揽合同是承揽人按照定做人的要求完成加工、定做、修理、复制、测试、检验等工作，交付工作成果，定做人给付报酬的合同。

（八）建设工程合同

建设工程合同是承包人进行工程建设，发包人支付价款的合同。建设合同包括工程勘察、设计施工合同。

（九）运输合同

运输合同是承运人将旅客或货物以铁路、公路、水路、航空运输等起运点运输到约定地点，旅客、托运人或收货人支付票款或运输费用的合同。它包括客运合同、货运合同和多式联运合同等。

（十）技术合同

技术合同是当事人就技术开发、转让、咨询或者服务订立的确立相互之间权利和义务的合同。它包括技术开发合同、技术转让合同、技术咨询合同和技术服务合同。

（十一）保管合同

保管合同是保管人员保管寄存人交付的保管物，并返还该物的合同。

（十二）仓储合同

仓储合同是保管人储存存货人交付的仓储物，存货人支付仓储费的合同。

（十三）委托合同

委托合同是委托人和受托人约定，由受托人处理委托人事务的合同。

（十四）行纪合同

行纪合同是行纪人以自己的名义为委托人从事贸易活动，委托人支付报酬的合同。

（十五）居间合同

居间合同是居间人向委托人报告订立合同的机会或者提供订立合同的媒介服务，委托人支付报酬的合同。

上述 15 种合同是已经规范了、并纳入《合同法》的。另外还有许多种类的合同没有纳入《合同法》，这些合同的订立原则也主要参照《合同法》的总则。我们在本书中主要介绍各种经济合同的共性及其订立的总原则。

四、经济合同的作用

经济合同是规范经济活动行为的文书，它具有以下作用：

（一）维护经济秩序

订立经济合同要遵守法律，任何单位和个人不得利用经济合同进行违法活动。订立经济合同要遵循平等互利、协商一致的原则，任何一方不能将自己的意志强加给另一方。因此，经济合同的制定有利于稳定社会经济秩序，有利于国家、集体、个人之间的经济合作，促进市场经济的健康发展。

（二）保护当事人的合法权益

依法订立的经济合同是调整财产关系的一种法律形式，受到法律的保护。当事人订立经济合同是一种法律行为，这使当事人各方之间建立起相互制约的权利义务关系。经济合同一旦订立，即具有法律约束力。一方面，当事人的权利受法律保护；另一方面，当事人必须履行合同规定的义务，否则须承担法律责任。国家通过有关部门对经济合同进行管理、监督、仲裁、判决，从而维护当事人的合法权益。

（三）促进企业加强经济核算，改善经营管理

合同一经签订，企业就需要依法履行合同中所规定的义务，因此必须按合同内容的需要安排人力、物力、财力进行生产、运输。这样有利于提高企业管理的计划性和前瞻性。

第二节　经济合同的基本结构及其写作

一、经济合同的基本结构

经济合同的一般由标题、当事人名称或姓名及住所、正文和结尾四部分构成。

（一）标题

标题要表明合同的性质和内容，如购销合同、施工合同、承包合同等。

（二）当事人名称或姓名及住所

当事人指订立合同的双方单位或当事人姓名。双方的名称可以简称甲、乙，出租方、承租方，委托人、受托人等，以便在叙述合同条款时行文方便。当事人的名称可以是单位，也可以是个人。比较重要的合同还要在当事人名称上方或右上方注明合同编号、签订时间、签订地点。

（三）正文

正文是经济合同的核心部分。正文包括引言和主体两个部分。

1. 引言

引言中要写明订立合同的目的、根据、是否经过双方平等协商等。常用习惯语“根据……，

为了……，经双方协商一致，签订本合同”。

2. 主体

虽然不同的经济合同可以采用的外部形式各不相同，如可以采用条款式、表格式，或者条款和表格相结合的形式，但总的说来都必须具备以下条款。

（1）标的

标的是合同当事人双方权利和义务的共同指向对象。在签订经济合同时，标的必须明确。如果标的不明确，合同就无法顺利执行。标的有实物和非实物两大类，主要有三种形式：货物、劳务、工程项目。如果标的是货物，产品的名称、花色、规格、型号、产地、商标、质量都要写清楚，否则执行合同时就有可能出现纠纷。

（2）数量和质量

标的的数量是标的的具体量化指标，是以数字和计量单位来衡量的标的的尺度。它是计算标的价款的直接依据，因此一定要明确、具体。使用的计量单位必须采用国家法定的公制计量单位，度量衡必须准确、清楚，切不可使用模棱两可的计量单位。

质量是标的内在特征和品质的规定。标的的质量必须有明确的说明。如标的的名称、成分、效用、大小、品种、等级、保质期等各方面必须在合同中有详细的规定。

（3）价款或酬金

价款或酬金是合同中一方用货币数量形式付给另一方标的的代价，体现标的的价值。以货物或工程为标的的经济合同，其代价体现为价款；以劳务为标的的合同，其代价体现为酬金。单位价格与总价款、酬金的单价标准和计算方法要明确、具体。

（4）履行期限、地点和方式

履行期限是指合同当事人各方权利义务执行的时间界限。如购销合同的期限表现为供方的交货时间、需方的付款时间。当事人双方都必须严格按议定的时间执行义务。期限规定得越具体，越有利于合同的执行。首先有利于当事人各方安排生产；其次可以避免一些无谓的纠纷。否则，无限期或没有明确期限的合同，无异于允许有义务的一方可以无限期地拖延执行合同。

履行地点是指完成经济合同内容、具体履行义务的地点，如交货、运货、承建等地点。因为涉及费用承担问题，地点一定要明确具体。

履行方式是当事人履行义务的方式，如购销合同中，供方是分批交货还是一次性交货、是提货还是送货、用什么方式运输等，都需要注明。供方因自身原因到期不能交货要负迟延责任；由于需方原因未能按期提货，需方也应承担延期责任。如果是送货，经济合同中应该就运费的承担、运价标准以及中途产品毁损等有关方面做清楚的规定。

（5）违约责任

违约责任是对不按合同规定履行义务的制裁措施，是维护合同各方合法权益的保证。即如果合同当事人违反约定，不能或不愿完全履行合同中规定的义务时，按法律约定必须承担相应的经济责任和法律责任。有了违约责任的约束，可以敦促当事人按期、如约地履行自己的义务。因此，该条款是合同的法定必备条款。在订违约责任时，应当考虑、估计一切可能发生的情况，越周全越好，并把这些情况体现在违约责任中，尽量地详细、全面和实际，绝不能笼统含糊。

按照《合同法》的要求，以上五条是必须具备的。而不同的经济合同，视情况不同还有不同的特殊条款和其他约定事项。

（四）结尾

（1）合同附则

合同附则包括合同相关的生效时间、有效期限、合同份数、保管方式等。有的合同还附有表格、图纸、实样等附件，也可以在这部分加以说明和体现。

（2）落款

在正文的下方，要签署以下内容：双方单位名称、法定代表人及委托代理人签名，双方当事人加盖印章，双方当事人的地址、电话、电挂、邮政编码、传真号码、开户银行名称、账号等。若有签证或公证单位，要写明签证、公证单位的名称、代表人姓名、加盖公章或私章。

（3）日期

在落款下写明合同的签订日期。

二、经济合同的写作要求

（一）要熟悉有关法律法规和方针政策

只有对有关法律法规政策有详尽的了解才可能根据情况订立出规范、有效、合理、合法的经济合同，才能避免未来不必要的损失与纠纷。

（二）要精通业务，全面了解情况

签订经济合同要从实际出发，达到解决问题的目的。因此全面了解情况、精通业务是订立合同的基础。不了解实际情况，盲目签订的合同只会损害自身的利益，造成损失。

（三）要在平等协商、取得一致意见的基础上确定各项条款

合同是双方共同协商的产物，其特点之一是平等性。根据平等协商、达成一致而订立的合同才可能为当事人各方所自愿遵循，这样也才能保障合同的如约履行。

三、经济合同的注意事项

经济合同是法律类文书，涉及当事人各方的利益，因此在写作中应严肃认真。否则合同中微小的疏忽和差错，就有可能给将来带来不必要的麻烦与损失。所以要注意以下几个方面：

（一）格式要规范、合理

经济合同的格式要符合《合同法》的要求，不可简化、遗漏；同时合同的内容要完整、条款要清楚、完备，使之具有合理性、合法性。

（二）表述要准确、严谨

经济合同的各项条款在逻辑上和意义上要严密，不能前后矛盾、相互冲突。文字表述应力求准确严密，用词要小心斟酌，不可马虎，谨防引起歧义。

（三）文面要清楚、整洁

合同一经签署就具有法律效力，这就要求合同的文面整齐干净，字迹工整，一般不允许涂改，如果不得已要修改，应在修改之处加盖双方当事人的印章。

第三节　例文简评

例文 1：借款合同

中国建设银行个人消费借款合同

贷款种类:
合同编号:
中国建设银行印制贷款人:
中国建设银行住所:
联系电话:
传真号码:
借款人姓名:
工作单位:
家庭住址:
联系电话:
还款账号:
保证人:
住所:
通讯地址:
电话:
存款金融机构及账号:
传真号码:
出质人:
住所:
通讯地址:
电话:
开户金融机构及账号:
传真号码:

抵押人:
住所:
通讯地址:
电话:
开户金融机构及账号:
借款人(以下称甲方):
贷款人(以下称乙方):

甲方因____________需要,向乙方申请____________贷款,乙方经审查同意发放贷款。甲乙双方根据《中国建设银行个人____________贷款管理办法》,经协商一致,订立本合同。

第一条 借款用途

(一)消费人或使用受益人:______________。

(二)借款用于__________________________。

(三)指定的商户或单位:________________。

第二条 借款金额

人民币(大写) ________________________。

第三条 借款期限

本合同约定借款期限为__________年,自乙方将借款划入到本合同规定账户之日起计算,即(或)从________年____月____日至________年____月____日。

第四条 放款条件

本合同项下的担保合同生效后,乙方将借款划入到本合同规定账户。

第五条 贷款支用

(一)双方约定在本合同生效后______个工作日内办理贷款支用。

(二)贷款支用方式:甲方同意乙方将贷款划入下述账户:

1. 账户名称:________,账号:________。
2. 账户名称:________,账号:________。
3. 账户名称:________,账号:________。

第六条 借款利率

(一)双方约定月利率为__________________。

(二)借款期内遇国家法定利率调整时,实行一年一定,每年年初按中国人民银行确定的相应档次的利率确定借款利率;但借期不超过一年的,执行本合同利率,不受国家法定利率的调整而影响。

第七条 还本付息

(一)甲方按月等额归还借款本息。经计算,甲方在支用贷款的次月起按每月归还本息共计____________元,还款日为每月________日(最后一次还款不能迟于本合同期届满日)。如果本合同借款期限不超过一年的,甲方则在借款到期时一次性偿还借款本息,不实行按月等额归还本息的方式。

（二）甲方委托银行自动划扣贷款本息。

甲方授权乙方在每月还款日自动从甲方在建设银行开立的储蓄卡账户或储蓄存折账户________________中扣收每月本息额，因该账户存款余额不足等甲方原因导致乙方在还款日未受足额清偿的，未受清偿的贷款视为逾期贷款。

如甲方提供的个人账户出现冻结等情况而造成无法扣收本息的，甲方须及时向乙方提供新的还款账户用于扣收贷款本息。

（三）甲方全部提前归还借款本息，应提前15天通知乙方并经乙方同意。

乙方按合同约定的利率已计收的利息不随还款期限、国家法定利率的变化而调整。乙方因甲方提前还款所受的损失，不再要求甲方予以补偿。

第八条　合同的变更与解除

（一）本合同生效后，甲、乙任何一方不得擅自变更和解除本合同。

（二）甲方将本合同项下的权利和义务转让给第三方的行为，在同时满足以下条件后生效：

1. 必须经乙方书面同意；

2. 乙方与第三方已签订债权债务转让合同或已签订新的借款合同；

3. 本合同项下的担保合同已做相应变更。

第九条　借款担保

甲方必须为履行本合同提供担保。

（一）甲方以保证方式提供担保的，保证人应与乙方另行签订《保证合同》，保证人应承诺：

1. 保证担保范围

贷款金额（大写）________元及利息、借款人应支付的违约金（包括罚息）、赔偿金以及实现借款债权和抵押权的费用（包括律师费、诉讼费等）。

2. 保证方式

连带责任保证。如借款合同期届满甲方没有履行债务的，乙方有权就甲方应承担的债务从保证人存款账户中的资金予以相应的扣划。

3. 保证期间

自借款合同生效之日起至借款合同履行期限届满之日后两年止。

4. 保证效力

借款合同其他条款无效并不影响本保证人承诺担保条款的效力。

5. 提前承担保证责任

借款合同履行期限届满之前，甲方以自己的行为表明或乙方有其他证据证明甲方将不履行或不能履行借款合同的，乙方有权要求保证人提前承担保证责任，本保证人同意承担。

（二）甲方以抵押方式提供担保的，抵押人应与乙方另行鉴订《抵押合同》，抵押合同附件“抵押物清单”列明的抵押物须依法登记的应办理登记。

（三）甲方以质押方式提供担保的，出质人应与乙方另行签定《质押合同》，质押合同“质押财产清单”列明的质押财产须移转占有或依法办理出质登记。

（四）乙方认为抵押物、质押财产在担保期间需办理财产保险的，甲方应办理抵押物、质押财产在担保期间的财产保险。

甲方在财产保险单上应填写或注明乙方为被保险人，并与保险人在保险单中特别约定，一旦发生保险事故，保险人应将保险赔偿金直接划付至乙方指定的账户。

甲方应将保险单证交由乙方代为保管。

（五）保证人失去担保能力，或作为保证人的法人发生承包、租赁、合并和兼并、合资、分立、联营、股份制改造、破产等行为，足以影响借款合同项下的贷款本息清偿的，乙方有权要求甲方重新提供担保，并办理担保手续。

（六）设定的抵押物意外毁损或灭失，足以影响借款合同项下的贷款本息清偿的，乙方有权要求甲方在抵押物价值减少的范围内提供新的担保，并办理担保手续。

（七）设定的质押财产出现非乙方因素的意外毁损或灭失，足以影响借款合同项下的贷款本息清偿的，乙方有权要求甲方在质押财产价值减少的范围内提供新的担保，并办理担保手续。

第十条　甲乙双方的其他权利义务：

（一）甲方应按本合同约定的用途使用贷款，不得将贷款挪作他用，甲方无条件接受乙方对贷款使用情况进行检查；

（二）甲方应向对乙方提供的借款有关资料的真实性负责；

（三）甲方自愿接受乙方对其收入情况进行检查；

（四）乙方须按合同约定及时足额发放贷款。

第十一条　违约责任

（一）甲方未按本合同还款计划偿还借款，即出现本合同第七条（二）项逾期贷款的，乙方则按逾期金额和天数以万分之________利率计收利息。

（二）甲方未按本合同约定用途使用贷款，乙方对挪用部分的贷款按挪用天数以万分之________计收利息。

（三）甲方发生下列情况之一时，乙方有权停止向甲方发放贷款，或提前收回已发放贷款的本息，或解除本合同：

1. 本合同生效后，无论何种原因导致甲方未能发生本合同项下的消费行为；
2. 甲方未按本合同约定用途使用贷款的；
3. 甲方向乙方提供虚假借款资料的；
4. 甲方拒绝接受乙方对其收入情况进行检查的；
5. 借款人连续三个月不履行还款义务或有其他缺乏偿债诚意的行为；
6. 出现本合同第九条第（五）、（六）、（七）项约定情况而甲方未提供新的担保的；
7. 甲方被宣告失踪，而其财产代管人拒绝履行本合同的；
8. 甲方丧失民事行为能力，而其监护人拒绝履行本合同的；
9. 甲方死亡或被宣告死亡而其财产合法继承人拒绝继续履行本合同的；

10. 甲方卷入或即将卷入重大的诉讼或仲裁程序及其他法律纠纷，足以影响其偿债能力的。

（四）保证期间内，保证人发生下列情况之一时，乙方有权停止向甲方发放贷款，或提前收回已发放贷款的本息，或解除借款合同：

1. 保证人失去担保能力的；

2. 作为保证人的法人发生承包、租赁、合并和兼并、合资、分立、联营、股份制改造、破产等行为，足以影响借款合同项下保证人承担连带保证责任的；

3. 保证人拒绝乙方对其资金和财产状况进行监督的；

4. 保证人向第三方提供超出其自身负担能力的担保的。

（五）抵押期间内，抵押人发生下列情况之一时，乙方有权停止向甲方发放贷款，或提前收回已发放贷款的本息，或解除借款合同：

1. 抵押人不妥善保管抵押物或拒绝乙方对抵押物是否完好进行检查的；

2. 乙方要求抵押人对抵押物办理财产保险，而抵押人未按乙方要求办理抵押物财产保险的；

3. 因第三人的行为导致抵押物价值减少，而抵押人未将损害赔偿金作为保证金存入乙方指定账户的；

4. 抵押物价值减少，抵押人未在 30 天内向乙方提供与减少的价值相当的担保的；

5. 未经乙方书面同意，甲方赠与、迁移、出租、转让、再抵押或以其他任何方式处分抵押物的；

6. 抵押人经乙方同意转让抵押物，但所得的价款未划入乙方指定账户并用于提前清偿所担保的债权的。

（六）质押期间内，出质人发生下列情况之一时，乙方有权停止向甲方发放贷款，或提前收回已发放贷款的本息，或解除借款合同：

1. 乙方要求出质人对质押财产办理财产保险，而出质人未按乙方要求办理质押财产保险的；

2. 质押财产价值减少，出质人未在 30 天内向乙方提供与减少的价值相当的担保的；

3. 出质人经乙方同意转让质押财产，但所得的价款未划入乙方指定账户并用于提前清偿所担保的债权的。

（七）乙方除本条第（三）项规定情况外未按借款合同约定及时足额发放贷款，乙方应按未发放的贷款金额日息万分之________向甲方支付违约金。

第十二条　甲乙双方任何一方变更住址（地址）、电话等应事先通知另一方。

第十三条　其他约定

1.

2.

3.

第十四条　合同争议的解决

本合同在履行过程中发生争议，各方可以协商解决，也可直接向乙方所在地的人民法院提起诉讼。

在协商或诉讼期间，本合同不涉及争议部分的条款各方仍须履行。

第十五条　本合同满足以下条件后生效:

1. 本合同项下的担保合同已签订;

2. 本合同经双方签字或盖章。

第十六条　本合同有效期

本合同有效期从生效之日起至本合同项下借款本息足额清偿之日终止。

第十七条　本合同正本一式二份，甲乙双方各执一份。

甲方（签字）:　　　　　　　　　　乙方（公章）:

　　　　　　　　　　　　　　　　　授权代理人（签字）:

年　月　日　　　　　　　　　　　　年　月　日

简评：该文是借款合同。合同明确了合同当事人各方（借款方、贷款方），借款金额、利率，以及合同当事人各方的权利义务的各项细节问题，如借款期限、还款时间、借款担保等等。为进一步保障借款的安全性，该借款合同还规定了违约责任、合同争议解决的方法。并且，该合同还规定了合同生效条件和有效期。最后，合同当事人各方签字并加盖公章使合同生效。

例文 2：购销合同

购销合同

合同编号:

签订地点:

签订时间:

立合同双方:

供方: ____________

需方: ____________

供需双方本着平等互利、协商一致的原则，签订本合同，以资双方信守执行。

第一条　商品名称、种类、规格、单位、数量

品名	种类	规格	单位	数量	备注

第二条　商品质量标准

商品质量标准可选择下列第____项作标准:

1. 附商品样本，作为合同附件。

2. 商品质量，按照________标准执行。（副品不得超过____%）。

3. 商品质量由双方议定。

第三条　商品单价及合同总金额

1. 商品定价，供需双方同意按________定价执行。如因原料、材料、生产条件发生变化，需变动价格时，应经供需双方协商。否则，造成损失由违约方承担经济责任。

2. 单价和合同总金额：__________________。

第四条　包装方式及包装品处理______________。

（按照各种商品的不同，规定各种包装方式、包装材料及规格。包装品以随货出售为原则；凡须退还对方的包装品，应按铁路规定，定明回空方法及时间，或另作规定。）

第五条　交货方式

1. 交货时间：__________________。

2. 交货地点：__________________。

3. 运输方式：__________________。

第六条　验收方法____________________。

（按照交货地点与时间，根据不同商品种类，规定验收的处理方法。）

第七条　预付货款

（根据不同商品，决定是否预付货款及金额。）

第八条　付款日期及结算方式______________。

第九条　运输及保险________________

（根据实际情况，需委托对方代办运输手续者，应于合同中订明。为保证货物途中的安全，代办运输单位应根据具体情况代为投保运输险。）

第十条　运输费用负担________________。

第十一条　违约责任

1. 需方延付货款或付款后供方无货。使对方造成损失，应偿付对方此批货款总价__%的违约金。

2. 供方如提前或延期交货或交货不足数量者，供方应偿付需方此批货款总值____%的违约金。需方如不按交货期限收货或拒收合格商品，亦应偿付供方此批货款总值__%的违约金。任意一方如提出增减合同数量，变动交货时间，应提前通知对方，征得同意，否则应承担经济责任。

3. 供方所发货品有不合规格、质量要求或霉烂等情况，需方有权拒绝付款（如已付款，应订明退款退货办法），但须先行办理收货手续，并代为保管和立即通知供方，因此所发生的一切费用损失，由供方负责，如经供方要求代为处理，并须负责迅速处理，以免造成更大损失，其处理方法由双方协商决定。

4. 约定的违约金，视为违约的损失赔偿。双方没有约定违约金或者预先赔偿额的计算方法的，损失赔偿额应当相当于违约所造成的损失，包括合同履行后可以获得的利益，但不得超过违反合同一方订立合同时应当预见到的因违反合同可能造成的损失。

第十二条　当事人一方因不可抗力不能履行合同时，应当及时通知对方，并在合理期限内提供有关机构出具的证明，可以全部或部分免除该方当事人的责任。

第十三条　本合同在执行中发生纠纷，签订合同双方不能协商解决时，可向人民法院提出诉讼。（或申请______仲裁机构仲裁的解决）

第十四条　合同执行期间，如因故不能履行或需要修改，必须经双方同意，并互相换文或另订合同，方为有效。

需方：__________（盖章）　　　　供方：____________（盖章）

法定代表人：____________（盖章）　　　　法定代表人：________（盖章）

开户银行及账号：______________　　　　开户银行及账号：____________

________年____月____日

简评：该文是购销合同。文中明确规定了标的物，以及标的的数量、质量、价款、交货及验收的方法等等。合同明确规定了当事人（供方、需方）的违约责任，以及当出现纠纷时的解决办法。该合同文字简洁、表述清楚，为当事人双方执行权利义务、认真有效地履行合同内容提供了有效的法律保障。

例文 3：委托加工合同①

委托加工合同

签订日期　　　　　　　　　　年　月　日　　　　　　　　编号

委托单位　　　　　　　　　　　　加工单位

经双方协商签订本合同，并共同信守下列条款：

品名	规格	计量单位	数量	单价（元）	金额（元）	交提货日期

合同金额（大写）	
质量标准	
加工供料规定、单耗	
验收方法	
包装及费用承担	
交货方法、地点及运输负担	
货款结算方法	
违约责任	

① 崔振龙主编：《实用审计应用文写作》，中国时代经济出版社 2002 年版。

续表

<table>
<tr><th>品名</th><th>规格</th><th>计量单位</th><th>数量</th><th>单价（元）</th><th>金额（元）</th><th>交提货日期</th></tr>
<tr><td colspan="7">附则</td></tr>
<tr><td>说明</td><td colspan="6">1.本合同规定的内容双方必须全面履行，不得单方任意修改。如一方因故需要修改、中断、废止，应经双方协商同意另立协议。
2.本合同由于企业本身原因不能履行合同，责任方要负责赔偿经济损失，按国家有关规定执行。
3.本合同正本 2 份，双方各执 1 份，副本　　份送双方业务主管部门、签证机关。
4.合同有效期：自　年　月　日至　年　月　日。</td></tr>
<tr><td colspan="4">委托单位：
代 表 人：
地　　址：
电　　话：
开户银行：
账　　号：</td><td colspan="3">加工单位：
代 表 人：
地　　址：
电　　话：
开户银行：
账　　号：</td></tr>
<tr><td colspan="3">委托单位主管部门
审核

日期</td><td colspan="3">加工单位主管部门
审核

日期</td><td>签证机关

签证日期</td></tr>
</table>

简评：该文是委托加工合同，属于表格式合同。通过对表格中内容的设置来体现合同的内容与要求。这种对合同条款的表格式处理方法也能使内容更加简单、清楚、一目了然，便于合同当事人双方对合同的理解与执行。

例文 4：劳动合同

北京市劳动合同①

甲　方　　　　　　　　　　乙　方

　　　　　　　　　　　　　文化程度

　　　　　　　　　　　　　性　别

法定代表人　　　　　　　　出生日期____年__月__日

或委托代理人　　　　　　　居民身份证号码　　邮政编码

甲方地址　　　　　　　　　家庭住址

　　　　　　　　　　　　　所属街道办事处

根据《中华人民共和国劳动法》，甲乙双方经平等协商同意，自愿签订本合同，共同遵守本合同所列条款。

一、劳动合同期限

第一条　本合同期限类型为______期限合同。

本合同生效日期_______年____月____日，其中试用期____个月。

① 摘自中华人民共和国劳动与社会保障部官方网站，http://www.molss.gov.cn/gb/ggfw/2006-04/04/content_112072.htm。

本合同________终止。

二、工作内容

第二条　乙方同意根据甲方工作需要，担任____岗位（工种）工作。

第三条　乙方应按照甲方的合法要求，按时完成规定的工作数量，达到规定的质量标准。

三、劳动保护和劳动条件

第四条　甲方安排乙方执行_________工作制。

执行定时工作制的，甲方安排乙方每日工作时间不超过八小时，平均每周不超过四十四小时。甲方保证乙方每周至少休息一日，甲方由于工作需要，经与工会和乙方协商后可以延长工作时间，一般每日不得超过一小时，因特殊原因需要延长工作时间的，在保障乙方身体健康的条件下延长工作时间每日不得超过三小时，每月不得超过三十六小时。

执行综合计算工时工作制的，平均日和平均周工作时间不超过法定标准工作时间。

执行不定时工作制的，在保证完成甲方工作任务的情况下，工作和休息休假乙方自行安排。

第五条　甲方安排乙方加班的，应安排乙方同等时间补休或依法支付加班工资；加点的，甲方应支付加点工资。

第六条　甲方为乙方提供必要的劳动条件和劳动工具，建立健全生产工艺流程，制定操作规程、工作规范和劳动安全卫生制度及其标准。

甲方应按照国家或北京市有关规定组织安排乙方进行健康检查。

第七条　甲方负责对乙方进行政治思想、职业道德、业务技术、劳动安全卫生及有关规章制度的教育和培训。

四、劳动报酬

第八条　甲方的工资应遵循按劳分配原则。

第九条　执行定时工作制或综合计算工时工作的乙方为甲方工作，甲方每月___日以货币形式支付乙方工资，工资不低于_________元，其中试用期间工资为_________元。

执行不定时工作制的工资支付按___________执行。

第十条　由于甲方生产任务不足，使乙方下岗待工的，甲方保证乙方的月生活费不低于________元。

五、保险福利待遇

第十一条　甲乙双方应按国家和北京市社会保险的有关规定缴纳职工养老、失业和大病医疗统筹及其他社会保险费用。

甲方应为乙方填写《职工养老保险手册》。双方解除、终止劳动合同后，《职工养老保险手册》按有关规定转移。

第十二条　乙方患病或非因工负伤，其病假工资、疾病救济费和医疗待遇按照________执行。

第十三条　乙方患职业病或因工负伤的工资和医疗保险待遇按国家和北京市有关规定执行。

第十四条　甲方为乙方提供以下福利待遇________。

六、劳动纪律

第十五条　乙方应遵守甲方依法制定的规章制度：严格遵守劳动安全卫生、生产工艺、操作规程和工作规范；爱护甲方的财产，遵守职业道德；积极参加甲方组织的培训，提高思想觉悟和职业技能。

第十六条　乙方违反劳动纪律，甲方可依据本单位规章制度，给予纪律处分，直至解除本合同。

七、劳动合同的变更、解除、终止、续订

第十七条　订立本合同所依据的法律、行政法规、规章发生变化，本合同应变更相关内容。

第十八条　订立本合同所依据的客观情况发生重大变化，致使本合同无法履行的，经甲乙双方协商同意，可以变更本合同相关内容。

第十九条　经甲乙双方协商一致，本合同可以解除。

第二十条　乙方有下列情形之一，甲方可以解除本合同：

1. 在试用期间，被证明不符合录用条件的；

2. 严重违反劳动纪律或甲方规章制度的；

3. 严重失职、营私舞弊，对甲方利益造成重大损害的；

4. 被依法追究刑事责任的。

第二十一条　下列情形之一，甲方可以解除本合同，但应提前三十日以书面形式通知乙方：

1. 乙方患病或非因工负伤，医疗期满后，不能从事原工作也不能从事由甲方另行安排的工作的；

2. 乙方不能胜任工作，经过培训或者调整工作岗位，仍不能胜任工作的；

3. 双方不能依据本合同第十八条规定就变更合同达成协议的。

第二十二条　甲方濒临破产进行法定整顿期间或者生产经营发生严重困难，经向工会或者全体职工说明情况，听取工会或者职工的意见，并向劳动行政部门报告后，可以解除本合同。

第二十三条　乙方有下列情形之一，甲方不得依据本合同第二十一条、第二十二条终止、解除本合同：

1. 患病或非因工负伤、在规定的医疗期内的；

2. 女职工在孕期、产期、哺乳期内的；

3. 义务兵复员退伍和建设征地农转工人员初次参加工作未满三年的；

4. 义务服兵役期间的。

第二十四条　乙方患职业病或因工负伤，医疗终结，经市、区、县劳动鉴定委员会确认完全或部分丧失劳动能力的，按________办理，不得依据本合同第二十一条、第二十二条解除劳动合同。

第二十五条　乙方解除本合同，应当提前三十日以书面形式通知甲方。

第二十六条　有下列情形之一，乙方可以随时通知甲方解除本合同：

1. 在试用期内的；

2. 甲方以暴力、威胁或者非法限制人身自由的手段强迫劳动的；

3. 甲方不能按照本合同规定支付劳动报酬或者提供劳动条件的。

第二十七条　本合同期限届满，甲乙双方经协商同意，可以续订劳动合同。

第二十八条　订立无固定期限劳动合同的，乙方离休、退休、退职及死亡或本合同约定的解除条件出现，本合同终止。

八、经济补偿与赔偿

第二十九条　下列情形之一，甲方违反和解除乙方劳动合同的，应按下列标准支付乙方经济补偿金：

1. 甲方克扣或者无故拖欠乙方工资的，以及拒不支付乙方延长工作时间工资报酬的，除在规定的时间内全额支付乙方工资报酬外，还需加发相当于工资报酬百分之二十五的经济补偿金；

2. 甲方支付乙方的工资报酬低于本市最低工资标准的，要在补足低于标准部分的同时，另外支付相当于低于部分百分之二十五的经济补偿金。

第三十条　下列情形之一，甲方应根据乙方在甲方工作年限，每满一年发给相当于乙方解除本合同前十二个月平均工资一个月的经济补偿金，最多不超过十二个月：

1. 经与乙方协商一致，甲方解除本合同的；

2. 乙方不能胜任工作，经过培训或者调整工作岗位，仍不能胜任工作，由甲方解除本合同的。

第三十一条　下列情形之一，甲方应根据乙方在甲方工作年限，每满一年发给相当于本单位上年月平均工资一个月的经济补偿金：

1. 乙方患病或者非因工负伤，经劳动鉴定委员会确认不能从事原工作，也不能从事由甲方另行安排的工作而解除本合同的；

2. 劳动合同订立时所依据的客观情况发生重大变化，致使本合同无法履行，经当事人协商不能就变更劳动合同达成协议，由甲方解除劳动合同的；

3. 甲方濒临破产进行法定整顿期间或者生产经营状况发生严重困难，必须裁减人员的。

以上三种情况，如果乙方被解除本合同前十二个月的月平均工资高于本单位上年月平均工资的，按本人月平均工资计发。

第三十二条　甲方解除本合同后，未按规定给予乙方经济补偿的，除全额发给经济补偿金外，还须按该经济补偿金数额的百分之五十支付额外经济补偿金。

第三十三条　支付乙方经济补偿时，乙方在甲方工作时间不满一年的按一年的标准发给经济补偿金。

第三十四条　乙方患病或者非因工负伤，经劳动鉴定委员会确认不能从事原工作，也不能从事由甲方另行安排的工作而解除本合同的，甲方还应发给乙方不低于企业上年月人均工资六个月的医疗补助费，患重病和绝症的还应增加医疗补助费，患重病的增加部分不低于医疗补助费的百分之五十，患绝症的增加部分不低于医疗补助费的百分之一百。

第三十五条　甲方违反本合同约定的条件解除劳动合同或由于甲方原因订立的无效劳动合同，给乙方造成损害的，应按损失程度承担赔偿责任。

第三十六条　乙方违反本合同约定的条件解除劳动合同或违反本合同约定的保守商业秘密事项，对甲方造成经济损失的，应按损失的程度依法承担赔偿责任。

第三十七条　乙方解除本合同的，凡由甲方出资培训和招接收的人员，应向甲方偿付培训费和招接收费。其标准为：________________________。

九、劳动争议处理

第三十八条　因履行本合同发生的劳动争议，当事人可以向本单位劳动争议调解委员会申请调解；调解不成，当事人一方要求仲裁的，应当自劳动争议发生之日起六十日内向________劳动争议仲裁委员会申请仲裁。当事人一方也可以直接向劳动争议仲裁委员会申请仲裁。对裁决不服的，可以向人民法院提起诉讼。

十、其他

第三十九条　甲方以下规章制度____________________作为本合同的附件。

第四十条　本合同未尽事宜或与今后国家、北京市有关规定相悖的，按有关规定执行。

第四十一条　本合同一式两份，甲乙双方各执一份。

甲方(盖　章)　　　　乙方（签　章）

法定代表人或委托代理人（签章）

签订日期：　年　月　日

鉴证机关(盖章)　　　　鉴证员（签章）

鉴证日期：　年　月　日

简评：该文为劳动合同，属于常用经济合同。合同对甲乙双方（劳资双方）的权利义务进行规定（工作内容、劳动保护和劳动条件、劳动报酬、保险福利待遇、劳动纪律等），并明确了解除合同的条件，以及经济补偿与赔偿、劳动争议处理的方式，便于合同当事人双方对合同的理解与执行，保护劳资双方利益。

思考与练习

1. 什么是经济合同？经济合同有哪些作用？
2. 简述经济合同的格式。
3. 经济合同正文部分应包含哪些条款？
4. 订立经济合同应注意哪些问题？

第九章　市场预测报告

本章学习要点与要求：

本章主要阐述了市场预测报告的相关知识。学习要点有：市场预测报告的概念、特点、分类和作用；市场预测报告的基本结构、具体写作要求及注意事项；市场预测报告的范例及其评析。通过本章的学习，要求理解市场预测报告的含义和特点；掌握市场预测报告的分类、基本结构、写作要求及注意事项；在分析范例的基础上，能够熟练而准确地写作市场预测报告。

第一节　市场预测报告概述

一、市场预测报告的概念

预测就是根据现有的资料，依照事物发生、发展和变化的规律，对某一事物或现象的未来状况、形态做出估计和推测。

市场预测就是根据市场调查得来的材料，运用一定的经济理论和科学方法进行分析研究、测算、估计未来某一时期内市场的某一方面或某些因素的变化发展趋势，从而为生产和经营决策提供科学的依据。市场预测报告就是将这种分析研究的情况以及最后做出的估计和预测写成的书面报告。

市场预测报告有广义和狭义之分，广义的市场预测报告又称为经济预测报告，狭义的市场预测报告又称为产品销售预测报告。

二、市场预测报告的特点

（一）预见性

市场预测报告的最显著的特点是对未来市场的发展方向及特点做事前预测。它是在广泛调查的基础上，通过全面分析研究有关的数据资料，运用相关的经济学理论和现代化方法，对未来市场商情变化发展的趋势做出科学的判断和预见。现实的经济状况、未来的发展趋势、发展前景、变化情况等都是预测的重点。

（二）科学性

市场预测就是通过对经济现象的历史和现状进行科学分析，把握其内在联系，从而揭示预测对象的客观规律，推测其发展趋势。因此，市场预测是在充分占有详尽的信息资料的基础上，运用科学方法加以分析研究，经过严密的推理和科学论证，从而得出科学的预测结论。

（三）时效性

市场预测报告记录和反映的是经济发展的最新变化和各方面的最新动态，它能为生产、管理、经营、销售者提供必要的决策信息，信息的价值与提供信息的时间往往是密切相关的，预测人员必须快速将信息传递给决策部门和管理部门。所以时效是市场预测报告的价值所在，准确及时的市场预测报告有利于企业在竞争激烈的市场上夺得一席之地。

三、市场预测报告的分类

市场预测报告使用的范围广、频率高，按照不同的分类标准，可分为不同的种类。

（一）按预测的范围来划分，可分为宏观市场预测报告和微观市场预测报告

宏观市场预测报告即对整个国民经济或某一地区、某一领域、某一系统范围的经济发展前景进行全面的总体的综合预测。

微观市场预测报告即对一个企业的经济活动或某一产品的产销需求所做的预测。它以单个的经济单位的活动为考察对象，如某企业一定时期的产销量、产品销路、资金需要量等。

（二）按预测期限来划分，可分为短期、近期、中期、长期预测报告四大类

短期经济预测报告一般是反映季度性的市场变化趋势的预测报告。

近期经济预测报告一般是反映年度市场变化趋势的预测报告。

中期市场预测报告一般是反映三至五年时间内市场变化趋势的预测报告。

长期市场预测报告一般是反映五年以上市场变化趋势的预测报告。

（三）按预测对象来划分，可分为市场需求预测报告、市场占有率预测报告、产品发展预测报告和资源预测报告

（四）按预测的方法来划分，可分为定性分析预测报告和定量分析预测报告

四、市场预测报告的作用

市场预测报告在社会的发展和建设中得到广泛使用，发挥着越来越重要的作用，主要表现在以下几个方面：

（1）参考作用。在经济活动的经营和管理过程中，普遍存在着经常性的决策过程。决策的正误直接影响着行业、部门或企业的发展兴衰。预测是为决策服务的，科学的预测分析是决策科学化的前提条件，决策者在决策时往往以预测信息作为重要的参考依据。

（2）指导作用。随着我国市场经济的不断完善和深入发展，人民的物质生活资料将会日益丰富，市场的发展将进一步多元化。在这种情况下，为了引导社会再生产过程的有序运行，市场预测报告将及时提供预见性的观点和建设性的意见，指导整个社会的生产经营活动和人

们的消费活动，使社会资源实现最佳配置，发挥最大的效用。

（3）规划作用。随着社会主义市场经济的发展，市场预测已成为企业、部门进行长远规划的重要前提。市场预测以各种历史的和大量调查研究的资料为基础，通过运用各种信息、资料、数据，大量采用观察、归纳、演绎、数学模型和实验等科学方法，对客观事物之间的历史与未来、宏观与微观、原因与结果以及各种因素之间的交叉影响进行科学的分析、测算或估算，及时提供事物今后发展变动可能出现的趋势和可能达到的水平，为国家宏观调控部门、企事业单位进行长远规划提供了重要的资料。

第二节 市场预测报告的基本结构及其写作

一、市场预测报告的基本结构

市场预测报告的基本结构一般由标题、前言、正文、结尾四部分构成。

（一）标题

市场预测报告的标题一般包括预测范围、预测时间、预测对象和文种名称四个要素。写作时可以用全称，也可以用简称（省略其中的一个或两个要素）。如《××市 2012 年空调需求量的预测》、《××公司 2012 年利润增减预测》为全称的形式；再如《××市蔬菜价格趋势预测》、《××市场前景的展望》则为简称形式的标题。确定的标题题目要鲜明、醒目。

（二）前言

前言，又称小序，是预测报告的开头部分。主要内容是简明扼要地介绍预测的范围、对象、时间、地点和目的。有的还要简要介绍预测结论或预测的方法和过程。

（三）正文

市场预测报告的正文是预测报告的核心部分。一般由三部分内容组成：概况、预测和建议。其中，概况是预测的基础，预测是报告的核心，建议是预测的延伸。

1. 概况

概况部分是对预测对象的发展历史和现状做系统而简要的回顾和说明。一般要选择具有代表性和典型性的资料和数据来介绍和说明预测对象各方面的现状，为下文的预测作铺垫，作为预测分析的基础。因此，选取资料时应侧重对市场未来发展趋势有直接影响的材料和数据。写好概况是写好预测报告的基础和前提。

概况部分的具体写法灵活多样，可以根据收集的资料和预测的具体对象，采用不同的表现手法，可以由远到近，逐层交代；也可以根据事物的运动过程依次陈述；还可以从不同侧面概括特点，反映趋势等。

2. 预测

预测部分是预测报告的重点内容。在深入分析预测对象现状的基础上，采用科学的预测方法，对所收集的材料和各种有关数据进行分析、研究和计算，经过判断推理，从中找出变化和发展的规律，做出科学的结论，从而正确预测未来的发展趋势。

常用的市场预测方法主要分为两大类：定性预测法和定量预测法。

定性预测法又称判断预测法、调查预测法、经验预测法等，它是依据预测者掌握的知识和经验，取得同预测对象相关的各种因素的历史和现状资料，并在对这些资料加工整理、分析研究的基础上，判断预测对象未来情况的预测方法的总称。主要包括购买意向调查法和德尔斐法等。

定量预测法又称数学预测法、定量分析法、统计分析法、客观分析法等。它是根据已掌握的比较完备的数据资料，运用统计方法，按照一定的数学模式推导出未来经济发展的前景和变动趋势。主要包括动态数列预测法、回归预测法、因果预测法等。

在实务中，往往是将定性预测和定量预测结合使用，因为定性分析可以把握定量分析的大体轮廓，定量分析也可印证定性分析结论的正确、合理和可靠程度。一般只有两者相互补充，才能较为准确地预测出某项预测对象未来的发展结果。

预测部分具体的写作形式主要有条文式、直述式、块条式等几种。条文式是指在编写预测部分时，分条列项进行逐条逐项的分析。直述式是指直接分段表述分析、推断过程，多用于短小的经济预测分析。块条式是指将主体先划成几部分，必要时在每部分中再分条陈述，多用于比较复杂的综合性的经济预测。

3. 建议

建议是预测报告的合理延伸。这部分根据预测的结论提出切实可行的建议或设想，这是市场预测报告写作的目的，是必不可少的。需要注意的是，所提内容应该是对决策机关有参考价值的，因此所提建议要有的放矢，措施要切实可行。只有这样才能作为有关部门和决策机构的决策依据，从而达到市场预测报告的目的。

在写作形式上较多地采用分条列款的方式，这样易于做到条理清晰。当然，也可以简明扼要地直接叙述出来。

（四）结尾

结尾是市场预测报告全文的收束，主要是呼应开头或者归纳全文。有的市场预测报告没有结尾这一部分，常常是写完建议就结束全文。

二、市场预测报告的写作要求

市场预测报告是建立在广泛的调查和严密的科学论证基础之上的，为科学决策提供重要的依据。这就要求在撰写此类报告时，一定要做到实事求是。具体写作要求有如下几点。

（一）目标明确，主次清晰

市场预测活动涉及的范围广，内容也很丰富，在市场预测中往往会涉及许多方面的因素，因此，只有明确了目标，对材料的收集、筛选、使用才有方向性，对预测方法的选择以及市场预测报告的结构安排等才有据可依。如果对预测的目标没有把握清楚，则撰写出的预测报告就完全失去其应有的价值。此外，目标确定之后，要根据目标的需要，做到分清主次，突出重点。合理地安排预测报告的先后顺序与结构，使撰写的内容不散、不乱，条理清晰、层次分明。

（二）资料充分，论据有力

市场预测报告的基础在于调查，通过周密细致的调查来全面地收集、占有资料，以全面、完整、详尽的资料和数据为依据，认真分析、掌握不同因素间的内在联系，来预测市场未来发展趋势。只有通过有力的论据、严密的推理，其预测结论才有可能可行。因此，我们在收集资料和数据时，一定要做到真实可靠，不能有丝毫水分；其次，要收集和选用有代表性的、典型意义的资料，这样才能够反映事物的本质，支持预测结论。

（三）观点合理，准确反映

不断的变化和预测是市场本身固有的性质，这使得预测的结果只能反映对未来可能趋势的预见，带有一定的不确定性，而不可能是绝对准确的结果。这要求我们在表达市场预测的观点时一定要客观、合理，既不能主观武断，也不能含糊不清。在语言表达上，应做到语言朴实简练，条理清楚。

三、市场预测报告的注意事项

（1）客观地反映实际情况。具体包括三个方面：一是分析的资料数据要真实可靠，忠于事实；二是要选择合理的科学方法进行预测分析；三是必须客观地报告预测结果。

（2）注重预测报告的时效性。市场预测报告是为经济决策服务的。经济决策的时效性决定了进行市场预测一定要及时，并且要及时地得出预测结论。因此，进行市场预测时一定要收集反映经济活动的最新变化、最新动态的信息，并迅速进行加工、处理，及时地将预测报告传递给使用者。否则，错过时机，预测报告也就失去了其存在的价值。

（3）忌用华丽辞藻和夸张手法。市场预测报告要求如实反映事物发展变化的客观规律。在语言表达上要朴实、准确，忌讳滥用华丽的辞藻、夸张的手法。

第三节　例文简评

例文：

沪产电吹风产销预测[①]

电吹风原是理发店专用工具，近年来，随着生活水平的提高，已广泛进入家庭使用。目前上海市场供应的有功率 450W、配以感应式或串激式电机的理发专用电吹风和功率在 450W

[①] 文天谷编著：《经济应用文写作教程》，立信会计出版社 2002 年版。

以下、配以直流式电机的家用电吹风两种，前者价格50元左右，后者价格15至35元。

一、基本情况

本市生产电吹风已有四十多年历史，较早生产的厂家有上海南翔电器二厂，近年归入崇明电器厂。1979年起，上海电器六厂和长乐电器厂相继试制家用电吹风投入市场。80年代以来，沪产电吹风产销迅速增长。19××年全市年产232 510只，19××年已达到496 797只，5年累计生产1 784 189只，年递增率为21.63%。据调查，沪产电吹风生产迅速发展，销售持久坚挺，原因如下：

一是沪产电吹风的造型新颖，质量稳定，价格适中，在各地享有盛誉，知名度高；二是购买家电产品已成为新婚家庭的一种时尚，电吹风由于价格便宜，实用性强，已成为新婚必需品之一；三是人们生活观念起了变化，转向求新爱美，近年来音乐茶座、舞会的兴起，化妆用品销售激增，都带动了对电吹风的需求；四是由于市场对电吹风需求量大，刺激了工厂的生产。崇明电器厂的“万里”牌、长乐厂的“长风”牌、电器六厂的“金螺”牌几年来均发展成系列产品。

二、趋势预测

随着收入的增加，人们的消费结构起了变化，“用”的比重连年上升。沪产电吹风5年来销售递增22.57%，高于近几年全国城乡居民消费平均增长10%的水平，说明沪产电吹风已进入成长期。今年，随着工资改革和提高农副产品的收购价格，职工和农民的收入都将提高，对沪产电吹风的需求将有大幅度的上升，其原因是：

第一，社会保有量低。据调查，本市销售量占产量的30%，剔除外贸收购因素，按本市总销量116.5万只推算，社会保有量为34.9万只，以市区170万户计算，每百户家庭普及率仅20%，如就全国而言，城乡每百户家庭普及率达不到1%。

第二，各地区新办大量贸易公司，它们需要电吹风作为铺底商品。

第三，去年本市进口电吹风4万只，今年将限制进口。

第四，电吹风外贸出口还有潜力。

根据以上分析，将近期产销趋势预测如下：今年计划安排生产68.5万只，比去年增长37.88%。其中，家用36.7万只，理发用20.8万只，外贸出口9.5万只，袖珍型1.5万只。至19××年，根据规划及增长趋势预测，崇明电器厂产量为100万只，长乐厂90万只，电器六厂30万只，年总产量连到220万只，比今年增长2.2倍。今年计划销售70万只，其中商业经销30.9万只，占44.14%；工厂自销29.6万只，占42.29%；外贸收购9.5万只，占13.57%。据本市专营批发的上海理发用具商店统计，今年1～5月共销售10万只，比去年同期上升20%，如果货源充足，可上升到30%，以自销为主的长乐厂今年1～5月销售10.4万只，比去年同期上升33.33%，下半年由于增加工资因素，购买力将比去年上半年旺盛，预测今年销售量将比去年增长35%左右，全市销售量约为68万只，产销基本上是平衡的。

三、几点建议

首先，积极开发理发美容专用的高档电吹风。全市有理发店659个，理发师6 000余人，拥有电吹风8 000余只，每年至少需添置1 000余只。要求生产厂能提供功率在700W以上、价格在 200 元左右的高档电吹风。

其次，加强市场动向和产品的预测工作，减少盲目性。

再次，进一步提高产品质量，积极发展多功能电吹风。

最后，限制进口，保护国产电吹风的发展。

简评：本文属于对电吹风发展的微观预测报告。前言部分中说明预测的对象、时间等因素。正文由基本情况、趋势预测和建议三部分构成。基本情况部分中首先回顾历史，然后用确切的数字说明电吹风的增长速度，并从知名度、时尚、人们的观念和市场需求等四个方面分析了电吹风销售持久坚挺的原因；趋势预测部分在充分的证据基础上，运用了大量的数据对电吹风进行了销售趋势预测；最后采用分条列款的方式提出了几点合理的建议。全文按照调查现实、预测未来、提出建议的标准结构进行阐述，每一部分各从多个方面或多个层次并列表述，层次分明，资料充分，论证严密，条理清晰，用词贴切。

思考与练习

1. 市场预测报告有哪些特点？
2. 市场预测报告的作用有哪几个方面？
3. 市场预测报告一般由哪几部分构成？
4. 市场预测报告的写作应注意哪些问题？

第十章　可行性研究报告

本章学习要点与要求：

本章主要阐述了可行性研究报告的相关知识。学习要点有：可行性研究报告的概念、特点、分类和作用；可行性研究报告的基本结构、具体写作要求及注意事项；可行性研究报告的范例及其评析。通过本章的学习，要求理解可行性研究报告的含义和特点；掌握可行性研究报告的分类、写作要求及注意事项；在分析范例的基础上，能够熟练而准确地写作可行性研究报告。

第一节　可行性研究报告概述

可行性研究报告是项目决策和申请建设资金的必需文件，在国民经济的宏观及微观经济活动中随处可见，其作用显而易见。国家计委颁布的《关于建设项目进行可行性研究的试行管理办法》明确规定："一切大中型项目，在编制计划之前，都必须进行可行性研究"。"从国外引进生产装置和成套设备，与国外合资经营，利用外资建设项目，承担国外工程建设任务等，都要事先开展可行性研究，编写可行性研究报告。"

一、可行性研究报告的概念

可行性研究报告，又称可行性分析报告，是依据一定时期内国民经济长期规划、地区规划、行业规划的要求，对拟建或拟改造工程及科研项目，在技术上、经济上、效益上通过周密的调查、分析，并通过多种方案的比较，论证其是否合理及可行的一种书面报告。

二、可行性研究报告的特点

（一）科学性

可行性研究报告必须依据科学的理论，大量准确的文献、资料来论证拟建项目在技术、经济上的可行性、合理性，所以科学是其基本依据。

（二）系统性

可行性研究报告是一个全面的系统工程，必须对影响拟建项目的各种因素进行综合分析。分析的方法既要有动态的，也要有静态的；既要进行定性分析，更要进行定量分析；不但要有宏观的分析，还要进行微观的分析；分析的角度不但要从技术的角度出发，还要从效益的角度考察；最后还必须从整个社会的角度来综合考虑。

（三）论证性

可行性研究报告在项目正式开始前，要从技术、经济、社会效益等角度对项目进行综合分析，论证必须要有说服力，逻辑严密。论证的充分与否，直接关系到项目能否通过。

三、可行性研究报告的分类

（一）从经济活动的对象来划分

（1）科技类。包括高科技开发项目、技术引进项目的可行性研究报告等。
（2）生产类。包括开发新产品、建设项目的可行性研究报告等。
（3）经营类。如合资经营可行性研究报告。

（二）从内容上来划分

包括政策可行性研究报告、建设项目可行性研究报告等。

（三）从项目的规模上来划分

包括一般可行性研究报告、大中型项目可行性研究报告等。

（四）从性质上划分

包括肯定的可行性研究报告、否定的可行性研究报告等。

四、可行性研究报告的作用

（一）企业决策的科学依据

可行性研究报告是企业针对拟投资或建设项目的系统的、全面的分析，一般由相关专家来组织编写，具有权威性和专业性。鉴于此，企业一般都以可行性研究报告作为决策的依据，报告对于项目能否成功的建设和立项意义重大。

（二）有利于获得经济管理部门的认可

管理部门由于职责和精力所限，不可能对企业进行全面系统的了解，可行性研究报告就成为管理部门全面了解项目的依据，对于项目能否获得批准和立项，起着至关重要的作用。

（三）有利于获得银行贷款或国内外投资者的投资

可行性研究报告也是经济活动中其他投资者认识和了解企业的窗口，对于能否获得银行的贷款，得到其他投资者的投资，可行性研究报告的作用显而易见。

第二节　可行性研究报告的基本结构及其写作

一、可行性研究报告的基本结构

可行性研究报告一般由标题、正文和结论三部分构成。

（一）标题

可行性研究报告的标题一般包括项目主办单位名称、拟建项目和文种名称三个要素。如《山西阳城火力发电厂1＃机组项目建设可行性研究报告》。

（二）正文

可行性研究报告的正文是其主体部分，一般包括以下几个主要问题：

1．总论

总论是项目的基本概况，在国外也称历史背景。总论的内容一般包括项目提出的依据、所涉及的经济范围、概括性意见及研究中存在的问题及建议。

2．现状评价

3．发展预测及建设规模

4．建设条件与协议条件

5．建设方案

6．工程建设的实施计划

7．投资与效益

8．生产管理与人员培训

（三）结论

这一部分是对正文的具体内容进行归纳总结得出的结论。通过相关内容的比较分析，最终提出投资少、周期短、成本低、利润大的建设方案。

此外，可行性研究报告一般还带有附件。这是考虑到可行性研究报告结构的整体结构，根据需要必须附上的材料或表格。例如设备材料一览表、工程项目一览表等。

二、可行性研究报告的写作要求

（一）科学分析，论证严密

选定项目的可行性时，必须遵从经济规律。既要科学，也要严密，才能确保可行的最佳方案具有说服力。

（二）条理清晰，语言简明

可行性研究报告，尤其是大项目的可行性研究报告，涉及的问题非常多，所以在写作时，必须做到层次清晰，语言简练，分清主次，紧紧围绕可行性论证这一中心来组织材料。

（三）真实完整，数据可靠

可行性研究报告一般关系到项目能否通过审批，因此，必须保证可行性研究报告的真实性。在撰写可行性研究报告前必须收集方方面面大量的资料，同时保证资料的真实完整，数据可靠，对项目设计的各个方面做深入细致的调查研究，不能掺杂水分。

三、可行性研究报告的注意事项

（一）写作时语言表达要准确，行文格式要规范

可行性研究报告一般由专业人士来编写，是许多方面决策的依据，所以其语言表达一定要专业规范，行文格式要符合规定的格式，体现出专业性和规范性。

（二）重视不确定性分析，确保预测的准确性

可行性研究报告进行风险分析时涉及的各种因素，只是对未来的一种预期，具有一定的不确定性。但事件发生的概率却要以历史或可参照的其他具有可比性的项目的数据为依据，不能因为是预测就随意编造，要确保预测的准确性。

（三）实事求是

可行性研究报告作为审批者和投资者进行决策的依据，要求在整个工作过程中必须客观公正地对经济数据和资料进行分析论证。

第三节　例文简评

例文：

××公司年产2万吨陶粒砂生产线可行性研究报告[①]

第一章　项目概述

一、项目概况

××公司年产 2 万吨陶粒砂生产线建设项目,项目建成投产后，年新增销售收入××万元、净利润××万元、上缴税金××万元。建设内容有:（1）建设粉煤灰铝矾土陶粒砂生产线 1 条以及检测试验设备仪器;（2）建设配套供电、供气、给排水和环境工程;（3）建设生产厂房及配套原料库、成品库等。项目建设期 6 个月。项目总投资××万元，其中: 固定资产投资××万元，铺底流动资金××万元。项目总投资利润率 35%，具有良好的获利能力和经济效益。

[①] 任国兴主编:《山西隆昌达年产 2 万吨陶粒砂生产线建设项目可行性研究报告》，山西铝厂勘探设计研究院。

二、建设目的与指导思想

1. 建设目的

××公司建设年产2万吨粉煤灰铝矾土陶粒砂生产线，其目的在于：充分利用区域内矿藏的供应优势，培育地方优势特色产业，加速高新节能技术成果的推广应用，促进循环经济的全面发展。

2. 指导思想

按照国务院办公厅《节能减排综合性工作方案》的要求，结合国家重点产业布局，认真贯彻落实科学发展观，充分发挥区域内丰富的矿藏资源和能源优势，坚持自主创新，促进科技成果向现实生产力转化，推动产业结构优化升级，促进发展方式转变。

第二章　项目的意义和必要性

一、项目建设的意义和必要性

1. 实现资源优势向经济优势转变的需要；

2. 实现资源型产业可持续发展的需要；

3. 我国石油天然气开采市场的需要；

4. 发展新材料高新特色产业的需要。

二、国内外现状（略）

三、技术发展趋势（略）

四、市场需求分析（略）

第三章　项目的技术基础

一、成果来源及知识产权情况（略）

二、技术特点与现有技术比较所具有的优势（略）

第四章　项目建设方案

一、总体目标

建成年产2万吨的陶粒砂生产线，充分利用国内自主创新技术。

二、建设内容

1. 新建粉煤灰铝矾土石油压裂支撑剂生产线1条；

2. 新建煤气发生站1座；

3. 全厂性及生产车间的动力配电设施建设；

4. 给排水和污水处理池等环境工程；

5. 新建厂房及配套原料库、成品库等。

三、生产工艺与设备

将原料粉煤灰、铝矾土微粉均化处理后送至成球机制球，经烘干后进行筛分，检验合格后成为半成品。然后，将半成品送入窑炉烧结，经分级、抛光、筛分、除尘、检验、包装，得产成品。

四、土建工程

本项目建筑面积为××m^2，其中，新建生产厂房××m^2，库房××m^2；新建办公及化验用房××m^2，公用设施用房××m^2。生产厂房和库房为彩钢结构，其余均为砖混结构。

五、项目给排水方案

工厂每天生产用水约9吨，生活用水约3吨；排水系统为明沟排放，明沟的设置根据地形而定。生产、生活用水、雨水均进入明沟，经过污水处理池处理，达到规定标准后，由明沟排出。项目拟修建高位蓄水池1座，体积80m^3；低位蓄水池1座，体积200m^3；污水处理池1座，体积100m^3。

六、项目供电方案

该项目安装用电负荷约200kW，需要负荷约180kW，负荷等级最高为二级负荷，由6KV专线引来，厂区内设一6KV变电所。本项目动力及厂区照明用电选用S11—M—200电力变压器1台。变电所内设低压配电屏MNS，车间内部供电采用低压动力配电箱XL型放射式配电。全部电机旁操作设启动、停止按钮，车间照明采用节能灯具，部分采用防尘节能灯具。照度按标准考虑。由于回转窑不能停止工作，考虑到电网检修等停电因素，项目拟购置60kW柴油发电机组1台作为保安用电。

七、人员配备

××公司是民营企业，已按照《中华人民共和国公司法》组建了完整健全的企业组织机构。公司实行执行董事领导下的总经理负责制，下设综合财务部、生产工程部、质量保障部、市场部等部门。

八、人员培训

为了更好地掌握操作技术和设备的维护、维修及其他有关知识，本项目需要对有关人员进行培训。对于操作和设备维修人员，采取与设备生产厂家联合培训的方式，使其熟练掌握操作、维修技能。对于其他人员，由公司分批分阶段进行系统培训。培训期3—6个月。

九、建设进度计划（略）

十、建设期管理

公司成立建设项目领导小组，由公司总经理负责，组员包括副总经理、生产总监、财务负责人及公司各部门主要职能人员，负责整个项目的进度、费用和质量管理。

第五章 环境保护和资源综合利用

一、环境保护

1. 编制依据

（1）环境质量标准（略）

（2）污染物排放标准（略）

2. 项目对区域环境影响分析及污染治理措施

二、节能与资源综合利用（略）

三、劳动安全卫生与消防

1. 编制依据（略）

2. 危害因素和危害程度（略）

3. 安全措施方案（略）

4. 劳动卫生（略）

5. 消防（略）

四、主要原材料供应措施

1. 主要原材料供应

本项目生产主要原材料是 Al_2O_3 含量≥70%的铝矾土，年需要量×吨项目的主要原材料供货来源稳定，运输半径合理。

2. 主要原材料价格

铝矾土：680～700 元/吨；锰、铁矿粉：3 800～4 000 元/吨；优质煤：900 元/吨。

五、外部配套条件落实情况

1. 项目建设用地已经落实。

2. 已与有关部门和企业签订了项目供水、供电协议，项目供水、供电条件已经落实。

3. 目前，公司自筹资金已经到位，项目贷款资金已与有关单位签署了相关协议。

4. 本项目环境评估及各项施工手续已办理完毕，已完成各项工程设计，施工单位已经确定。

第六章　投资估算与资金筹措

一、投资估算

1. 编制范围

本项目投资估算的费用范围如下：

（1）本项目新建主厂房，成品和原材料库房建设，制粉车间、制球车间、烧结车间设备及辅助设备购置；

（2）动力配电设施、设备购置；

（3）污水处理池的建设及水处理设备购置。

除此之外，本项目投资估算还包括设备采购安装工程费、其他费用（含预备费），以及生产经营期间所需流动资金。

2. 编制依据

（1）《投资项目可行性研究指南》；

（2）企业提供的有关资料。

3. 费用估算说明

（1）建筑工程费（略）

（2）设备购置费

根据供货厂家提供，主要设备价格按询价或厂家报价，设备购置费共计××万元。

（3）安装工程费

本项目工艺设备安装费按照设备总价的 5%计算，为××万元；给排水系统设备安装与管道制作费为××万元；供配电系统新增设备安装与材料费为××万元。安装工程费共计××万元。

（4）其他费用

土地租赁费按每亩××万元计算，土地年租金××万元。

建设单位管理费，前期工作咨询费，勘察设计费，环境影响咨询费，招标代理服务费，工程建设监理费，其他生产准备费、联合试运转费、职工培训费、办公家具购置费等。

（5）预备费

基本预备费费率按工程费用与其他费用之和的5%计取，共计××万元。

（6）流动资金

生产过程中用于购买原材料、支付货款利息及工资等所需的周转资金（流动资金）。经测算，项目所需流动资金××万元。

4. 项目总投资

项目总投资= 建设投资（含建设期利息）+铺底流动资金

项目总投资××万元，其中建设投资××万元，占××%；铺底流动资金××万元，占××%。

二、资金筹措及贷款偿还计划

1. 资金筹措方案

本项目总投资××万元，其中固定资产投资××万元，铺底流动资金××万元。

资金来源：

（1）固定资产投资××万元，企业自筹××万元，申请银行贷款××万元。

（2）铺底流动资金××万元。

2. 资金使用计划

根据项目实施进度和资金来源情况，全部投资××万元，分6个月投入。

3. 贷款偿还计划

根据项目盈利预测，项目建设投资借款本金分四年偿还，平均每年偿还××万元。

第七章　项目法人单位基本情况

项目法人的所有制性质和主营业务

××公司（以下简称公司）成立于2009年12月，注册资本1 000万元，公司主营业务为生产、销售陶粒砂和支撑剂。

第八章　项目财务分析、经济分析和主要经济指标

一、财务评价依据

根据国家发改委、建设部颁布的《建设项目经济评价——方法与参数》（第三版）的有关规定和评价方法，结合本项目的特点，对项目进行规范的财务、经济分析。

二、财务评价基础数据的选取

1. 财务价格

原材料、燃料、动力价格均按目前市场价格计算，其消耗定额根据工艺计算提供。

2. 计算期与生产负荷

项目计算期为12年，其中建设期为半年，生产期为11.5年。建设期不生产、销售本项

目产品。生产期第 1 年为生产能力 40%，计 8 000 吨；第 2 年为生产能力 90%，计 1.8 万吨；第 3—11 年达产，年产量为 2 万吨。

3. 其他计算参数

产品销售税金及附加：该项目进项税率和销项税率按 17%计算，城市维护建设税为增值税的 7%，教育费附加为增值税的 3%。所得税税率为 25%。项目基准收益率为 12%。

三、销售收入估算

项目建成达产后，可年产高强度陶粒石油压裂支撑剂 2 万吨，按平均每吨××万元的销售价格进行计算，预计项目达产年销售收入达××万元。

四、总成本及经营成本、各项费用估算

1. 折旧与摊销估算

机器设备按 10 年折旧，残值率 5%；房屋建筑按 20 年折旧，残值率 5%；无形资产按 10 年平均摊销。经测算，项目年折旧费××万元，年摊销费××万元。

2. 工资与福利费估算

项目劳动定员 49 人，其中管理、技术人员 10 人，生产工人 39 人。项目年工资及福利费××万元。

3. 其他成本估算

其他成本包括修理费、其他制造费、产品销售费和其他管理费等。

4. 总成本费用估算

本项目达产后，年总成本费用为××万元，其中年可变成本费用为××万元，年固定成本费用为××万元。

五、财务盈利能力分析

由以上财务分析可知：本项目投资利润率、投资利税率和投资回报率均大于行业基准收益率，说明项目盈利能力高于行业基本要求，项目实施后可收到较好的经济效益，投资回收期短。

六、经济分析主要指标

经济分析主要指标表

序号	项　目	单位	数据和指标	备　注
1	项目总投资	万元	××	其中：固定资产投资××万元； 铺底流动资金××万元
2	销售收入	万元	××	
3	销售税金及附加	万元	××	
4	利润总额	万元	××	
5	所得税	万元	××	
6	净利润	万元	××	
7	总投资利润率	%	××	
8	总投资利税率	%	××	
9	投资回收期	年	4	

七、财务评价结论

通过以上财务指标计算和分析，可以得出以下结论：

本项目自身的财务状况很好，投资利润率 35%，投资回收期不到 4 年（含建设期），达产后年创利税××万元，说明项目有较好的盈利能力。

由此得出，本项目在经济上可行。

第九章　项目社会经济效益分析

1. 有利于项目所在地区新材料产业的发展。（略）

2. 推动本企业和本行业研发水平的提高，促进循环经济的发展。（略）

3. 增加出口，促进就业。（略）

第十章　项目风险分析

一、经营风险

目前，随着国家海洋石油战略的推进，铝矾土陶粒砂产品的应用领域不断扩大，产品供求关系存在矛盾。未来几年，随着铝矾土陶粒砂生产规模的扩大，陶粒砂市场出现供大于求时，企业就存在了经营风险。

对策：一是充分利用知识产权对企业的保护作用；二是加大技术研发投入，强化应用技术研究，提高其他企业进入行业的技术门槛；三是密切关注国家宏观经济政策的变化，并加强对相关行业的研究，及时把握最新的政策变化和行业动态，及早研究对策，同时加强技术研发和创新，使产品适应市场需求，尽可能地将政策风险降到最低，保持公司的持续稳定发展。

二、管理风险

本项目实施以后，公司需要大量的各类专业人才的支撑，目前公司主要通过自身培训为主、外部招聘为辅的方式来保证发展中所需的专业人才。

对策：一是公司将采取激励机制，强化内部管理，提高职工整体素质和经营服务水平；二是公司将加大人力资源投入，加强人才引进和培养，超前储备，科学合理地分配人力资源。

三、财务风险

该项目投资达××万元，其中主要用于设备购置。项目的资金来源主要为自筹和银行贷款，在某种意义上说存在资金风险。

对策：一是为了减少设备价格波动，购置设备均按到厂价结算，避免设备运费可能出现的价格波动；二是为了减少贷款利息，采取短期贷款方式解决；三是积极争取政府资金支持；四是尽快扩大规模，提高市场份额，降低生产成本，增强抵御风险的能力。

四、技术风险

目前，公司技术提供者提供的技术已成功应用于多个企业，设备已经定型，生产工艺技术已得到验证，项目产品已广泛应用于国内外多个石油开采项目，效果良好，表明项目技术风险期已过。

对策：一是建立适合企业发展的人才激励机制；二是以公司现有团队为基础，广纳贤士，不断增强公司的技术研发实力；三是充分利用高校、科研院所资源，加强横向联合，不断进行技术创新。

五、风险分析结论

该项目生产的产品由于市场较大，且国内外市场缺口较大，在近 3—5 年期间内，风险较小。但行业的技术门槛相对不高，随着市场的不断扩大，必然导致新建企业增多，将加大该领域的竞争风险，为此该项目必须加快建设速度，尽快抢占国内外市场份额才能有效降低项目投资风险。

简评：本例文通过大量的数据，从自然条件、基础设施、产品需求、投资前景、环境情况、基础设施等多方面对项目的可行性进行了充分的论证，最后得出结论。整篇报告分章列示，为全面进行论证提供了足够的篇幅；每章中又分条以小标题的形式对具体的内容进行了概括，语言简洁；总之，这是一篇论据充分，论证严密，具有很强说服力的可行性研究报告。

思考与练习

1．什么是可行性研究报告？

2．编制可行性研究报告一般包括哪些必不可少的内容？

第十一章　经济活动分析报告

本章学习要点与要求：

本章主要阐述了经济活动分析报告的相关知识。学习要点有：经济活动分析报告的概念、特点、分类和作用；经济活动分析报告的基本结构、具体写作要求及注意事项；经济活动分析报告的范例及其评析。通过本章的学习，要求理解经济活动分析报告的含义和特点；掌握经济活动分析报告的分类、写作要求及注意事项；在分析范例的基础上，能够熟练而准确地写作经济活动分析报告。

第一节　经济活动分析报告概述

经济活动分析是对经济活动的认识和推理，是企业现代化管理的重要环节和手段，是国家经济部门和企业单位经常性的职能工作，做好经济活动分析报告，对企业加强经营管理，提高经济效益具有重要作用。

一、经济活动分析报告的概念

经济活动分析报告是以科学的经济理论和经济政策为指导，对某一部门、某一单位的计划指标、会计预算、统计资料以及通过调查研究所获得的其他有关经济资料进行系统的分析比较，给予准确的评价，并从中总结经验，揭露矛盾，提出建议，借以指导工作、改进经营管理，从而提高经济效益的一种陈述性的书面报告。

二、经济活动分析报告的特点

（一）全面性

经济活动分析报告一般要对企业分散的经济现象进行分析，用简明扼要的语言反映和说明企业经济活动的状况，揭示经济活动的规律，使企业领导及有关方面掌握行情，了解有关部门和本单位的生产情况、计划完成情况、库存状况、资金周转状况、供销情况及利润情况等。可见，要对企业的经济活动做出判断，必须要对经济活动进行全面的考察。

（二）总结性和对策性

经济活动分析报告通过对企业进行全面考察，在揭示出的经济活动规律的基础上，对企业的经济活动进行全面的总结分析，如实地把企业经济管理中存在的问题揭示出来，提出相应的改进措施和合理建议，使企业能充分挖掘内部潜力，提升企业的经营管理水平，增强产品的竞争能力，提高经济效益。

（三）运用大量的数据

在对经济活动进行分析时，往往通过对现在与以往的历史账目、报表等数据的比较分析，得出结论，提出建议，因此，数据资料是立论的基础。

（四）写作的经常化、定期化

不同的经济活动周期，企业经营活动具有不同的特点，决定了企业必须在不同的阶段对其经济活动进行定期的考查。正是基于这样的考虑，经济活动分析报告一般是对年度、季度、月度的报表资料进行分析，具有明显的经常化、定期化特点。

三、经济活动分析报告的种类

经济活动分析报告应用广泛，种类繁多，可按不同标准加以分类。

（一）按经济领域的范围来划分

1．宏观经济分析报告

宏观经济分析报告是从整体或全局的角度，对一个国家国民经济全局性问题或行业共性问题进行分析而撰写的报告。

2．微观经济分析报告

微观经济分析报告是从一个局部或部分对个别企业的生产经营活动进行分析而撰写的报告。

（二）按经济活动的目的和内容来划分

1．综合性分析报告

综合性分析报告又称为全面分析报告或系统分析报告，是指在一定时期内，对某一部门或单位的经济活动进行全面、系统的分析研究后得出的书面报告，多用于定期分析。

2．专题性分析报告

专题性分析报告又称为专项或单项分析报告，是指在经济活动中选择某个重要的、关键性的问题进行比较深入的分析研究后写成的书面报告。

（三）按分析对象的行业部门来划分

可分为工业经济活动分析报告、农业经济活动分析报告和商业经济活动分析报告等。

四、经济活动分析报告的作用

（一）有助于科学决策的实现和生产经营计划的制订

经济活动分析报告宏观上是制定国民经济计划和发展纲要的重要依据；微观上是各企业面向市场、参与竞争、进行科学决策的必备工具。所以经济活动分析报告在计划及决策的制订、执行、完成的整个过程中发挥着重要的作用。

（二）有助于政府经济职能部门及时有效地发挥宏观调控作用

经济活动分析报告全面系统地反映了国民经济及其部门乃至于各个环节的动态发展情况，这样，相关职能部门及其各级政府部门针对经济活动中出现的各种经济失调、混乱现象和脱节问题，能及时调整产业结构和生产力布局，保持经济的持续、健康、稳定发展，保证市场的良好、规范运行。

（三）有助于企业经营管理者改善经营管理，提高经济效益

经济活动分析报告能全面、系统地反映企业生产经营的各个环节所存在的问题，并提出建设性的意见。企业经营管理者通过对经济活动分析报告的阅读能对企业生产经营的各个环节进行全方位的了解，对生产经营活动的计划、决策、组织和调控成竹在胸，从而能够有力地实施各种针对性的措施，检查和控制企业生产经营，提高企业的管理水平和经济效益。

五、经济活动分析常用的方法

经济活动分析的方法多种多样，常用的主要有以下几种。

（一）比较分析法（或对比分析法）

比较分析法（或对比分析法）是经济活动分析报告中最常用的方法。它是在同一基础上（时间、内容、项目、条件等）对两个或两个以上可比的数字资料进行比较分析，根据比较分析的结果，找出生产或管理中的问题或差距，并分析原因，提出改进的方法。比较分析的内容主要有以下三方面：

1．实际指标与计划指标的比较

即以本期实际完成的指标与计划指标相比较，检查计划执行情况，分析计划完成或未完成的原因，并提出改进的方法。

2．本期实际指标与历史指标的比较

以本期实际指标与上期或上年的同期指标相比较，或与本单位历史最高水平、平均水平、最低水平相比较，用以反映企业经济活动的发展和变化趋势，以便提高管理水平和经济效益。

3．本期实际指标与国内外先进指标比较

以本期实际指标与客观条件大体相同的同行业先进单位在同期的实际指标相互对比，发现本单位的差距，分析差距产生的原因，找出本单位的薄弱环节，提高工作效率和经济效益。

（二）因素分析法

因素分析法是通过对影响经济活动的各种要素进行具体分析，进而对经济活动做出预测的方法。对比分析法侧重于发现问题，揭露矛盾，而因素分析法则侧重于分析原因，是在形成结果的众多综合因素中，寻找起重要或起关键作用的因素，做重点剖析，分清多种矛盾中的主要矛盾和次要矛盾。

（三）动态分析法（或预测分析法）

经济活动的各种主客观因素都处在一种动态的发展变化之中，动态分析法是在本单位过去和现有指标的分析中找出规律，预测、推算其未来经济发展趋势的方法。

第二节　经济活动分析报告的基本结构及其写作

一、经济活动分析报告的基本结构

经济活动分析报告的结构一般由标题、前言、正文和结尾四部分构成。

（一）标题

一个完整的经济活动分析报告的标题，一般包括单位名称、时间、分析对象的内容和文种几个要素。如《××商场 2004 年经济成本的分析报告》。在单位名称及时间明确无误的情况下，有时也可将主要观点作为分析报告的标题，如《削价竞争中吸取的教训》。

（二）前言

该部分简要叙述和说明被分析对象的基本情况以及分析的目的，例如生产、销售、利润分配情况等。写作时常采用文字概括和数据图表相结合的表现方式。

（三）正文

正文反映经济活动分析报告的主要内容，也是经济活动分析报告的主体部分。由于该部分内容分析的对象和目的涉及内容非常广，因此，该部分的内容常常根据报告的种类、目的和要求的不同进行适当的安排。一般来说，主体部分应该包括：基本情况的文字或数据说明，取得的业绩及存在的问题，提出的改进建议或措施等。同时，根据分析的目的不同，内容上可以有所侧重。例如可以把取得的经验作为重点，也可以把存在的问题作为重点，还可以把提出的改进建议和措施作为重点。

（四）结尾

该部分往往根据主体部分对经济活动分析结果的基础上，针对提出的问题，提出改进意见和整顿措施。

二、经济活动分析报告的写作要求

（一）要坚持全面性、系统性分析

由于经济活动是由多个相互关联的环节相互作用而形成的综合体，因此在进行经济活动的分析时，要遵循全面性和系统性的观点。既要从宏观也要从微观着手，一定要从整个经济活动的总过程中来把握分析，不能孤立看待问题。只有坚持系统论的观点，才不至于陷入井底之蛙的处境，只有全面把握经济活动的整个过程，才能得出比较客观真实的结论。

（二）要坚持抓住主要矛盾，突出主要问题，把握重点

影响经济活动的因素错综复杂，只有在众多的因素中抓住了主要矛盾，才能凸显关键问题，提出有针对性的对策，这样对于解决实际问题才能起到立竿见影的效果。

（三）经济活动分析报告必须进行充分的调研，掌握大量的一手资料

要从生产经营的客观实际出发，做周密的调查研究，收集整理大量的资料，才能进行全面、客观的分析。调查工作做得如何，资料是否客观、全面，直接影响到经济活动分析报告的结论和对策建议。所以，大量的调研活动必不可少。

（四）重视统计数据的运用和分析

经济活动分析报告，不能只停留在定性描述的层面上，只有基于大量的数据资料，运用各种统计数据分析方法，图文并茂，数据翔实，才能撰写出具有强说服力的分析报告。

三、经济活动分析报告的注意事项

（一）避免统计数据和文字说明脱节

经济活动分析报告中运用的数据比较多，是为了让读者清楚地了解经济活动的实况，但是写作时不能简单地堆砌数据，而应适当加以文字说明。这样，在具体数据的基础上进一步深入分析，易于把握经济现象的原因，也有助于提出改进的措施和加强管理的方向。

（二）避免孤立分析报告年度数据

经济活动分析报告要坚持全面、联系的观点，不能孤立地只分析报告年度的数据，而应进行横向和纵向分析比较，这样才有针对性和启发性。

第三节　例文简评

例文 1：

××市上半年经济运行分析报告范文[①]

今年上半年以来，面对严峻的国际国内经济形势，全市上下认真贯彻落实市委、市政府“保增长、保民生，促发展、促进步”的各项政策措施，切实增加有效投入，积极扩大消费需求，全力稳定工业生产和外贸出口，推动全市经济逆势上扬，经济运行止跌企稳、逐步回升，发展态势好于预期。

一、经济运行的基本面

1.“保增长”政策措施初见成效

主要经济指标逆势增长。上半年，全市实现财政总收入 63.68 亿元，同比增长 19.8%；一般预算收入 27.62 亿元，同比增长 15.8%，增幅位于苏州五县市之首，高于苏州平均水平 8 个百分点，其中 6 月单月实现一般预算收入 4.98 亿元，同比增长 52.2%。完成工业总产值 700.54 亿元，同比增长 5.3%，其中规模以上工业实现产值 539.56 亿元，同比增长 2.0%。完成全社会固定资产投资 131.4 亿元，同比增长 12.7%，增幅高于苏州平均水平 2.1 个百分点。预计上半年服务业增加值同比增长 16%左右，消费品零售总额增长 18%左右。

工业经济在收紧环境中逐月回升。单月规模以上工业产值稳步走高，1—6 月分别实现单月产值 54.69 亿元、73.66 亿元、96.14 亿元、102.22 亿元、106.73 亿元和 113.26 亿元，2 月份起环比增幅分别为 34.7%、30.5%、6.3%、4.4%和 6.1%，4 月份首次突破 100 亿元大关，6 月份再创历史新高。部分主要行业保持较高增速带动工业经济回升，十大主要行业中，纺织、石油制品、化工医药、塑料制品、化纤加弹行业规模以上企业产值同比分别增长 31.5%、25.8%、24.0%、17.4%和 12.4%。综合效益指数回升较快，2—5 月分别为 145.2%、165.35%、180.42%和 187.46%，5 月份较去年同期提高了 10.93 个百分点。高新技术产业增长较快，上半年实现产值 84.04 亿元，同比增长 8.9%，占规模以上企业产值比重达 15.6%，较去年同期提高了 0.5 个百分点。民营工业增势明显，上半年实现产值 224.11 亿元，同比增长 17.5%，高于规模以上增幅 15.5 个百分点。工业用电降幅逐月收窄，2 月份以来累计工业用电降幅分别为 12.4%、10.3%、9.4%、8.8%和 7.6%。

服务业发展态势良好。（1）服务外包增势强劲。全市共有各类服务外包企业 85 家，其中 3 家通过 CMMI3 级认证，1 家通过 ISO7001。信息安全管理认证；上半年完成服务外包合同额 5859.16 万美元，同比增长 101.0%，离岸服务外包执行额 2 799.56 万美元，同比增长 55.99%。（2）现代物流稳步发展。太仓物流园区建成 12.3 万平方米仓库和 3.7 万平方米商务监管大楼，保税物流中心封关运作，耐克物流中心启动建设，新增物流企业 28 家。（3）港口运输保持增长。上半年新辟内贸航线 1 条；实现货物吞吐量 2 196.17 万吨，同比增长 25.5%；

---

① 摘自文秘 114 网，http://wenmi114.com/wenmi/zongjie/gongzuohuibao/2010-08-26/20100826208503.html。

完成集装箱运量 68.18 万标箱，同比增长 3%。(4)休闲旅游加快发展。城厢镇电站村获批“全国工农业旅游示范点”，金仓湖一期建成投运，郑和公园推介运作，恩钿月季公园等一批农业休闲项目亮点凸显，成功举办系列大型活动。(5)金融运行态势平稳。6 月底全市金融机构人民币存贷款余额分别为 641.5 亿元和 506.9 亿元，分别比年初增长 42.3%和 31.9%；中长期贷款增长明显，上半年新增 98.3 亿元，占新增贷款总量的 80.2%，其中基本建设贷款新增 74.1 亿元；短期贷款新增 3.94 亿元。

固定资产投资增长快于上年。上半年，我市固定资产投资增幅为 12.7%，增幅高于苏州平均水平 2.1 个百分点，也高于去年同期 5.3 个百分点。服务业投资快速增长，完成 60.45 亿元，同比增长 31.2%，其中基础设施建设投资 39.09 亿元，同比增长 25.3%，房地产投资 15.91 亿元，同比增长 46.5%。个人、私企投资趋于活跃，完成投资 50.22 亿元，同比增长 51.7%，占投资总量的 38.2%，较上年同期提高了 9.8 个百分点。工业投资略有增长，部分行业快速扩张。2 月份以来逐步扭转回落态势，上半年同比增长 1.1%，食品饮料、纺织服装、橡塑制品和装备制造行业投资分别增长 543.4%、148.3%、99.4%和 55.1%。重点项目建设大力推进。上半年，我市 60 个重点项目完成投资 57.56 亿元，占年度计划的 43.4%，开工建设 46 个，开工率 76.6%。苏州市 18 个重点项目完成投资 28.15 亿元，占年度计划的 59.0%，超序时进度 9 个百分点，其中万方码头和耐克物流中心项目投资大、进展快，分别完成投资 3.7 亿元和 3.09 亿元。省重点项目太仓港区三期工程进展顺利，完成投资 11.13 亿元，完成投资计划的 87%。项目推进力度加大，四次举办开工开业仪式，其中开工奠基项目 60 个，总投资近 100 亿元。

消费品市场持续繁荣。1—5 月全市实现社会消费品零售总额 39.08 亿元，同比增长 17.7%，其中市以下同比增长 17.2%。餐饮服务快速发展。娄东宾馆、陆渡宾馆被评为“中华餐饮名店”，“江海河三鲜美食节”活动成功举办；1—5 月份，全市餐饮业实现营业收入 6.87 亿元，同比增长 25.9%。车辆保有量持续增长，1—5 月新增各类车辆 4 111 辆，同比增长 13.3%。

房地产市场止跌回升。上半年，全市累计销售商品房 61.4 万平方米，同比增长 102.4%，其中住宅 47.41 万平方米，同比增长 113.2%；商品房均价 4 486.5 元/平方米，同比增长 9.4%，其中住宅均价 4 416.7 元/平方米，同比增长 11.6%。上半年个人消费贷款比年初增加 8.8 亿元，其中中长期消费贷款比年初增加 7.5 亿元，增长 19.5%。第二季度个人消费贷款占上半年增量的 66.6%。

就业形势基本稳定。至 6 月底，我市城镇登记失业率控制在 2.3%，仅高于去年年底 0.1 个百分点，低于苏州同期。上半年，全市市镇两级公共就业服务机构举办现场招聘会 189 期，招聘单位 3 764 家，较上年同期增加了 11.2%，累计安置就业 8 742 人，3 月始新增就业渐趋正常；宾馆餐饮、商贸零售、物业管理、纺织服装业和电子装配业等服务业和劳动密集型工业企业用工需求增长明显。

2. 开放型经济攻坚克难

利用外资难中求进。1—5 月，全市新批外资项目 44 个，完成注册外资 5.73 亿美元，同比增长 6.6%，实际利用外资 3.50 亿美元，同比增长 2.1%。超千万美元的项目占主导，21 个项目新增注册 4.34 亿美元，同比增长 3.4%，占全市总量的 75.7%，其中超 3 000 万美元以上项目 3 个，新增注册 1.45 亿美元。项目平均规模扩幅较大，达 1 301.7 万美元，同比增长 23.6%。1—5 月太仓港经济开发区新批外资项目 23 个，新增注册 3.18 亿美元，占全市总量的 55.5%，实际利用外资 2.69 亿美元，占全市总量的 76.8%。

对外贸易低位徘徊。1—5 月完成进出口总额 19.8 亿美元，同比下降 36%，其中出口 10.10 亿美元，同比下降 34%。一般贸易出口降幅小于加工贸易，实现出口额 5.17 亿美元，同比下降 17%，低于加工贸易降幅 28 个百分点。内资企业影响小于外资企业，实现进出口总额 3.85 亿美元，同比下降 12.7%，低于外资企业降幅 27.3 个百分点。机电产品影响较大，进出口额下降 44.0%，纺织原料及纺织制品进出口额下降 9%。

3. 区域合作积极推进

接轨上海又增亮点。年初，我市与上海世博局签署《中国 2010 年上海世博会太仓游客中心合作框架协议》，成为长三角（全国）首个世博游客中心；市政府签约首期世博门票团购；娄东宾馆餐饮成功签约进驻世博园区。和嘉定区签订区域合作行动计划框架协议。产业和项目接轨情况良好，引进上海项目 69 个，新增投资 22.59 亿元，新增注册 9.94 亿元，占全部内资项目的 30.1%。

内资引进态势良好。上半年，全市共引进内资项目 349 个，新增投资总额 81.37 亿元，新增注册资金 32.97 亿元，同比增长 12.2%，完成年度计划的 78.5%，新增注册资金位居苏州五县市之首。第二、三产业项目占比各半，119 个工业项目注册资金 16.56 亿元，占全市总量的 50.2%，228 个服务业项目注册资金 16.24 亿元，占全市总量的 49.3%。产业招商力度加大，引进钢材交易相关企业 88 家，其中钢材批发企业 74 家，注册资金 3.67 亿元，占全市服务业的 22.6%。

4. 发展方式加快转变

科技创新能力不断提升。科技载体建设日趋完善，国家级软件产业基地太仓软件园 16 栋软件楼和配套公寓楼竣工启用，安软等十家企业入驻；省级科技孵化器科技创业园新园即将开园，68 家企业入驻运作；省高新技术企业服务中心江苏（太仓）loft 工业设计园开园营运；科技服务中心建设加快推进。高新技术企业申报工作顺利开展，首批通过 3 家，另有 8 家已公示。与上海交通大学、华东理工大学、中国科学院上海分院 3 家国家级技术转移中心共建国家技术转移联盟太仓工作站。1—5 月，专利申请量达 1161 件，同比提高 58.2%，专利授权量达 540 件。

节能减排大力推进。第一人民医院迁建工程等 6 个项目被确认为苏州市建筑节能示范项目，占苏州全市 19 个示范工程的近三分之一。积极做好节能技改项目的对上争取工作，上报国家级节能技改项目 4 个，省级项目 9 个，已获批 7 个。加强节能宣传工作，14 个部门联合举办了节能宣传周活动。认真开展重点行业的限期治理工作，共验收提标改造项目 30 个，关停并转项目 9 个。组织实施排污权有偿交易试点工作，已完成 COD 年排放量 10 吨以上的 40 家企业的网上申购、核定和公示工作，总计申购 5 052.84 吨，申购金额达 1 027.18 万元。

现代农业创新发展。以工业园区思路建设的现代农业园区上半年投入 2.85 亿元，已入驻项目 22 个。恩钿月季公园正式开园，玫瑰庄园、蝴蝶兰花玻璃温室、生态餐厅、明珠观赏鱼休闲垂钓中心、百果园等一批农业生态旅游项目稳步推进。陆渡—浏河现代设施农业示范区创新运作，现已形成多亩设施蔬菜生产核心区，蔬菜储存加工配送中心正式启用，组建蔬菜合作社，采取“公司 + 合作社 + 基地 + 农户”四位一体的运作模式，有效带动农户增收。农业产业化经营水平不断提升，上半年 13 家省市级龙头企业可实现利税、利润分别为 4 969 万元、3 870 万元，同比分别增长 27.5%和 37.6%，带动农户约 6 万户，同比增长 20%，人均收益 5 100 元，同比增长 15.9%。农村改革不断深化，上半年新增农村新型合作经济组织 44 个，累计已达 459 个。

二、主要问题及原因分析

上半年，我市经济止落回升，逆势上扬，但经济运行中的问题和矛盾仍比较突出，主要是一些经济指标的增速明显回落，企业经营效益下滑，开放型经济遭遇更多挑战，经济向好的基础还不够稳固。

1. 经济增长速度放缓

今年一季度，我市地区生产总值增长 9.3%，而第一季度、上半年、前三季度和全年的 GDP 增幅分别为 16.8%、18.3%、14.5%和 14.6%。从工业产值完成情况看，今年的 1、2 月份呈现负增长，累计同比分别下降 20.3%和 11.4%；3 月份开始同比出现增长，但增长速度十分缓慢，规模以上工业增速仍低于全部工业增速。工业用电量还未止跌回升。

2. 企业效益明显回落

受全球金融危机蔓延、外部需求减弱、企业成本上升、产品价格回落等因素影响，前五个月全市规模以上工业的销售收入、利润的同比增幅分别为-5.5%和-0.9%，全市规模以上工业企业亏损面达 31.8%，较上年同期上升 4.7 个百分点，亏损额较上年同期增长 30.2%。

3. 外贸形势依然严峻

多年来，开放型经济一直是我市保持较快增长的重要支撑，但今年 1—5 月进出口总额和出口额双双较大幅度全面下降。前五个月单月出口额环比增幅分别为-8.6%、-40.7%、44.5%、-0.5%和-6.2%，环比仅 3 月份呈现增长。

4. 内需拉动的可持续性尚不稳固

今年以来，我市固定资产投资的增幅虽高于苏州大市的平均增幅，但从投资结构分析，工业投资增幅低于全社会固定资产投资增幅 11.6 个百分点，且高新技术产业投资仅 7.44 亿元，同比下降 15.8%；服务业投资虽有 31.2%的高增长，但其中基础设施和房地产投资分别占 64.7%和 26.3%，生产性服务业投资明显不足。从新增就业人数来看，虽呈逐月上升趋势，但安置就业人数只占去年同期的 50%左右。就业不足，企业利润的下滑等因素，必然导致可支配收入的下降，从而影响最终消费。

经济增长放缓的主要原因有几个方面。一是外需减弱直接对外向型经济造成较大影响。我市的外贸出口依存度达到 50.3%，而且加工贸易比重较高。下半年以来，先是加工贸易进口同比跌幅明显高于出口跌幅、进口总额中进口设备和进口原材料大幅减少，直接导致了全市外贸的下行走势；其后外贸出口订单锐减，工业生产因此而明显下行。外向型经济是一把“双刃剑”，我市制造业的发展直接得益于利用“两种资源、两个市场”的政策引导，但外部市场、国际环境变化带来的不确定因素和潜在风险也在增加，在全球化市场风险日益增强的情况下，本土经济的抗风险能力也面临严峻考验。二是经济发展方式转变不快。从我市经济发展的深层次看，经济转型升级的任务十分繁重，几年来经济的高速增长一定程度上掩盖了诸如新型工业化推进不快、产业竞争力不强、自主创新能力明显不足、高新技术产值占比徘徊不前等矛盾，在国内外宏观经济环境出现较大波动的情况下，这些矛盾和问题便凸显出来。三是发展后劲不足，大项目储备不足，优势产业优势企业的培育不够。四是经济发展软环境建设尚有缺憾，机关行政服务效率、企业经营环境营造等方面都有明显不足。

三、形势预判及下阶段工作重点建议

目前，预期今年经济运行将走出前低后高的“保增长”路线图。从国际环境看，全球制造业下滑速度已开始放缓，经济信心有所恢复。从国内情况看，内需增长良好，投资和消费均快速增长，中国制造业采购经理指数（PMI）已连续 4 个月出现回升，中国经济在下半年率先见底回升的预期明显增强。在积极的财政政策和宽松的货币政策拉动下，我市经济回暖迹象也正在增多，企业对当前环境的适应能力、抗压能力也正在不断增强，预计全年先低后高是基本走势。工业经济在支柱产业的带动下将较快回升。从企业类型来看，内资企业好于外资企业，内需企业好于外贸企业。从具体行业来看，纺织服装等产业由于刚性需求以及国家出口退税政策刺激将领先增长；化工产业随着国际市场价格回升而持续反弹；医药等行业受国家扩大内需政策及医疗卫生体制改革等的推动，仍将继续保持较快增长；电力能源行业将随经济回暖而保持平稳增长；金属制品及加工、通用设备制造、电子设备制造等行业受金融风暴冲击影响较大，短期内恢复增长的难度较大。受工业生产及大宗商品和原材料价格不稳定的影响，物流等生产性服务业短期内发展面临较大困难。外贸出口面临的总体环境较为严峻，不确定性因素较多，尤其是欧美等传统主要出口市场持续低迷，预计今年出口增幅将明显回落。投资在经济增长中的作用将更加突出。我市近些年来的快速发展很大程度上取决于投资与出口两驾马车的拉动，随着出口对 GDP 的拉动作用趋弱，投资成为推动经济增长的主要动力，预计投资不仅会在今年经济增长中的贡献度进一步提高，并且投资的领域和范围、投资的质量与规模也将成为决定今后区域经济发展环境与可持续发展能力的重要风向标。保持消费稳定增长则更大程度上依赖于国家实施积极的扩大消费需求的政策。我们要抓住当前的良好机遇，坚定信心、攻坚克难，努力完成全年目标任务。

1. 继续下大力气保增长、促发展

一是加大拓展外需力度。进一步落实国务院关于完善出口信用保险政策，完善出口税收政策，大力解决外贸企业融资难问题，进一步减轻外贸企业负担，完善加工贸易政策，支持各类所有制企业“走出去”以带动出口等稳定外需的 6 项政策措施。相关部门要加强协调配合，通过加大财政、金融政策的支持力度，支持外贸企业转变外贸发展方式，调整出口结构，重点促进优势产品、劳动密集型产品、自主知识产权商品和高新技术产品的出口，努力保持我市出口产品在国际市场的份额。创新对外贸易预警机制，搭建政府部门、中介组织、出口企业三者之间的信息网络桥梁，提高企业应对国际贸易摩擦的能力，扭转出口下滑的过快态势。二是着力缓解中小企业融资困难问题。争取金融机构扩大信贷投放，金融机构当年新吸收的存款绝大部分用于当地发放贷款，其中绝大部分投向中小企业。加快推进中小企业担保机构的增资组建工作，做大中小企业融资担保平台；加大财政投入，建立多种模式的信用担保体系；扩大融资担保覆盖面，提升担保规模；完善担保风险防控措施，研究财政反担保措施。进一步拓宽中小企业融资渠道，积极扶持小额贷款公司发展。三是加强经济运行监测。进一步加强经济运行分析制度与工作平台建设。坚持经济运行监测例会制度，完善部门沟通、协作、协调制度，实现跨部门信息快速交流、情况互通；健全与重点企业的信息交流制度，加快上情下达和下情上传速度；建立与行业协会的信息交流制度，加强行业经济运行监测预测工作；探索建立全市联网的经济运行监测分析系统平台。进一步加强经济运行信息数据库建设，夯实经济运行监测预测基础。进一步加强经济运行中的重大问题、突出问题以及热点问题的专题调研，提高经济运行监测预测水平。四是进一步提高行政服务效率，深化“四诊式”服务。进一步清理与压缩审批事项，梳理与简化审批程序，完善“一个窗口对外”的服务机制，扎实推进“两集中、两到位”工作，优化与提升服务水平。全面整合全市公共企事业单位便民服务的资源，建立“一个窗口、一个网站、一个号码”的便民服务机制。继续放大“一表制”便民服务系统的优势，实现更大更广范围的资源共享。五是全面落实更加积极的就业政策。加大就业援助力度，切实帮助城乡零就业家庭等困难群体解决就业难题，积极解决大学生就业困难，着力促进大学生就业。

2. 进一步增强内需动力

一是着力推进项目建设。加大争资争项力度，紧密跟踪国债、地方政府债券、中央预算内和部委专项资金安排方向争资争项；紧紧抓住国家、省产业调整和振兴规划出台的重要机遇，对投资结构进行调整和优化，促进重大产业完善布局。加快推进重大项目前期工作，抓好项目开发，策划大项目，力争有项目进入省以上“十二五”规划；加强项目前期工作配合，积极协调解决项目的土地供应、信贷投放、环境准入、项目核准等关键性问题。加快重点项目建设，严格落实重点项目建设责任制，对今年确定的重点项目和政府实事工程，要加强跟踪促建，确保年度目标任务全面完成。优化重点项目建设环境，建立重点建设责任单位联席会议制度，及时通报情况，调度有关事宜。加强重点建设协调服务，建立部门联动快速反应机制。二是继续扩大消费。大力发展旅游业，落实鼓励旅游产业发展的扶持政策，对旅游招商项目给予优惠与奖励，实施旅游发展以奖代投政策，完善推进旅游区域协作的政策措施，搞活旅游人气，扩大旅游份额。促进房地产市场健康发展，落实降低住房交易税率、下调个人住房公积金贷款利率和首付比例、降低二手房交易税收负担、调整建设项目税费收取标准、合理调控房价等政策，稳定和培育住房消费增长点。刺激汽车消费，拓展电子信息、通信产品、教育培训、家政服务、文化娱乐、体育健身、休闲旅游等消费。推动特色商业街建设，扶持“老字号”的创新发展。支持发展餐饮、住宿业，进一步降低餐饮、住宿业经营成本，采取分步实施办法，逐步实行规模型餐饮、住宿业与工业用电同价政策。加快城乡市场建设，推进农贸市场改造升级，积极支持农副产品批发市场升级改造、菜市场标准化改造。扩大农村商业服务网点覆盖面，提高统一配送能力和综合服务功能。

3. 推动企业可持续发展

一是鼓励和支持企业进行技术创新及实施品牌战略。加大技改奖励，对大额技改投入，按新增设备投资额的一定比例实行一次性奖励；推行技改项目贷款贴息，对设备投资额达到一定规模的技改项目，按照一定比例给予贷款贴息。推动实施名牌战略，加大政策激励力度，创造良好的市场环境，使资源配置政策向名牌企业倾斜，鼓励更多的企业争创品牌。引导我市企业进一步增强品牌意识，把培育品牌、经营品牌、推介品牌与增强企业核心竞争力紧密联系起来，大力发展一批技术含量高、竞争力强、市场占有率大的知名产品，争创著名商标、驰名商标和国家、省级名牌产品、国家免检产品。二是推动民营企业改革。加大宣传的力度，积极引导民营企业内部产权制度改革；深化金融体制改革，为民营企业的产权制度创新提供资金支持。完善产权交易市场，加速产权流动；完善经理人市场，规范经理人行为；完善资本市场，鼓励和积极推动符合上市条件的民营企业上市融资。

4. 加大招商引资力度

一是明确招商引资主攻方向。利用世界经济大调整机遇，加大对欧美企业和台资企业特别是世界500强企业的招商力度；借国家规划产业振兴之机，加大对“中”字头企业的招商力度；抓住世博经济以及沿海地区产业“转移复兴”之机，加大对上海、珠三角、浙江等重点地区的招商力度。整合招商资源，充分发挥我市区位优势，打响“中国制造业十佳投资城市和亚洲制造业示范基地”、“中国石化和化学工业最具投资价值园区”、“中德企业合作基地”、“省国际服务外包基地城市”等品牌。二是创新招商机制，强化产业链招商，加强服务业以及新兴产业领域招商。围绕启动盘活低效利用土地、闲置厂房和停滞项目资源，开展存量招商；围绕挖掘现有项目的增资扩股潜力，开展零地招商。积极探索股权并购和境外上市等方式，扩大利用外资规模。精心策划包装一批开发潜力大、发展空间大、市场前景好、支撑作用强、投资回报高的重大产业项目，吸引战略投资者。完善项目信息处理、重大项目论证、项目跟踪推进等机制，提高引进项目质量和洽谈成功率。加强与重点客户、重大项目以及有长期合作的客商之间的联系和沟通，使客商在时机成熟后把我方作为投资首选地。三是优化投资环境。进一步加大创业载体的投入力度和推进强度，搭建优质平台。积极应对形势变化，适时、适当调整招商政策，切实强化各项优惠政策的扶持力度。优化服务，促进以商招商，以企引企。

简评：本例文是××市经济活动分析报告，文章从宏观经济总量到结构全面展开论述。报告深入具体地分析了各个指标的变化情况；在此基础上，指出了经济活动可能存在的问题；之后，针对各项存在的问题及原因，提出了相应的具体改进措施及工作任务。整篇报告结构完整，内容全面，语言流畅，完全符合经济活动分析报告写作的要求。

例文2：

××电力集团公司上半年经济活动分析报告[①]

同志们：

现在，我向大会报告集团公司上半年的经济活动情况。

① http://fw.csfqw.com/html/46/20071211044847O197.html。

一、公司系统在集团公司党组的正确领导下，真抓实干，克服困难，实现了“时间过半、任务过半”的目标

上半年集团公司经济运行主要呈现以下特征：

1．电力生产和基建安全形势总体良好

上半年，未发生电力生产、基建人身死亡事故和群伤事故，未发生特别重大事故，未发生责任性重大设备事故，未发生垮坝和水淹厂房事故，未发生重大火灾事故。发生发电生产人身重伤事故1次，同比增加1次；发生一般设备事故2次，同比减少7次；发生设备一类障碍77次，同比减少48次；发生非计划停运108次，同比减少135次。

2．在电力供应紧张形势下，充分挖掘现有机组潜力，克服煤炭供需矛盾突出和南方来水偏枯等不利因素影响，发电量和售电量保持稳步增长

上半年，集团公司发电量637.91亿千瓦时，同比增长5.84%，完成全年计划的50.49%。其中：火电537.48亿千瓦时，占总发电量的84.26%，同比增长4.97%；水电100.43亿千瓦时，占总发电量的15.74%，同比增长10.75%。

从区域来看，华北地区的发电量占集团公司总发电量的20.45%，同比增长6.55%；东北地区占16.5%，同比增长7.82%；华东地区占31.4%，同比增长1.48%；华中地区占23.21%，同比降低3.03%；西北地区占8.45%，同比增长65.28%。

火电机组利用小时进一步提高。上半年火电设备平均利用小时达3167小时，同比增加130小时，比全国火电设备平均利用小时高出207小时。

水电来水呈现“北丰南枯”态势。福建、江西、湖南由于降水量少，来水相对偏枯，发电量均有所下降。福建减少2.51亿千瓦时，同比降低43.36%；江西减少2.26亿千瓦时，同比降低64.51%；湖南减少7.05亿千瓦时，同比降低15.12%。西北地区的青海、甘肃、宁夏来水较好，发电量增加21.28亿千瓦时，同比增长65.28%。

新投产机组对发电量增长贡献较大。新投产机组发电量11.37亿千瓦时，占发电量增量的32.3%，为缓解电力供需矛盾和发电量稳步增长发挥了积极作用。

上半年，售电量增长速度高于发电量增长。集团公司售电量593.05亿千瓦时，同比增长5.93%。其中：火电493.78亿千瓦时，水电99.27亿千瓦时。

3．供电煤耗和综合厂用电率均有下降，节能降耗工作取得成效

上半年，集团公司综合厂用电率7.03%，同比下降0.43个百分点。其中：火电8.13%，同比下降0.33个百分点；水电1.16%，同比下降0.62个百分点。

上半年，集团公司供电煤耗366.74克/千瓦时，同比下降1.04克/千瓦时。

4．销售收入增长幅度高于电量增长。售电量的增加和火电售电单价的提高推动了电力收入的增长

上半年，集团公司实现销售收入137.87亿元，同比增长10.11%，与预算执行进度基本同步。其中：电力销售收入132.76亿元，占总销售收入的96.29%，同比增长9.97%；热力销售收入3.74亿元，占总销售收入的2.71%，同比增长7.65%。

电力收入中，火电114.1亿元，占电力收入的85.95%，同比增长10.39%；水电18.65亿

元，占电力收入的14.05%，同比增长7.47%。电力收入增加中，七成来自于电量增长，三成来自于电价提高。

上半年，平均售电价格226.13元/千千瓦时，同比提高6.03元/千千瓦时。其中：火电受7厘钱调价和电价矛盾疏导作用影响，售电均价同比提高8.93元/千千瓦时。水电因价格相对较低的黄河上游电量比例升高，售电均价同比下降7.01元/千千瓦时。

上半年，全资、控股公司电力收入增长速度高于内部核算电厂收入增长。全资、控股公司电力收入同比增长12.25%，内部核算电厂电力收入同比增长4.96%。

5．固定成本得到有效控制，但因电煤价格不断攀升，总成本未能控制在预算执行进度之内，成本增长远高于收入增长

上半年，集团公司销售总成本118.92亿元，为年度预算的51.06%，同比上升14.04%，高于收入增长3.93个百分点。其中：电力产品销售成本112.51亿元，占销售总成本的94.61%，同比上升13.83%；热力产品销售成本5.41亿元，占销售总成本的4.55%，同比上升16.32%。

电力成本中，火电成本100.57亿元，占电力成本的89.39%，同比上升13.19%；水电11.94亿元，占电力成本的10.61%，同比上升19.53%。

从电力成本构成来看，燃料成本占电力成本51.4%，同比上升2.9个百分点；水费及固定成本占电力成本比例相应下降。燃料成本预算执行进度58.13%，其他成本项目均控制在50%以内。

燃料成本增加是推动成本上升的最主要原因。上半年，电力燃料成本同比增加9.88亿元，上升20.03%；其中：因煤炭价格大幅度上涨，增加燃料成本6.99亿元。火电售电单位燃料成本同比上升14.17元/千千瓦时。电价政策性调整难以平衡煤价的上涨。

从单位看，内部核算电厂成本控制总体好于独立发电公司。上半年，内部核算电厂成本同比上升3.43%，全资、控股公司成本同比上升15.04%。

6．在电力利润下降、热力增亏的情况下，由于财务费用大幅下降、营业外支出减少，保持了利润的基本稳定

上半年，集团公司实现利润10.68亿元，同比减少0.24亿元，下降2.17%，其中：电力产品利润同比下降8.02%；热力亏损1.71亿元，同比增亏43%。

从利润形成结构来看,财务费用大幅降低和营业外支出减少是保持上半年利润基本稳定的主要原因。通过优化债务结构，降低资金成本，规避汇率风险，财务费用同比减少1.48亿元。营业外支出同比减少0.55亿元。

从各单位利润完成情况来看，上半年内部核算电厂实现利润总体略有增长，全资及控股公司实现利润同比下降3.41%。累计亏损单位20家，减少1家。亏损单位的亏损额由上年同期的3.39亿元，下降到1.9亿元，减亏1.49亿元。

上半年财务状况保持稳定。合并资产总额899.27亿元，同比增长9.34%；负债总额573.75亿元，同比增长13.1%；所有者权益235.23亿元，同比增长1.14%。资产负债率63.8%，同比升高2.12个百分点。

7．固定资产投资按计划实施，发展布局和结构调整取得明显成效，前期项目规模初步

满足集团公司持续发展需要

上半年，固定资产投资 16.17 亿元，完成年计划的 40.77%。实际到位资金 31.13 亿元，其中：资本金 0.96 亿元，银行贷款 6.38 亿元，企业债券 22.4 亿元，利用外资 0.58 亿元，其他资金 0.81 亿元。

上年结转建设规模 322.6 万千瓦。上半年新开工大连泰山等两个热电项目共 28.5 万千瓦。投产碗米坡 1＃和 2＃水电机组、白鹤二期 1＃机组、通辽六期 5＃和 6＃供热机组，共 49.6 万千瓦。到 6 月底，在建规模共 301.5 万千瓦，其中：水电占 85.57%，火电占 14.43%；大中型基本建设规模占 94.53%，“以大代小”技改规模占 5.47%。

目前，开展前期工作的项目共 73 项 7 069.1 万千瓦。其中：已上报开工报告 52.5 万千瓦，已批可研报告 300 万千瓦，已批项目建议书 620.5 万千瓦，已上报可研报告待批 483.5 万千瓦，已上报项目建议书待批 2 149 万千瓦，正在开展初可和规划的 3 463.6 万千瓦。

从布局和结构上看，分布范围由组建初的 17 个省份发展到目前的 22 个省份。其中：黄河上游和沅水等流域上的水电项目 13 个共 1 083.6 万千瓦，辽宁核电和山东海阳等 8 个核电项目，蒙东等煤电基地的煤电项目、其他新建和扩建煤电项目 50 个共 4 255.5 万千瓦，天然气发电项目 2 个共 130 万千瓦。

8．生产规模扩大，现价工业总产值增加，职工人数减少，劳动生产率进一步提高

截至 6 月末，集团公司系统职工期末人数 75273 人，比上年同期减少 969 人，比 2003 年年末减少 522 人。

以现价工业总产值计算，上半年集团公司全员劳动生产率为 31.33 万元/人，同比提高 16.4%。其中：火电企业劳动生产率 30.65 万元/人，同比提高 15.8%；水电企业 46.12 万元/人，同比提高 21%。

同志们，我们在面临诸多非常尖锐和复杂的矛盾面前，能够形成经济运行的良好局面，是非常不容易的。比较而言，我们是在老、小、旧机组比较多、设备长期处于高负荷运行、煤质下降、新机组投产压力大的情况下，保持了生产、基建的安全稳定局面；我们是在煤、电、油、运供需矛盾突出、新增生产能力相对不多、市场结构发生新的不利变化、南方来水偏枯的情况下，实现了发电量的稳定增长；我们是在电煤价格飞涨、电价调整不能弥补燃料成本增加的情况下，保证了经济效益基本稳定，亏损面没有扩大，亏损额大幅下降；我们是在成立之初发展项目严重不足、电源前期竞争极其激烈的情况下，初步为合理布局、结构调整和产业技术升级，进行了规划储备；我们是在着力消除旧的体制、机制性障碍的变革探索实践过程中，认真贯彻年初工作会议精神，坚持以增收节支，促进经济效益的稳步提高，坚持以业绩评估，促进经营管理水平的全面提升，坚持以改革创新，促进管理体制和经营机制的根本转变。这是公司系统全体干部员工齐心协力、坚强拼搏的结果。

二、经营形势严峻，机遇与挑战并存，内部管理仍有薄弱环节，完成全年任务还很艰巨，要把握主要矛盾，趋利避害，巩固和发展上半年良好势头

综观当前和今后的经营工作：

第一，外部市场环境存在诸多不利因素。一是电煤供应紧张、煤质下降、价格大幅上扬，

严重危及设备运行的安全性和经济性，严重影响经济效益的稳定和提高。上半年，集团公司供煤量低于耗煤量，截至 6 月底，实际库存煤同比下降 69.65 万吨,下降幅度达 33.92%。阜新、娘子关、平圩、姚孟等大部分电厂库存煤经常处于警戒线以下，造成部分机组降负荷运行，甚至被迫停机检修。入厂煤平均低位热值同比下降 5.09%，造成设备磨损严重，锅炉效率降低，辅机耗电增加，助燃用油上升。上半年，因电煤价格上涨，集团公司增加燃料成本高达近 7 亿元，已有的电价政策难以平衡。进入 7 月份后，第三轮煤价上涨又起，河南、山西、东北等地区煤炭企业纷纷要求涨价，有的煤炭企业要求计划内价格增长幅度高达 44%，几乎影响到所有火电企业，给正常生产经营带来严峻挑战。二是电力市场不规范和市场结构变化存在不利影响。在国家多次规范电价管理的情况下，上半年，批准的基数电量安排不到位、自行组织竞价和计划外电量、压低或变相降低电价的现象，在相当多的地区仍然存在。一些区域因市场结构变化等原因，造成市场份额下降。如上半年，上海地区区外来电的增加和新机组投产，使集团公司电厂的发电量同比大幅降低。上海用电量同比增长 13.2%，上海当地电厂发电量同比增长 1.2%，集团公司电厂发电量同比下降 5.76%。受水情不好影响，有些电厂有价无量，争取到的电价政策不能发挥作用，下半年难以出现恢复性增长。三是银根适度紧缩，银行实际执行利率上浮空间扩大，实际利率上升，将加大资金成本，也增加了电热费回收难度。

第二，迎峰度夏、防洪度汛面临严峻考验。一是设备可靠性要求提高。一方面今年以来电煤质量下降直接影响设备健康状况，另一方面夏季用电要求调峰能力提高。二是防洪度汛压力加大。目前正值主汛期，沅水上的三板溪已进入施工高峰期，在建项目较多的黄河来水好于去年，公伯峡又是今年计划投产的关键项目。

第三，企业管理仍存在薄弱环节。一是一些企业违规违纪问题仍然存在。上半年审计检查、财务整顿和业绩评估工作中，发现一些单位违反国家财经纪律，违规经营的现象并未杜绝，与集团公司反复强调的法制化、规范化管理要求仍然存在很大差距。有的单位私设“小金库”、账外账，编制虚假工程，人为调整消耗指标，截留收入利润，乱挤乱摊成本，关联交易很不规范等。有的违纪金额较大，问题性质还很严重。二是部分单位计划和预算指标完成存在较大差距。

第四，核心竞争力有待加快培育和壮大。一是前期规划形成的布局和结构，要加快推进，尽快形成电力生产力，形成规模和结构优势。二是集团公司组建以来，坚持不懈为之实践的，符合集团公司特点和适应市场化要求的，在继承旧体制的历史遗产同时开辟未来的专业化、集约化的管理模式，要进一步实践并完善，破中求立，立中完备。三是在稳步向电力相关产业延伸发展的多元化和成员单位组织形式的多样性格局中，实现条条块块的紧密结合。四是做到任何内部资源，都不会成为公司增长和发展的“瓶颈”。

同时，我们也有许多有利条件:

第一，国民经济仍将保持快速发展，用电需求也会继续呈现旺盛的局面。随着国家宏观经济调控措施逐步到位，我们有理由相信，煤、电、油运供求紧张的局面将得到缓解。同时，集团公司的辽宁和海阳核电项目、黄河水电基地、蒙东等煤电基地已经纳入国家能源中长期发展规划，新的产业政策为集团公司发展提供了广阔的空间，面临难得的发展机遇。

第二，改革逐步深入。电力市场监管力度正在加大，“三公”的市场环境将逐步形成。国有企业改革继续深化，建立现代企业制度、分离企业半社会职能、推进主辅分离的配套措施已经或正在到位。内部改革全面展开，职工对改革的承受能力正在增强。曾经困扰集团公司的黄河公司资产债务重组、价格税收问题等突出困难和矛盾已经或正在得到解决。

第三，集约化、专业化管理体制格局初步形成。工程分公司、运行分公司、资金结算管理中心、新型燃料管理体制的作用已经显现。比较而言，集团公司成本利润率居于较高水平，成本竞争优势正在逐步形成。

我们要视变化为机遇，善于变中求胜。集团公司组建以来的工作，充分体现了在追求变革的同时，敢于引领变革。要树立信心和勇气，不被暂时的困难所吓倒，把握主要矛盾，积极主动地趋有利于企业健康成长之利，避妨碍经济效益提高和国有资产保值增值之害，采取更加有力的措施，努力做好下半年的工作。

三、振奋精神，迎难而上，完善措施，狠抓落实，继续坚持以增收节支、业绩评估、改革创新推动重点工作开展，确保全年任务完成

1．加强安全生产管理，保证发电设备安全、稳定、经济运行

切实落实安全生产责任制。进一步贯彻落实党中央、国务院关于加强电力安全生产工作的指示精神和集团公司的要求，坚持“安全第一，预防为主”的方针不动摇。认真学习集团公司安全政策声明，牢固树立“任何事故都是可以避免的”安全管理理念，践行对社会的庄严承诺。认真吸取川东特大井喷等事故的沉痛教训，落实各级安全生产责任制，切实把安全生产工作做细致、做扎实、做深入。

确保迎峰度夏和防洪度汛安全。当前，正值迎峰度夏、防洪度汛的关键时期，要克服松懈麻痹思想，以高度的政治责任感和严谨科学的工作态度，完善各项组织措施和技术措施，保持与电网调度部门的紧密联系，密切关注汛情的变化，认真做好应急预案。水电厂和有水电工程建设的单位，要保持与防洪部门的密切接触，认真做好主汛期防汛检查，确保安全工作万无一失。

确保体制改革过程中安全生产局面的稳定。做好运行、检修和辅业分离体制改革过程中的安全管理工作，务必做到责任落实、措施得力、监督到位。

加强设备运行和检修管理。发生机组非计划停运的单位，要认真分析原因，在设备检修、运行管理和技术监督等方面采取有力措施，提高设备可靠性，经得起高负荷下安全稳定运行的考验。针对当前煤质下降的实际，要做好运行分析和燃烧调整，提高运行效率，最大限度地减少非计划停运。

做好新机投运准备工作。下半年，公伯峡1#、2#机组，碗米坡3#机组，景德镇扩建机组和洪泽热电机组都将陆续按计划投产，要做好相关准备工作，保证新投产机组安全稳定运行。

2．以市场为导向，有重点地推进市场营销

加强燃料管理。密切跟踪煤炭市场变化，加强与煤炭、运输、电网和其他发电企业的协

调，发挥区域燃料公司的作用，全面加强煤炭量、质、价的管理，严格执行集团公司燃料供应预警和价格协调制度，确保发电用煤的连续稳定供应和合理库存，努力抑制煤价进一步上升。东北地区的电厂要继续做好霍林河煤炭掺烧工作。

努力开拓市场。江西、东北、河南地区的电厂，要充分发挥现有发电能力，尽快扭转发电量增长低于市场用电量增长的局面。上海地区的电厂要加强与电网企业和政府部门的沟通和联系，确保年度发电量计划完成。各水电厂要密切关注水情变化，合理调度，提高水能利用率。

全面落实电价政策。已经出台的电价政策要确保执行到位。积极配合国家发改委、电监会组织开展的全国电力价格专项检查，确保电价“三统一”政策的落实，防止压低或变相降低上网电价，纠正对发电企业的不合理收费，促进电力市场的规范运作。

完善区域市场竞价的各项准备。在区域电力市场模拟运行基础上，掌握规则，熟悉模式，适应监管，研究市场，了解同行，完善策略，实现增供扩销、增产增收。

加大电热费回收力度。随着内部电厂价格独立和资金市场变化，预计电热费回收难度将会加大。此项工作必须常抓不懈，不要把矛盾积累到年底，确保正常的资金周转。

3．进一步加强经营管理，巩固和扩大经营成果

严格控制成本。按照“增收节支50条要求”，继续严格控制生产成本、经营成本、管理成本、发展成本和改革成本，抓住每项成本控制的关键环节和关键因素，把成本控制落到实处。要把燃料成本的管理放到突出位置，防止固定成本“前低后高”。

继续疏导电煤价格矛盾。积极争取新的价格政策，努力实现燃料成本的收支平衡，缓解生产经营的严峻局面。各供热单位要立足于热力价格在当地突破，扭转热力连年亏损局面。

狠抓扭亏增盈。集团公司决定全部亏损企业在两年内都要彻底实现扭亏为盈。扭亏增盈是开展“增收节支年”活动的重要内容。要不因当前遇到的特殊困难而气馁，扭亏决心不变，扭亏目标不变。从加快老厂发展、深化内部改革、挖掘管理潜力、用好国家政策四个方面，推进扭亏增盈。

加强现金流量管理。资金结算管理中心应该成为集团公司的“司库”，围绕这一目标，进一步完善资金集中管理体系，巩固银行账户清理成果，加大资金集中管理力度，加强资金监管，继续发展好内部资金市场，加强资金运作，满足生产经营和发展资金需求，为下一步财务公司的运作奠定基础。巩固上半年财务费用大幅降低的成果，确保对利润的贡献不滑坡。

完成清产核资。在上半年财务清理、资产清查基础上，完成下一步损益认定、资金核实等工作，认真处理历史遗留问题，全面执行新的企业会计制度。努力完成厂网分开改革的资产财务接收工作。

加强工程造价管理。发挥“标杆电价”机制对工程成本的约束作用，按社会平均成本衡量工程建设成本，塑造成本竞争优势。坚持从严格审查初步设计、落实执行概算、优化设计和施工方案入手，严格控制工程造价。

加强监督检查成果的运用。切实抓好审计监督、效能监察、财务整顿、业绩评估中发现问题的整改落实。进一步规范关联交易，真实核算收入和生产、工程成本，杜绝人为调整指

标的行为。重视和加强财务管理基础工作。

4．加快前期工作，确保开工投产，尽快形成生产能力

确保计划投产项目按期投产。公伯峡、景德镇和碗米坡项目能否按期投产，是完成全年基本建设目标的关键。要重点推动，及时解决实际工作中遇到的问题，保证新增 134.1 万千瓦装机目标的全面实现。

确保前期工作及时推进。计划开工的 11 个项目，大部分进入开工报批准备阶段，任务很重，不能有丝毫松懈。平圩项目一定要保证按期开工，贵溪、分宜、漕泾项目要尽快落实开工的九项条件，新乡、平东、永济项目要加紧催批可研报告，同时做好其他开工条件的落实工作。争取开工的 12 个项目，要加快前期报批和施工准备，力争尽早开工建设。进一步加快核电、煤电基地等项目的前期工作步伐。

确保建设资金的需要。要安排好资本金的平衡，优化融资方案，兼顾满足资金需求和降低资金成本。加快项目公司组建，为落实融资创造条件。

5．推进资产重组和资本运作，扩张经济规模和提高盈利能力

在上半年完成吴泾六期资产并购的基础上，围绕核心资产扩张、较高经济回报、市场份额拓展和资源整合，下半年重点抓好四个方面：一是完成与霍煤集团的资产重组，结合解决黄河公司不合理的资产债务结构，推动黄河上游的重组。二是继续推进中电国际海外上市。三是完成财务公司购并。四是完成鲤鱼江的重组和开封发电股权的收购。同时，研究出售淘汰不具备控制力的发电股权，努力推进“一厂多制”问题的逐步解决。

6．落实改革的各项配套措施，促进深化内部改革

要解决集团公司深层次的问题和矛盾，完善形成符合市场要求和集团公司特点的管理模式，破除旧体制的弊端，必须走深化改革和专业化、集约化管理之路。

落实好各项配套措施。一是建立新体制下发电、检修和辅业公司的安全管理模式、安全责任体系，建立与之相适应的各项制度。二是建立和完善新体制下的劳动分配关系、财务关系、结算关系，促进新机制的形成。三是建立和完善与燃料、工程、运行、检修、物资等专业化、集约化管理相适应的、与改革目标相统一协调的财务经济关系。

落实委托管理责任。为优化区域资源配置，集团公司调整了三级管理构架，三项责任制考核相应调整。二级单位要切实承担起在安全生产、经营管理和发展建设上的委托管理责任，各项工作尽快到位。

实践以“一元化”管理“多元化”。通过进一步整合内部资源，坚持统一的战略布局、统一的企业文化、统一的规范标准、统一的业务流程、统一的财务审计控制、统一的考核评价、统一的人力资源开发机制、统一共享的信息资源，以及“策划、程序、修正、卓越”的精神，实现以“一元化”管理“多元化”。

7．加大监督力度，促进企业依法经营和健康发展

完善监督体系。建立健全财务监督、审计监督、派出董事监事和财务总监、纪检监察和法律监督各自履行职责、并相互协作配合的监督管理体系，构筑防范经营风险的防线。

建立和完善审计监督机制。建立专业审计队伍与特聘审计队伍相结合，内部审计力量与

借助外部中介审计相结合，审计监督与其他监督相结合，以自上而下的审计为主并与各单位自我监督相结合的审计监督机制。集团公司决定：在当前深化内部改革过程中，各单位必须保持一支必需的专业审计力量。到明年年底，完成对系统内各单位的第一轮审计。对不具备上岗资格要求的审计人员，限期调离审计工作岗位，也不能从事财务岗位的工作。

继续开展财务整顿。财务整顿工作延续到年底，整顿重点不变。要以对组织负责、对企业负责、对员工负责、对个人负责的态度，不走过场，务求收到实效。衡量各单位财务整顿工作成效的手段是内外部审计、检查。

坚持标本兼治，从源头治理。集团公司决定：各单位成立的完全依赖主业的力量、承揽主业咨询业务、皮包公司性质的科协、技协等单位，一律限期撤销；车间、班组在银行设立的账户一律限期清理撤销；对审计发现的难以在规范管理的条件下经营的以职工持股等形式进行的增容改造项目，限期由各单位主业自有资金安排收购。各单位都要结合审计意见和财务整顿结果，研究从源头上治理，彻底解决问题。

建立责任追究制度。对顶风违纪、明知故犯、性质严重、数额巨大的违规违纪问题，按国家和集团公司的规定，追究责任人的责任。

同志们，今年是集团公司深化改革、加快发展的重要一年。全年各项任务目标不变。让我们在集团公司党组的正确领导下，坚持以“三个代表”重要思想为指导，认真贯彻落实党中央、国务院一系列重大决策和部署，求真务实，艰苦奋斗，全面完成全年各项工作任务，为国民经济发展和社会进步做出不懈努力！

简评：本例文的经济活动分析报告，针对××电力集团公司上半年的生产经营活动，通过大量的数据，进行了较为详实的分析，指出了××集团公司上半年生产经营活动中存在的问题，以及取得的成就。并根据未来的经济形势变化，部署了下一阶段的工作重点。报告采用大量的数据，分析条理清晰。总之，这是一篇数据丰富，逻辑合理，具有很强的实用性的经济活动分析报告。

思考与练习

1．经济活动分析报告的基本结构及写作要求是什么？

2．企业经济活动分析主要有哪几种方法？

第十二章　审计报告

本章学习要点与要求：

本章主要阐述了审计报告的相关知识。学习要点有：审计报告的概念、特点、分类和作用；审计报告的基本结构、具体写作要求及注意事项；审计报告的范例及其评析。通过本章的学习，要求理解审计报告的含义和特点；掌握审计报告的分类、基本结构、写作要求及注意事项；在分析范例的基础上，能够熟练而准确地写作各类审计报告。

第一节　审计报告概述

一、审计报告的概念

审计是由国家独立的专门机构和人员依法对被审计单位的财务状况、经营成果及其是否遵守财经法纪等方面或者对某个特定事项是否符合相关规定所进行的监督活动，是综合评价被审计单位财务的真实性、合法性和效益性或者被审计特定事项的合规性、合法性的活动。审计工作一般由上级财务主管部门、审计部门或接受委托的会计师事务所担当。

审计报告是审计机构实施审计后，对被审计单位的财政收支、财务收支的真实、合法、效益发表审计意见或者对被审计事项的合规性、合法性发表审计意见的书面文书。

审计报告是审计人员对审计过程和审计结果的一次全面总结，能够全面反映被审计单位或被审计事项的情况，因而可以作为有关机关或部门提出审计结论，做出处理决定的主要依据，同时它也是衡量一项审计工作的完成状况和质量的基本凭证。

二、审计报告的特点

作为经济监督活动的书面报告，审计报告的特点可归纳为以下几点：

（一）公正性

审计人员受国家审计机关的指派或其他单位的委托，以独立的第三者的身份执行审计任务，既要对委托者负责，而且也要对一切审计报告的使用者、与被审计单位财务活动有关的各个方面负责。审计人员在遵循相应的审计原则和审计规范的前提下，客观公允地分析和评价被审计单位的经营管理情况，并在不受任何其他意见干扰影响的情况下得出审计结论，如实撰写审计报告。因此，审计人员出具的审计报告具有客观公正性。

（二）权威性

审计报告是审计人员对被审计单位的财务状况、经营成果和资金增减变动情况发表独立、客观、公正的审计意见的载体，受到审计报告各方使用者的普遍认可和接受。审计机关、委托单位及其他的审计报告使用者可以通过审计报告了解被审计单位或个人的实际情况，做出各自不同的处理决定，如相应的行政处理、法律裁决、投资决定等行为。因此，审计机关和审计人员的独立性和公正性保证了审计报告的可信度，同时也决定了审计报告的权威性。

（三）总结性

审计报告是审计人员反映审计过程及其审计结果的一种文字材料。审计人员在收集大量相关资料的基础上进行整理归纳、分析研究，最后得出结论并撰写为审计报告的形式来反映审计意见，总体评价被审计单位的财务状况、经济效益、经营管理等情况，是对整个审计工作的全面总结。因此，审计报告具有总结性。

三、审计报告的分类

审计报告因审计的范围、对象、组织等不同而有着不同的分类标准。一般说来，最常见的审计报告的划分种类包括以下几种：

（一）按照审计的范围可分为综合审计报告和专项审计报告

综合审计报告是对被审计单位全部财务工作或经济效益审计结果所写的审计报告，一般应反映全部经济活动指标的审计结果。

专项审计报告是对财务工作的某个方面或影响经济效益的个别指标进行审计，也包括对某个特定事项进行专门审计形成的报告。

（二）按照审计报告使用的目的可分为公布目的的审计报告和非公布目的的审计报告

公布目的的审计报告一般用于对企业股东、投资者、债权人等非特定利益关系者公布的附送会计报表的审计报告。

非公布目的的审计报告一般用于经营管理、合并或业务转让、融通资金等特定目的而实施审计的审计报告。这类审计报告是分发给特定使用者的，如经营者、合并或业务转让的关系人、提供贷款的金融机构等。

（三）按照审计实施主体可分为政府机关审计报告、独立审计报告（民间审计报告）和内部审计报告

（四）按照审计报告的详略程度可分为简式审计报告和详式审计报告

简式审计报告，又称短式审计报告。它是指注册会计师对应公布的会计报表进行审计后所编制的简明扼要的审计报告。简式审计报告反映的内容是非特定多数的利害关系人共同认

为必要的审计事项，它具有按法令或审计准则规定记载事项的特征，具有标准格式。因而，简式审计报告一般适用于公布目的，具有标准审计报告的特点。

详式审计报告，又称长式审计报告。它是指对审计对象所有重要的经济业务和情况都要做详细说明和分析的审计报告。详式审计报告主要用于指出企业经营管理存在的问题和帮助企业改善经营管理，故其内容要较简式审计报告丰富得多、详细得多。详式审计报告一般适用于非公布目的，具有非标准审计报告的特点。

（五）按照中国注册会计师协会印发的《中国注册会计师独立审计准则》可分为标准审计报告和非标准审计报告

标准审计报告是指不含有说明段、强调事项段、其他事项段或其他任何修饰性用语的无保留意见的审计报告。其中，无保留意见是指当注册会计师认为财务报表在所有重大方面按照适用的财务报告编制基础编制并实现公允反映时发表的审计意见。包含其他报告责任段，但不含有强调事项段或其他事项段的无保留意见的审计报告也被视为标准审计报告。

非标准审计报告，是指带强调事项段或其他事项段的无保留意见的审计报告和非无保留意见的审计报告。非无保留意见的审计报告包括保留意见的审计报告、否定意见的审计报告和无法表示意见的审计报告。

无保留意见是指注册会计师对被审计单位的会计报表，依照《中国注册会计师独立审计准则》的要求进行检查后认为会计报表的反映是公允的，能满足非特定多数的利害关系人的共同需要，并对发表的意见负责。无保留意见也是被审计单位最希望获得的审计意见，可以使审计报告的使用者对被审计单位采用的财务状况、经营成果和现金流量具有较高的信赖水平。

保留意见是指注册会计师对会计报表的反映有所保留的审计意见。一般是由于某些事项的存在（如会计政策的选用、会计估计的做出或会计报表的披露不符合国家颁布的《企业会计准则》和相关会计制度的规定，虽影响重大，但不至于出具否定意见的审计报告；因审计范围受到限制，无法获取充分、适当的审计证据，虽影响重大，但不至于出具无法表示意见的审计报告），使无保留意见的条件不完全具备，影响了被审计单位会计报表的表达，因而注册会计师对无保留意见加以修正，对影响事项提出保留意见，并表示对该意见负责。

否定意见是指与无保留意见相反，当未调整事项、未确定事项等对会计报表的影响程度超出一定范围，以致会计报表无法被接受，被审计单位的会计报表已失去其价值时，注册会计师应提出会计报表无法公允地反映被审计单位财务状况、经营成果和现金流量的审计意见。

无法表示意见是指注册会计师说明其对被审计单位的会计报表不发表意见，即对会计报表不发表包括肯定、否定和保留的审计意见。

四、审计报告的作用

审计报告的作用从根本上说是由审计的职能决定的，也是审计职能的重要体现。它集中表现在以下几个方面：

（1）审计报告是审计报告的使用者做出相应结论和处理决定的重要参考依据。审计报告可以及时反映被审计单位的情况和存在的问题，及时报告审计结果，国家机关及有关部门可以根据审计报告及时做出处理决定；财政、税务、工商、金融、物价等综合经济管理部门可以通过审计报告了解各自监督管理过程中存在的问题及薄弱环节，改进部门管理工作；被审计单位可以通过审计报告揭示出自身经营管理中存在的问题，正确看待自身的生产经营活动，不断提高经营管理水平，强化自身的经济水平和竞争能力。

（2）审计报告有利于保护被审计单位的投资者、债权人等相关利害关系者的利益。审计报告能够真实、合法、公允地反映被审计单位的财务运行状况和经营成果，为会计信息的使用者提供准确可靠的数据信息，这在一定程度上起到保护被审计单位的财产债权人、股东的权益及企业利害关系人的利益的作用。

（3）审计报告是检验和衡量审计人员业务水平、审计工作质量的重要手段。审计报告是审计人员对审计任务完成情况及其结果所做的总结，通过它可以检查审计工作任务的完成情况，如在审计过程中是否实施了必要的审计程序，是否以审计工作底稿为依据发表审计意见等，同时它还可以衡量审计人员业务水平和工作质量的高低，推动整个审计水平的提高。

第二节　审计报告的基本结构及其写作

一、审计报告的基本结构

审计主体的不同以及审计涉及的内容十分广泛的特点决定了审计报告的结构多种多样，本章只介绍国家机关审计报告的格式和内容以及独立审计报告的格式和内容。

（一）国家机关审计报告的格式和内容

2010 年 9 月 1 日《中华人民共和国审计署令》（第 8 号）发布了《中华人民共和国国家审计准则》，要求自 2011 年 1 月 1 日起在审计署机关及派出、派驻机构试行。该准则对审计报告的格式和内容做了明确的规定。依照第一百二十二条，审计报告包括下列基本要素：

（1）标题；

（2）文号（审计组的审计报告不含此项）；

（3）被审计单位名称；

（4）审计项目名称；

（5）内容；

（6）审计机关名称（审计组名称及审计组组长签名）；

（7）签发日期 （审计组向审计机关提交报告的日期）。

依照第一百二十三条，审计报告的主要内容包括：

（1）审计依据，即实施审计所依据的法律法规规定；

（2）实施审计的基本情况，一般包括审计范围、内容、方式和实施的起止时间；

（3）被审计单位基本情况；

（4）审计评价意见，即根据不同的审计目标，以适当、充分的审计证据为基础发表的评价意见；

（5）以往审计决定执行情况和审计建议的采纳情况；

（6）审计发现的被审计单位违反国家规定的财政收支、财务收支行为和其他重要问题的事实、定性、处理处罚意见以及依据的法律法规和标准；

（7）审计发现的移送处理事项的事实和移送处理意见，但是涉嫌犯罪等不宜让被审计单位知悉的事项除外；

（8）针对审计发现的问题，根据需要提出的改进建议。

审计期间被审计单位对审计发现的问题已经整改的，审计报告还应当包括有关整改情况的说明。

经济责任审计报告还应当包括被审计人员履行经济责任的基本情况，以及被审计人员对审计发现问题承担的责任。

核查社会审计机构相关审计报告发现的问题，应当在审计报告中一并反映。

（二）独立审计报告的格式和内容

由中国注册会计师协会印发的《独立审计具体准则第 7 号——审计报告》，明确规定了独立审计报告的格式和内容。

1. 标题

审计报告的标题统一规范为“审计报告”。

2. 收件人

审计报告的收件人是指注册会计师按照业务约定书的要求致送审计报告的对象，一般是指审计业务的委托人。审计报告应当按照审计业务的约定载明收件人的全称。收件人应写全称，如“××股份有限公司”、“××有限公司董事会”等。

3. 引言段

审计报告的引言段主要说明的内容包括：指出被审计单位的名称；说明财务报表已经审计；指出构成整套财务报表的每一财务报表的名称；提及财务报表附注（包括重要会计政策概要和其他解释性信息）；指明构成整套财务报表的每一财务报表的日期或涵盖的期间。

4. 管理层对财务报表的责任段

审计报告应当包含标题为“管理层对财务报表的责任”的段落，用以描述被审计单位中负责编制财务报表的人员的责任。管理层对财务报表的责任段应当说明编制财务报表是管理层的责任，这种责任包括：（1）按照适用的财务报告编制基础编制财务报表，并使其实现公允反映；（2）设计、执行和维护必要的内部控制，以使财务报表不存在由于舞弊或错误导致的重大错报。

5. 注册会计师的责任段

审计报告应当包含标题为“注册会计师的责任”的段落。注册会计师的责任段应当说明下列内容：注册会计师的责任是在执行审计工作的基础上对财务报表发表审计意见；注册会计师按照《中国注册会计师审计准则》的规定执行了审计工作；审计工作涉及实施审计程序，以获取有关财务报表金额和披露的审计证据；注册会计师相信获取的审计证据是充分、适当的，为其发表审计意见提供了基础。

6. 审计意见段

审计报告的意见段集中反映注册会计师对已审计会计报表等财务账目的意见，主要内容包括：会计报表的编制是否符合《企业会计准则》及国家其他有关财务会计法规的规定；会计报表在所有重大方面是否公允地反映了被审计单位资产负债表的财务状况和所审计期间的经营成果、资金变动情况；会计处理方法的选用是否符合一贯性原则。

如果注册会计师出具保留意见、否定意见或无法表示意见的审计报告，则应在意见段之前增加说明段，清楚地说明所持意见的理由和对会计报表反映的影响程度。

7. 注册会计师的签名和盖章

审计报告应当由注册会计师签名并盖章。注册会计师在审计报告上签名并盖章，有利于明确法律责任。

8. 会计师事务所的名称、地址和盖章

审计报告应当载明会计师事务所的名称和地址，并加盖会计师事务所公章。根据《中华人民共和国注册会计师法》的规定，注册会计师承办业务，由其所在的会计师事务所统一受理并与委托人签订委托合同。因此，审计报告除了应由注册会计师签名和盖章外，还应载明会计师事务所的名称和地址，并加盖会计师事务所公章。如果注册会计师在审计报告中载明会计师事务所地址时，标明会计师事务所所在的城市即可。

9. 报告日期

会计报告日期一般指注册会计师完成外勤审计工作的日期。审计报告日不应早于注册会计师获取充分、适当的审计证据（包括管理层认可对财务报表的责任且已批准财务报表的证据），并在此基础上对财务报表形成审计意见的日期。

二、审计报告的写作要求

（一）掌握审计报告的写作程序

第一步，整理和分析工作底稿相关资料。审计工作底稿是撰写审计报告的基础。在审计实施过程中，审计人员收集、记录了大量资料，但大多是分散的、不系统的。审计人员首先应根据委托审计的内容、范围和要求将相关的资料按照不同的类别进行系统的整理和分析，列举审计中发现的问题，理清脉络，反复筛选，使审计资料条理化、系统化。

第二步，审计人员要逐项认真研究核实审计资料。一要查看是否完成审计任务，审计工作方案是否全部执行；二要对审计发现的问题进行核实，包括证据是否完整可靠，数据是否真实，手续是否齐全，问题是否清楚等。审计人员对审计工作底稿做出综合结论，形成书面记录。

第三步，提请被审计单位调整和披露。在整理分析审计工作底稿、核实审计资料的基础上，向被审计单位通报审计情况、初步结论、应调整会计报表的事项以及应在会计报表附注中予以披露的事项，提请被审计单位加以调整和披露。如审计报告用于对外公布目的，除被审计单位会计报表不需调整外，审计人员应在递送审计报告时后附被审计单位调整后的会计报表。

第四步，编制和出具审计报告。审计人员在整理分析审计工作底稿和要求被审计单位调整会计报表，对会计报表附注做出适当披露，并根据被审计单位对审计建议的采纳情况确定审计报告的类型和措辞后，应拟订审计报告提纲，概括和汇总审计工作底稿所提供的资料。审计报告初稿最后由派出审计机关单位领导或审计会议审定。在审定审计报告时，同样应充分考虑被审计单位的意见，之后，正式签发并出具审计报告。

（二）撰写审计报告的基本原则

1. 内容与目的一致

审计报告的内容与审计的目的一定要一致。审计报告的内容是对审计工作的总结，因此，在审计工作的程序中，首先要明确审计的特定目的，即要解决的核心问题是什么。之后，根据特定目的制定审计方案。执行完成以后，编制审计报告时应该重新查看审计方案是否完善，核实需解决的问题是否已经查清，目的是否达到。

2. 内容要真实可靠

审计报告内容的真实可靠取决于两个因素：一是审计过程中所依据的资料要真实可靠，要求收集审计证据时获得的相关数字和事实，必须经过反复核实后才能作为审计的证据；二是出具审计意见时必须依法做出结论，如实地反映事物的本来面貌，是什么就是什么，绝不能以权代法、以情代法。以事实说话，才能使审计报告的公正性得以实现。

3. 内容要全面完整

审计的内容要全面反映审计过程中发现的问题。审计报告所列事实必须具有充分性，应足以支持审计意见的形成。与审计目的紧密联系的主要问题，编制审计报告时应重点反映，涉及次要问题的材料，可采用综合、概括的方式处理。

三、审计报告的注意事项

1. 格式要规范，用词要恰当

首先要根据形成的审计意见选择恰当的审计报告类型来撰写；其次，陈述时用词要准确，数据要精确，依据的法规、政策要明确，不能有丝毫的差错。特别是结论性、关键性的语句，一定要字斟句酌，运用准确。例如，是“完全属实”还是“基本属实”，是“偷税”还是“漏税”，诸如此类的表述一定要清楚。

2. 评价要公正，建议要可行

根据审计过程中掌握的审计证据，要客观地评价被审计单位，写作时要旗帜鲜明地表明审计人员的态度，要针对实际情况和具体问题进行分析和评价。对被审计单位提出的意见或建议要切实可行，不能忽视被审计单位的具体情况，提出过高的要求。

3. 重点要突出，详略要得当

审计中查出的问题一般较多，大事小事均有，在撰写审计报告时，要求完整具体，详略得当。分清主次和先后关系，突出重点，抓住主要矛盾和矛盾的主要方面，切忌冗长繁杂。

第三节 例文简评

例文 1：

××审计厅关于××同志
任期经济责任审计结果报告[①]

××省人民政府:

根据《领导干部任期经济责任审计委托书》(×组委字[2000]1 号)，我厅于 2000 年 8 月 1 日至 9 月 26 日对××集团有限公司原董事长、总经理××同志任职期的经济责任进行了就地审计，现将审计结果报告如下:

一、基本情况

××集团有限公司是 1997 年 1 月在××厂基础上改制成立的，集团公司成立后，于 1998 年 4 月控股组建了××钢丝绳股份有限公司，形成目前以钢丝绳股份公司（上市公司）为龙头的 6 个控股公司和 8 个下属集体企业，实现了现代企业制度的管理模式。职工人数为 5 680 人。

××同志 1992 年 8 月任厂长，1997 年 3 月企业改制后任集团公司董事长、总经理并兼任钢丝绳股份公司董事长职务。

经审计核实，截至 1999 年 12 月 31 日，企业的资产负债损益情况如下: 资产总额 112 776 万元; 负债总额 64 466 万元; 股东权益 48 310 万元，其中少数股东权益 16 330 万元，未分配利润-341 万元。

自××同志 1992 年任厂长以来，企业总资产由 27 316 万元增长到 112 776 万元，增长了 312%，主要产品产量由 8.9 万吨增长到 13.8 万吨，增长了 55%，所有者权益由 1993 年 12 900 万元增长到 48 310 万元，增长了 274.5%。

根据审计安排，这次主要审计了 1997—1999 年三个年度的资产、负债、利润，情况如下。

（一）经济指标完成情况

1. 利润目标责任完成情况

1997 年目标利润 500 万元，实现利润 612 万元，超额完成 22.4%; 1998 年目标利润 600 万元，实现利润 1 635 万元，超额完成 172.5%; 1999 年目标利润 2 000 万元，实现利润 2 448 万元，超额完成 22.4%。

2. 销售收入目标责任完成情况

1997 年目标销售收入上级未下达考核指标，实际完成 38 069 万元; 1998 年目标销售收

[①] 《实用审计应用文写作》编写组:《实用审计应用文写作》，中国时代经济出版社 2002 年版。

入 38 000 万元，实际完成 39 778 万元，超额完成 4.7%；1999 年目标销售收入 41 000 万元，实际完成 42 634 万元，超额完成 4%。

3. 工业增加值目标责任完成情况

1997 年上级未下达考核指标；1998 年工业增加值目标 8 600 万元，实际完成 9 183 万元，超额完成 6.8%；1999 年工业增加值目标 10 000 万元，实际完成 10 049 万元，超额完成 0.5%。

4. 实现利税情况

1997 年实现利税 2 437 万元，1998 年实现利税 3 463 万元，比上年增加 42%；1999 年实现利税 4 426 万元，比上年增加 27.8%。

5. 资产保值增值情况

1997 年年末股东权益为 21 792 万元，1998 年年末股东权益为 47 434 万元，资产保值增值率为 217.7%（其中上市募集资金 2.16 亿元，如剔除该因素实际保值增值率仍高达 118.55%）；1999 年年末股东权益为 48 310 万元，资产保值增值率为 101.85%。

6. 工资总额情况

1997 年工资总额 3 845 万元；1998 年工资总额 4 243 万元，比上年增加 10.4%；1999 年工资总额 4 554 万元，比上年增加 7.33%。

7. 人均年收入情况

1997 年人均年收入 6 891 元；1998 年人均年收入 7 556 元，比上年增长 9.7%；1999 年人均年收入 8 158 元，比上年增长 8%。

从上述指标完成情况看，公司各项指标均呈现上升趋势，特别是公司改革和重组带来的经济效益是显而易见的。

（二）重大经济决策情况

此次审计，我们对公司重大的投资项目进行了审计。截至 1999 年年末，公司长期投资 8 个单位（含内部下属投资），金额 18 789 万元，除 1993 年 5 月给××公司投资 150 万元股金，至今无法收回，可能造成损失外，其他投资项目均有收益。1997—1999 年共计获得投资收益 7 625 万元。除对本公司下属投资收益外，三年对外投资年平均收益率为 22%。

1997—1999 年××钢铁集团公司利用上市公司募集 2.16 亿元资金，进行技术改造和扩建工程，经审计，承诺投资项目与实际投资项目一致，具体项目投资情况如下：

（1）完成收购日本“黑予还流”周转再贷款增产异型股钢丝绳改造项目，计划投资 11 706.3 万元，实际投资 11 706.3 万元，项目完成进度 100%，使公司新增主营业务利润 1 200 万元。

（2）完成兼并××冶金建设公司项目，计划投资 493 万元，实际投资 493 万元。1999 年该公司已扭亏为盈，实现利润 350 万元。

（3）完成 5 500 吨索道钢丝绳技术改造项目，计划投资 4 227 万元，实际投资 3 828.3 万元。1999 年该公司已扭亏为盈，项目完成进度 100%，比计划投资节约 398.7 万元，已通过竣工验收。

（4）完成 1 万吨柔性抽油杆技术改造项目，计划投资 4 960 万元，实际投资 4 980.22 万元，项目完成进度 100%，比计划投资增加 20.22 万元，中试项目通过国家级鉴定验收。该项目科技含量为国家级新产品，已获国家发明和新型实用两项专利。

（三）债权债务情况

截至 1999 年年末，集团公司和股份公司共欠缴各种税金 633.14 万元。应收××账款三年以上账龄的有 2 028.7 万元，占应收账款总额的 8.6%。其他应收账款三年以上账龄的有 179.8 万元，占其他应收账款总额的 0.97%。应付账款三年以上账龄的有 15.8 万元，占应付账款总额的 0.35%。其他应付账款三年以上账龄的有 18.9 万元，占其他应付账款总额的 3.9%。预计形成呆账、坏账的有 257 万元，占应收账款总额的 1.1%。

二、审计查出的主要问题及处理意见

（一）股份公司 1999 年收上海××线材公司质量赔偿款，少实现当年利润 21.57 万元。根据《中华人民共和国所得税暂行条例》的规定，应补缴企业所得税 7.11 万元。

（二）下属运输公司 1999 年给股份公司开具的索道绳项目运费内部收据金额 44.6 万元，未作运输收入。根据《中华人民共和国营业税暂行条例》的规定，应补缴各项税金 1.47 万元，并调增利润 43.13 万元。与 1999 年汽运公司实现利润-1.2 万元相抵后，当年应实现利润 41.93 万元。根据《中华人民共和国所得税暂行条例》，补缴企业所得税 13.18 万元。

（三）下属子公司进出口公司，1999 年销售钢丝绳未做销项税额 3.83 万元。根据《中华人民共和国增值税暂行条例》的规定，应补缴各项税金 4.21 万元。

以上问题已在×审决经〔2000〕137 号、〔2000〕39 号、〔2000〕125 号作了处理。

此次审计未发现××本人拖欠公款及公用物品行为，也未发现个人经济问题。

审计期间，我们向企业职工公布了举报联系电话，并召开了部分职工座谈会，无职工反映问题。

三、审计评价

审计结果表明，××同志任期内的会计资料基本真实地反映了年度财务收支情况；财务收支基本符合财经法规的规定，能够依法有序地进行，公司内部控制制度比较健全、适用，有一套比较完整的企业管理方法和运行程序。

××同志在任职期间，能够积极贯彻《中华人民共和国公司法》，进行现代企业制度的试点工作，执行股东大会制度，履行董事会职权。企业连续五年被政府评为经济效益最佳企业之一，先后完成了六项认定与评审工作，实现企业资产保值增值，销售收入和利润逐年增加，效益较好。

但是，集团公司在经营管理上，仍然存在着一定的薄弱环节。尤其今年来，企业改组改制较快，部分配套管理措施没有跟上，下属个别单位的会计核算没有理顺。这些情况尽管受客观因素影响，但作为董事长和总经理应负一定的领导责任。

以上审计情况，根据《中华人民共和国审计法》及有关规定，已以×审经〔2000〕1 号文件，下达了审计意见书。

×××审计厅

2000 年×月×日

简评：这是一份离任审计报告。主要由前言、基本情况、查出的主要问题及处理意见、审计评价四个部分构成。前言部分介绍了此次审计工作的依据、时间、范围和内容。基本情况部分首先介绍了被审计人所在单位即××集团有限公司的情况，包括公司规模、被审人的领导地位、从任职起至 1999 年年末的公司财务的大致情况，使人对该公司有一个宏观上的了解；之后，将审计情况分别从经济指标完成情况、重大经济决策情况及债权债务情况三个方面进行了陈述。查出的主要问题及处理意见部分依次分条列示，并单独指出没有发现人们比较敏感的个人经济问题。处理意见有理有据，易于被接受。最后一部分为审计评价，从正反两方面客观地对审计结果进行了评价。全文格式规范，重点突出，内容真实具体。

例文 2：

审计报告

××京审字〔2013〕第××号

××（股份）有限公司全体股东：

我们审计了后附的××（股份）有限公司（以下简称“贵公司”）财务报表，包括 2012 年 12 月 31 日的合并资产负债表和资产负债表，2012 年度的合并利润表和利润表、合并现金流量表和现金流量表、合并所有者权益变动表和所有者权益变动表以及财务报表附注。

一、管理层对财务报表的责任

编制和公允列报财务报表是贵公司管理层的责任。这种责任包括：（1） 按照中华人民共和国财政部颁布的《企业会计准则》的规定编制财务报表，并使其实现公允反映；（2） 设计、执行和维护必要的内部控制，以使财务报表不存在由于舞弊或错误导致的重大错报。

二、注册会计师的责任

我们的责任是在实施审计工作的基础上对财务报表发表审计意见。我们按照《中国注册会计师审计准则》的规定执行了审计工作。《中国注册会计师审计准则》要求我们遵守职业道德规范，计划和实施审计工作以对财务报表是否不存在重大错报获取合理保证。

审计工作涉及实施审计程序，以获取有关财务报表金额和披露的审计证据。选择的审计程序取决于注册会计师的判断，包括对由于舞弊或错误导致的财务报表重大错报风险的评估。在进行风险评估时，注册会计师考虑与财务报表编制和公允列报相关的内部控制，以设计恰当的审计程序。审计工作还包括评价管理层选用会计政策的恰当性和做出会计估计的合理性，以及评价财务报表的总体列报。

我们相信，我们获取的审计证据是充分、适当的，为发表审计意见提供了基础。

三、审计意见

我们认为，贵公司财务报表在所有重大方面按照中华人民共和国财政部颁布的《企业会计准则》的规定编制，公允反映了贵公司 2012 年 12 月 31 日的合并财务状况和财务状况、2012 年度的合并经营成果和经营成果以及合并现金流量和现金流量。

××会计师事务所（盖章）　　　　中国注册会计师（签名并盖章）

中国注册会计师（签名并盖章）

中国××市　　　　2013 年×月×日

简评：这是一份标准无保留意见的审计报告。标题为标准格式审计报告；收件人为委托人即××股份有限公司全体股东；正文由引言段、管理层对财务报表的责任和注册会计师的责任段以及最后的审计意见段构成。引言段指出了被审计的会计报表的名称、日期或涵盖的期间；管理层对财务报表的责任和注册会计师的责任段主要说明被审计单位管理当局和注册会计师各自的责任；意见段反映注册会计师对已审计会计报表等财务账目的无保留意见。出具无保留意见的审计报告时，一般以“我们认为”的术语作为意见段的开头，以表明本段内容为注册会计师提出的意见，并表示承担对该审计意见的责任。要注意不能使用“我们保证”等字样，因为注册会计师发表的是自己的判断或意见，不能对会计报表的合法性和公允性做出绝对保证，以避免会计报表使用人产生误解，同时也可明确注册会计师仅仅承担审计责任，而并不减轻被审计单位对会计报表所承担的会计责任。在对会计报表的反映内容是否公允提出审计意见时，应使用“在所有重大方面公允反映”的术语，因为人们已普遍认识到会计报表不可能做到完全正确和绝对公允，因此审计报告中不能使用“完全正确”、“绝对公允”等词汇，但也不能使用“大致反映”、“基本反映”等模糊不清、态度暧昧的术语。

例文 3：

审计报告

××京审字〔2013〕第××号

××（股份）有限公司全体股东:

我们审计了后附的××（股份）有限公司（以下简称“贵公司”）财务报表，包括 2012 年 12 月 31 日的合并资产负债表和资产负债表、2012 年度的合并利润表和利润表、合并现金流量表和现金流量表、合并所有者权益变动表和所有者权益变动表以及财务报表附注。

一、管理层对财务报表的责任

编制和公允列报财务报表是贵公司管理层的责任。这种责任包括:（1）按照中华人民共和国财政部颁布的《企业会计准则》的规定编制财务报表，并使其实现公允反映;（2）设计、执行和维护必要的内部控制，以使财务报表不存在由于舞弊或错误导致的重大错报。

二、注册会计师的责任

我们的责任是在实施审计工作的基础上对财务报表发表审计意见。我们按照《中国注册会计师审计准则》的规定执行了审计工作。《中国注册会计师审计准则》要求我们遵守职业道德规范，计划和实施审计工作以对财务报表是否不存在重大错报获取合理保证。

审计工作涉及实施审计程序，以获取有关财务报表金额和披露的审计证据。选择的审计程序取决于注册会计师的判断，包括对由于舞弊或错误导致的财务报表重大错报风险的评估。在进行风险评估时，注册会计师考虑与财务报表编制和公允列报相关的内部控制，以设计恰当的审计程序。审计工作还包括评价管理层选用会计政策的恰当性和做出会计估计的合理性，以及评价财务报表的总体列报。

我们相信，我们获取的审计证据是充分、适当的，为发表审计意见提供了基础。

三、导致保留意见的事项

如会计报表附注×所述，贵公司对2012年11月投入使用的×类固定资产没有计提折旧。如果按照贵公司固定资产折旧政策，应当计提折旧费用××万元。相应地，贵公司2012年12月31日的累计折旧应当增加××万元，固定资产账面净值减少××万元，2012年度净利润减少××万元。

四、保留意见

我们认为，除“三、导致保留意见的事项”段所述事项产生的影响外，贵公司财务报表在所有重大方面按照中华人民共和国财政部颁布的《企业会计准则》的规定编制，公允反映了贵公司2012年12月31日的合并财务状况和财务状况、2012年度的合并经营成果和经营成果以及合并现金流量和现金流量。

××会计师事务所（盖章）　　中国注册会计师（签名并盖章）

中国注册会计师（签名并盖章）

中国××市　　2013年×月×日

简评：这是一份由于会计政策选用不恰当而发表保留意见的审计报告。标题为标准格式审计报告；收件人为委托人即××股份有限公司全体股东；正文由引言段、双方各自的责任段、说明段和意见段构成。引言段和双方各自的责任段与无保留意见的审计报告相同，但其与意见段之间增加了说明段，说明段指出发表保留意见的所有原因，并说明保留事项对被审计单位财务状况、经营成果和现金流量的影响程度；意见段反映注册会计师对已审计会计报表等财务账目发表的有所保留的审计意见。出具保留意见的审计报告时，一般仍以“我们认为”的术语作为意见段的开头，同时，应当使用“除……的影响外”等专业术语指出说明段对发表审计意见的影响程度，其他与无保留意见的审计报告相同，行文的用词仍需要准确、严谨。

例文4：

审计报告

××京审字〔2013〕第××号

××（股份）有限公司全体股东:

我们审计了后附的××（股份）有限公司（以下简称“贵公司”）财务报表，包括2012年12月31日的合并资产负债表和资产负债表、2012年度的合并利润表和利润表、合并现金流量表和现金流量表、合并所有者权益变动表和所有者权益变动表以及财务报表附注。

一、管理层对财务报表的责任

编制和公允列报财务报表是贵公司管理层的责任。这种责任包括:（1）按照中华人民共和国财政部颁布的《企业会计准则》的规定编制财务报表，并使其实现公允反映;（2）设计、执行和维护必要的内部控制，以使财务报表不存在由于舞弊或错误导致的重大错报。

二、注册会计师的责任

我们的责任是在实施审计工作的基础上对财务报表发表审计意见。我们按照《中国注册会计师审计准则》的规定执行了审计工作。《中国注册会计师审计准则》要求我们遵守职业道德规范，计划和实施审计工作以对财务报表是否不存在重大错报获取合理保证。

审计工作涉及实施审计程序，以获取有关财务报表金额和披露的审计证据。选择的审计程序取决于注册会计师的判断，包括对由于舞弊或错误导致的财务报表重大错报风险的评估。在进行风险评估时，注册会计师考虑与财务报表编制和公允列报相关的内部控制，以设计恰当的审计程序。审计工作还包括评价管理层选用会计政策的恰当性和做出会计估计的合理性，以及评价财务报表的总体列报。

我们相信，我们获取的审计证据是充分、适当的，为发表审计意见提供了基础。

三、导致否定意见的事项

如会计报表附注×所述，贵公司通过非同一控制下的企业合并获得对××公司的控制权，因未能取得购买日××公司某些重要资产和负债的公允价值，故未将××公司纳入合并财务报表的范围，而是按成本法核算对××公司的股权投资。贵公司的这项会计处理不符合《企业会计准则》的规定。如果将××公司纳入合并财务报表的范围，××公司合并财务报表的多个报表项目将受到重大影响，但我们无法确定未将××公司纳入合并范围对财务报表产生的影响。

四、否定意见

我们认为，由于“三、导致否定意见的事项”段所述事项的重要性，贵公司财务报表没有在所有重大方面按照《企业会计准则》的规定编制，未能公允反映贵公司及其子公司 2012 年 12 月 31 日的合并财务状况和财务状况、2012 年度的合并经营成果和经营成果以及合并现金流量和现金流量。

××会计师事务所（盖章）　　　　中国注册会计师（签名并盖章）

　　　　　　　　　　　　　　　　中国注册会计师（签名并盖章）

中国××市　　　　　　　　　　　　2013 年×月×日

简评：这是一份否定意见的审计报告。标题为标准格式审计报告；收件人为委托人即××股份有限公司全体股东；正文由引言段、双方各自的责任段、说明段和意见段构成。引言段和双方各自的责任段与保留意见的审计报告相同，但其与意见段之间增加了说明段，说明段指出发表否定意见的所有原因；意见段一般仍以“我们认为”的术语作为意见段的开头，同时，应当使用“由于上述问题造成的重大影响”、“由于受到前段所述事项的重大影响”等专业术语指出说明段对发表审计意见的影响程度，行文的用词仍需要准确、严谨。

例文 5：

审计报告

××京审字〔2013〕第××号

××（股份）有限公司全体股东：

我们审计了后附的××（股份）有限公司（以下简称“贵公司”）财务报表，包括 2012 年 12 月 31 日的合并资产负债表和资产负债表、2012 年度的合并利润表和利润表、合并现金流量表和现金流量表、合并所有者权益变动表和所有者权益变动表以及财务报表附注。

一、管理层对财务报表的责任

编制和公允列报财务报表是贵公司管理层的责任。这种责任包括：（1）按照中华人民共和国财政部颁布的《企业会计准则》的规定编制财务报表，并使其实现公允反映；（2）设计、执行和维护必要的内部控制，以使财务报表不存在由于舞弊或错误导致的重大错报。

二、注册会计师的责任

我们的责任是在按照《中国注册会计师审计准则》的规定执行审计工作的基础上对财务报表发表审计意见。但由于“（三）导致无法表示意见的事项”段中所述的事项，我们无法获取充分、适当的审计证据为发表审计意见提供基础。

三、导致无法表示意见的事项

我们于2013年1月接受贵公司的审计委托，因而未能对贵公司2012年年初金额为××元的存货和年末金额为××元的存货实施监盘程序。此外，我们也无法实施替代审计程序获取充分、适当的审计证据。因此，我们无法确定是否有必要对存货以及财务报表其他项目做出调整，也无法确定应调整的金额。

四、无法表示意见

由于“三、导致无法表示意见的事项”段所述事项的重要性，我们无法获取充分、适当的审计证据为发表审计意见提供基础，因此，我们不对贵公司财务报表发表审计意见。

××会计师事务所（盖章）　　　　中国注册会计师（签名并盖章）

中国注册会计师（签名并盖章）

中国××市　　　　2013年×月×日

简评：这是一份无法表示意见的审计报告。标题为标准格式审计报告；收件人为委托人即××股份有限公司全体股东；正文由引言段、双方各自的责任段、说明段和意见段构成。注册会计师的责任段中应当删除对自身责任的描述；说明段指出无法表示意见的原因；意见段中使用“由于审计范围受到限制可能产生的影响非常重大和广泛”、“我们无法对上述会计报表发表意见”等专业术语指出说明段对发表审计意见的影响程度，行文的用词要求准确、严谨。

思考与练习

1. 什么是审计报告？其主要特点和作用有哪些？
2. 审计报告有哪些种类？
3. 审计报告的写作要经过哪些步骤？
4. 离任审计报告一般包括哪几部分？
5. 在哪些情况下选用保留意见审计报告、否定意见审计报告和无法表示意见审计报告？
6. 独立审计报告中无保留意见审计报告、保留意见审计报告、否定意见审计报告和无法表示意见审计报告在写作上主要有哪些不同？

第四篇

财经信息宣传文书篇

第十三章　商品说明书

第十四章　广告

第十五章　招标书和投标书

第十三章　商品说明书

本章学习要点与要求：

本章主要阐述了商品说明书的相关知识。学习要点有：商品说明书的概念、特点、分类和作用；商品说明书的基本结构、具体写作要求及注意事项；商品说明书的范例及其评析。通过本章的学习，要求理解商品说明书的含义和特点；掌握商品说明书的基本结构、写作要求及注意事项；掌握商品说明书与广告的不同点；在分析范例的基础上，能够熟练而准确地写作商品说明书。

第一节　商品说明书概述

一、商品说明书的概念

商品说明书是以说明为主要表达方式，全面、详尽地将商品的性能、构造、功能、使用、保养等进行说明或介绍的文字材料。它是直接为社会生产和人们生活服务的一种实用性文体。

二、商品说明书的特点

（一）实用性和可操作性

产品说明书是向消费者介绍有关产品的使用、保养、维修知识的资料，消费者在正确使用所购买的产品前，应该认真阅读产品说明书，并按其要求进行操作以实现商品的使用价值。尤其是在高科技迅速发展的今天，各种新产品、新技术、新服务层出不穷，为了保护消费者的切身利益，必须如实地将有关知识加以介绍和指导，帮助消费者熟悉或正确使用商品。因此，实用性和可操作性是产品说明书的基本特点。

（二）科学性和知识性

商品说明书要以科学的态度和科学的方式向消费者客观真实地介绍商品的性能、结构、成分、效用、注意事项、维护保养等必需的知识，应力求全面、准确无误，否则，将会给人们的生产、生活带来不良的甚至严重的后果。这是产品说明书和广告的最根本的区别。

（三）通俗易懂和条理性

产品说明书常常直接用于指导人们的生产和生活，使用者往往都是外行，在使用过程中需要逐字逐句地研读，并且一一参照着进行实践。因此，对商品进行说明和介绍时应以通俗浅显的语言，将商品各方面的情况介绍清楚，尽量不用或少用人们不易理解的专业术语，避免使用生僻词语。此外，产品说明书必须做到条理清晰，层次分明，让用户好懂好记。

三、商品说明书的分类

根据分类标准的不同，商品说明书的分类方法有很多。常见的有以下几种：按内容可划分为产品介绍说明书、产品使用说明书、产品保养说明书三种；按说明方式可划分为详细说明书、简要说明书；按性质可划分为日用品说明书、食品说明书、医药说明书、电子产品说明书、机械产品说明书等；按表达形式可划分为文字式说明书、图表式说明书两类；按结构形式分有文章式说明书、条款式说明书两种。

四、商品说明书的作用

产品说明书广泛用于生活、生产和科研等领域，它在产品和用户之间构架了桥梁。通过对商品或有关服务的知识做客观介绍、科学解释，帮助消费者了解商品或服务，指导用户正确掌握或使用商品。它在便利用户的同时也争取了用户，在介绍产品的同时也宣传了产品，有利于扩大销售，因而客观上和一定程度上起到了广告的作用。

第二节　商品说明书的基本结构及其写作

一、商品说明书的基本结构

商品说明书一般由标题、正文、结尾三部分构成。

（一）标题

商品说明书的标题通常由商品名称或说明对象（如品牌、型号）加文种（说明书、说明、××指南、××入门、用户手册等）组成。如《奔腾电饭煲使用说明书》、《诺基亚 8210 用户手册》、《方正系列微机技术手册》。一般商品包装上的说明往往就是商品名称，如“蒙牛高钙牛奶”、“统一鲜橙多”等。

商品说明书标题的字体通常用大号或美术字体，放在明显的位置以引人注意。

（二）正文

商品说明书的正文是说明书的主体，内容、长短和写法因商品而异，没有固定的模式。一般应该写明商品的基本情况，如商品的名称、性能、构造、成分、用途、功效、使用方法、适用范围、注意事项、保养（储藏）、安装、维修等；大型或结构复杂的机械说明书则侧重说明其型号、原理、构造等。在实际写作过程中，通常采用以下几种形式：

1. 条款式

根据产品的主要情况，逐项分条介绍有关商品的各方面知识，如产地、原料、性能、构成、使用方法、保养注意事项等。这种形式内容集中、条理清晰、层次清楚，表述上严谨有序。

2. 概述式

对商品的有关情况进行概括的介绍和说明。一般只需介绍产品的基本情况或主要情况。这种形式能使说明书的内容比较完整和连贯。但写作过程中要根据不同类型商品的不同特性做各有侧重、详略得当、具体细致的介绍说明。力求简明扼要，不要面面俱到。

3. 综合式

是概述式和条款式的结合。文中既有总体概括的介绍，又有分项的具体说明。是把概述式和条款式合二为一的一种综合形式。一般是先概述，后分述。这种形式用得比较普遍，既有总体说明，又有具体的条目内容，能全面、详尽、清晰地介绍商品的整体情况。

（三）结尾

结尾一般包括提供生产、经销等相关企业或单位的名称、地址、电话、邮编、传真、网址、商标说明等内容。商品不同，结尾的内容也不相同。

二、商品说明书的写作要求

商品说明书的特点决定了在写商品说明书时一定要如实说明商品的情况，绝不可随意夸大，欺骗购买者，要对消费者负责。具体的写作要求如下：

（一）注重商品的特色

不同的商品有各自的特点，即使是同一种商品，由于型号、外形设计、包装甚至性能上存在差异，也会呈现出不同的特色。写作者只有了解商品的特点，抓住其与众不同之处，才能准确、可靠地反映出商品的特色，将它与其他同类商品区别开来。

（二）采用恰当的说明方式

根据不同的商品，应选择详略有序的说明方式。常用的、人们较熟悉的商品可以采用简短的说明方式，比如日用品、食品、医药品等，往往只要介绍产品的性能、特点、用途、用法和保存、保养的方法就可以了。而对于一些复杂的专用商品就应该采用详细的说明方式，比如科学仪器、机电设备、电子器材等科技产品，往往还要将制作原理、采用的原材料、工作原理、主要技术参数、维护与修理等内容加以详细介绍。写作者应根据不同的商品和写作目的，选择适当的说明方式进行介绍。

（三）具备较高的专业水平

由以上两点写作要求可以推出商品说明书的写作者必须具有较高的业务水平，对商品的性能特点、制作流程、用途用法等要相当了解，这样才能保证商品说明书的准确性和科学性。

（四）运用适宜的表达手法

由商品说明书的科学性和知识性可知，在写商品说明书时，语言要尽量具有科学性，不可随意，不可用描写、抒情、议论等表达方式。在通俗易懂的前提下，可以恰当地引用专业术语，特别是一些专门类的说明书，如药物服用说明书、专用仪表或机械类说明书。

三、商品说明书的注意事项

（1）把广大用户的需要放在第一位，使商品说明书切实起到方便用户的作用。

（2）根据具体商品的实际情况，合理选择说明书的表达形式。抓住重点，突出特色，一方面能使用户正确地使用商品；另一方面，也利于增强商品的竞争能力，起到一定的广告宣传作用。

（3）语言力求准确、通俗、简明。一是用词要准确，避免阐述歧义；二是语言要大众化，浅显易懂；三是文字要简练，行文干净利落，言简意赅。

第三节　例文简评

例文 1：

葡萄糖酸钙口服溶液说明书[①]

【药品名称】

通用名称：葡萄糖酸钙口服溶液

英文名称：Calcium Gluconate Oral Solution

汉语拼音：Putaotangsuangai Koufurongye

【成　　份】本品每毫升含主要成分葡萄糖酸钙 100 毫克（相当于钙 9 毫克），辅料为：乳酸、氢氧化钙、阿司帕坦、香精。

【性　　状】本品为无色至淡黄色黏稠液体，气芳香，味甜。

【作用类别】本品为矿物质类非处方药药品。

【适 应 症】用于预防和治疗钙缺乏症，如骨质疏松、手足抽搐症、骨发育不全、佝偻病以及儿童、妊娠和哺乳期妇女、绝经期妇女、老年人钙的补充。

【用法用量】口服，一次 1～2 支，一日 3 次。

【不良反应】荨麻疹，面部斑丘疹，面部潮红，刺痒，咽部充血，胸闷，便秘，过敏反应，恶心、呕吐，偶见腹泻等。

【禁　　忌】高钙血症、高钙尿症患者禁用。

【注意事项】

① 选自哈药集团三精牌葡萄糖酸钙口服液产品所附说明书。

1. 心肾功能不全者慎用。

2. 对本品过敏者禁用，过敏体质者慎用。

3. 本品性状发生改变时禁止使用。

4. 请将本品放在儿童不能接触的地方。

5. 儿童必须在成人监护下使用。

6. 如正在使用其他药品，使用本品前请咨询医师或药师。

7. 患肾结石患者应在医师指导下使用。

8. 本品为过饱和溶液，遇冷时可能出现白色药物析出，可加温溶解后服用，不影响疗效。如不溶解请勿服用，可与生产企业联系。

【药物相互作用】

1. 本品不宜与洋地黄类药物合用。

2. 大量饮用含酒精和咖啡因的饮料以及大量吸烟，均会抑制钙剂的吸收。

3. 大量进食富含纤维素的食物能抑制钙的吸收，因钙与纤维素结合成不易吸收的化合物。

4. 本品与苯妥英钠及四环素类同用，二者吸收减少。

5. 维生素 D、避孕药、雌激素能增加钙的吸收。

6. 含铝的抗酸药与本品同服时，铝的吸收增多。

7. 本品与噻嗪类利尿药合用时，易发生高钙血症（因增加肾小管对钙的重吸收）。

8. 本品与含钾药物合用时，应注意心律失常的发生。

9. 如与其他药物同时使用可能会发生药物相互作用，详情请咨询医师或药师。

10. 避免与草酸盐类同时服用。

【药理作用】本品参与骨骼的形成与骨折后骨组织的再建以及肌肉收缩、神经传递、凝血机制并降低毛细血管的渗透性等。

【贮　　藏】密封保存。

【包　　装】药用口服液玻璃瓶，每支装 10 毫升，每盒 12 支。

【有 效 期】24 个月

【执行标准】《中国药典》2010 年版二部

【批准文号】国药准字 H10910063

【说明书修订日期】2011 年 4 月 15 日

【生产企业】

企业名称：哈药集团三精制药股份有限公司

地址：哈尔滨市香坊区哈平路 233 号

邮政编码：150069

服务热线：400-677-8877

网址：www.sanjing.com.cn

如有问题可与生产企业联系

简评：这是一则条款式的商品说明书。为保证药品的安全使用，每一部分的说明都用黑体括号加以醒目突出,特别需要说明注意的禁忌和注意事项也用黑体加粗以引起消费者注意。说明书的内容完整，从药品名称、成分、性状、作用类别、功能主治、用法用量、注意事项到药品的规格、贮藏、包装、厂家信息等一一做了简要说明，条理清楚，语言通俗易懂，易于使用者的使用。

例文 2：

黄山毛峰[①]

黄山毛峰产于安徽黄山市黄山风景区和毗邻的汤口、充川、岗村、芳村、杨村、长潭一带的条形烘青绿茶。当地气候温和，雨量充沛，土壤肥沃，土层深厚，空气湿度大，日照时间短。在这种特殊条件下，茶树天天沉浸在云蒸霞蔚中，因此茶芽格外肥壮，柔软细嫩，叶片肥厚，经久耐泡，香气馥郁，滋味醇甜，成为茶中的上品。

黄山毛峰的采制相当精细，从清明到立夏为采摘期，采回来的芽头和鲜叶还要进行选剔，剔出其中较老的叶、茎，使芽匀齐一致。在制作方面，要根据芽叶质量，控制杀青温度，不致产生红梗、红叶和杀青不匀不透的现象。火温要先高后低，逐渐下降，叶片着温均匀，理化变化一致。其外型细嫩，芽肥壮，匀齐，有峰毫，状如雀舌，叶呈金黄色，色泽嫩绿油润，香气清鲜，水色清澈，杏黄、明亮，味醇厚、回甘，叶底芽叶成朵，厚实鲜艳。

现在销售的黄山毛峰，分为特级、特一级、特二级、一级、二级、三级、四级和普通等八个等级。

简评：这是一则概述式的商品说明书。分两部分介绍了黄山毛峰茶叶的基本情况，包括茶叶的产地、影响茶叶生长的自然条件以及黄山毛峰的特点，茶叶的整个采制过程。最后说明目前市场上销售的黄山毛峰茶叶的等级。该说明书有侧重点地介绍了茶叶的特点，内容比较完整和连贯，文字简明。

例文 3：

浓维生素 E 胶丸说明书[②]

维生素 E 是一种对人体生长、发育起重要作用，能促进健康与预防衰老的重要营养要素。早在 1892 年，生物学家就发现它有调节生育机能、防治流产和不育等功效。半个世纪以来，就其生理和机理作用，近代分子生物学学者做了详尽研究，认为它在补充人体营养和医疗运用上均有重要功效。

【功能与作用】

1. 本品能促进人体能量代谢，增强人的体质和活力。

2. 本品能预防因过多不饱和脂肪酸（PUFA）异常氧化所导致的有害物质积累而损伤正

---

① 根据公开资料整理。

② 资料选自百度文库。

常组织引起的早衰，有延迟衰老的作用。

3. 本品能改善血液循环，促进溃疡愈合。

4. 本品能防止胆固醇沉积，能预防、治疗动脉硬化。

5. 本品能调整性机能，防治更年期综合症。

6. 本品能保护肝脏。

【适应范围】

动脉硬化、脑血管硬化、冠心病、间歇性跛行、胃肠溃疡、皮肤溃疡、血栓性静动脉炎、静脉曲张、肝功能障碍、肌肉萎缩、不孕、习惯流产、性机能衰退、烧伤、冻伤、贫血，以及预防衰老。

【用法与用量】

日服量：每次 50 ~ 100mg，每日三次或遵医嘱。

【规格】50mg，100mg。

【贮藏】密闭，避光，阴凉处保存。

京卫药健字（99）第 26 号

北京制药厂

简评：这是一则综合式的商品说明书。第一部分概括介绍了维生素 E 对人体的重要作用和功效，让人对该产品有一个大致的认识。第二部分分条说明了使用者需要了解和注意的具体事项。

思考与练习

1. 商品说明书的特点和作用有哪些？
2. 商品说明书写作的注意事项有哪些？
3. 商品说明书的形式上大体有哪几类？

第十四章　广　　告

本章学习要点与要求：

本章主要阐述了广告的相关知识。学习要点有：广告的概念、特点、分类和作用；广告的基本结构、具体写作要求及注意事项；广告的范例及其评析。通过本章的学习，要求理解广告的含义和特点；掌握广告的分类、写作要求及注意事项；在分析范例的基础上，能够熟练而准确地写作广告文书。

第一节　广告概述

随着我国市场经济的建立和完善，商品经济的逐步扩大，广告已成为推荐商品、宣传劳务的最有效方法。广告的宣传能有效刺激需求，密切产销关系，加速商品流通，推动企业竞争。此外，广告还能不断丰富人们的物质文化生活。

一、广告的概念

广告有广义和狭义之分。

广义的广告，指广告商通过针对特定客户群，对特定的商品或劳务所做的宣传活动或信息传播活动。包括以赢利为目的的商业广告和不以赢利为目的的非商业性广告两类。

狭义的广告，仅指以赢利为目的的商业广告，也称经济广告。它由可识别的广告商，通过媒体向目标人群传播企业、产品或服务信息，以实现其商业目的的传播活动。

二、广告的特点

（一）独特性

广告策划文应具有独创性和原创性，只有从自己独特的角度和创意出发，才能以新颖的视角，吸引目标群体的注意和关注，增强说服力，否则只会事半功倍，不能取得预期效果。

（二）经济型

众所周知，广告的花费极为昂贵，因此，广告的策划要根据宣传对象的特点，恰到好处地宣传。即宣传及策划费用必须控制在广告商能够接受的范围之内，也就是说，用有限的人力、物力、财力达到最佳的效果。

（三）战略性

广告的策划必须结合企业的发展状况，考虑到企业的发展规划，而不能只着眼于企业当前和以后的较短时期。只有以完整的理念来构思策划广告，延伸于系列广告主题，才能在不同阶段有针对性地进行宣传。

（四）针对性

广告内容的宣传对象是广大的消费者或用户，宣传的目的是赢得广大消费者或用户的认可和接纳。因此，广告宣传要考虑宣传对象的需要和偏好，做到从实际出发，有的放矢，这是提高广告宣传质量，增强宣传效果的基础。

（五）艺术性

广告要做到引人注目，打动人心。这往往需要通过构图、文字修辞和版面编排、音乐韵律甚至戏剧表演等多种文艺表现手法进行宣传。广告的艺术性越鲜明，越富有创造力和感染力，宣传效果越好。因此，成功的广告常常要集艺术性、欣赏性、知识性、趣味性于一身。

三、广告的分类

（一）按内容划分

1. 商品广告

以促进销售为直接目的，介绍商品的品牌、商标、性质、特点、功能等为主，目的是引起消费者的注意，促使其购买。

2. 服务（劳务）广告

饭店、旅游、银行、保险、洗衣、修理等服务性行业所做的广告，旨在提供劳务和服务，引起顾客的兴趣，扩大服务范围。主要介绍服务的性质、内容、服务方式等。

3. 观念广告

企业面向公众传播自己的观念文化，建立和广大消费者的联系，目的在于提高企业的社会声誉，树立企业的良好形象。

（二）按广告对象化分

1. 消费者广告

主要对象是广大消费者，又可以细分为老人广告、青年广告、女士广告等。

2. 工业广告

主要针对工业部门或单位，按照工业的不同性质又可细分为机械工业广告、电子工业广告、食品工业广告等。

3. 商贸广告

主要针对商贸部门或单位，按商贸部门的性质又可细分为批发业广告、零售业广告、服务业广告等。

4．外贸广告

主要针对外贸企业或部门，按照外贸区域可分为北美广告、西欧广告、东亚广告等。

（三）按商品的生命周期划分

1．开拓期广告

指新产品上市期间的广告。主要介绍新产品的特性、使用常识与方法，是一种激发消费者需求的广告，具有“开拓性”。

2．竞争期广告

指商品在成长期与成熟期阶段所做的广告。主要是介绍某种商品优于其他同类产品的特性，以便在竞争中获得市场。这是一种“劝导性”广告。

3．维持期广告

主要指商品在衰退期阶段所做的广告。主要是宣传商品的品牌、商标来提醒消费者，使他们继续购买和使用其商品，以维护其销售量或防止销售量骤减。这是一种“提醒性”广告。

四、广告的作用

（一）沟通购销渠道，促进生产发展

通过广告，能够提供一种沟通购销渠道的平台，实现消费者和销售者之间信息的有效传递，满足消费者的需求，扩大商品的销售，促进企业扩大再生产。

（二）方便广大群众，指导社会消费

广告能实事求是地介绍商品的性能、特点、使用和保养性质，为消费者提供信息，使他们能恰当地选购自己的商品，并可以提高消费者对商品的鉴别、使用能力，唤起消费者潜在的需求欲望。

（三）提高服务质量，提升商品的竞争力

通过广告宣传，可以使消费者了解商品，并且了解企业的服务状况。这样，企业可以在取得消费者信任的同时招徕更多的消费者，从而提升企业及其产品的竞争能力。

（四）相互依存，促进大众传播媒介的发展

商业广告通过大众传播媒介来发布，有利于大众传播媒介的商业化、企业化，对于大众传播媒介的发展有重大的影响作用。

（五）美化市容，改变环境，丰富人们的文化生活

路牌广告、灯光广告、橱窗广告、商店门面装潢等，若设计新颖、装饰精美，可以美化市容，改善生活环境，促进城市的繁荣，丰富人们的文化生活。在传递信息的同时，还能展示社会主义建设的成就，激发人们参加现代化建设的热情和进取精神。

第二节　广告的基本结构及其写作

一、广告的基本结构

广告的构成和写法因广告媒介和内容需要的不同而不同，没有统一的具体结构形式。但一般来说，广告由标题、正文及落款等部分构成。

（一）标题

标题是广告的题目，表明了广告的主旨，传达了广告中最重要和最能引起大众兴趣的信息。同时，它又是区分不同广告的标志。标题处于广告的主要位置，在最显著的位置以醒目、特别的字体加以突出。标题要能高度概括主旨，要有新颖引人的创意。

1．标题的功能

（1）吸引读者的注意力。标题是人们接触广告的开始，精彩的标题能抓住读者注意力，从而使广告传播获得成功。

（2）传递主要广告信息。标题除了要有吸引力外，还应包括广告的主要内容，使一般读者通过阅读，就能获悉整个广告的基本信息。

（3）诱导读者阅读全文。标题要传递出人们所关心的信息并引起其兴趣，促使其继续阅读广告正文，从正文中寻求答案。

2．标题的类型

（1）直接标题。直接标题应以简明的文字表明广告的内容，使人一目了然，如“四月份新影片预告”。

（2）间接标题。在标题中不直接表明广告主题，用耐人寻味的语句诱导人们去阅读，以引人注目，诱发兴趣为主要目的，如富士胶卷的“盒中自有花满谷”。

（3）复合标题。复合标题又叫多重标题，由引题、正题、副题组成。引题在正题之前，又叫眉题或肩题，用来说明信息意义或交代背景；正题又叫主标题，是复合标题的中心，用来点明广告的主要内容，传递最核心的内容；副题是对正题内容的补充。复合标题往往兼有直接标题和间接标题的双重性质。

例如：四川特产　口味一流（引题）；天府花生（正题）；越剥越开心（副题）

（二）正文

正文是广告的主体，是承接标题、展开讲述广告信息的主要说明文字。它是广告的主旨和主要内容所在。正文的构思应该从兴趣、信任、欲望、行动等若干环节出发。正文的写作可采用陈述体、论证体、文艺体、书信体、说明体等，一般由三部分组成，即前言、主体、结尾。

1．前言

主要点明产品的主要特征。

2．主体

包括广告主办单位名称、商品名称、劳务名称、商品的规格、款式、性能、功效、制作工艺以及保养方式、出售方式等。

3．结尾

一般以简洁的语言呼吁消费者尽快采取行动。

（三）落款

一般包括单位名称、厂址、经销商地址、联系方法、联系人等。

二、广告的写作要求

（一）要实事求是

广告只有诚实、负责地向消费者介绍商品或劳务，才能建立商品、企业的信誉。在行文中，一定限度地艺术渲染和艺术夸张是允许的，但必须以事实为基础，不能脱离事实。

（二）要抓住顾客的消费心理要求

所谓消费心理要求，就是消费者的兴趣、需要、动机、情感、态度等心理因素。广告文一定要针对顾客的消费心理，要善于根据不同地区、不同消费对象的消费特点，做到“有的放矢”。

（三）语言文字要有感染力

语言文字是否有感染力是衡量广告优劣的重要标志。它可以采用各种体裁，但语言文字要准确、精炼、鲜明、生动，既要通俗易懂，朗朗上口，又要活泼风趣，富有情趣。

（四）要明确重点

广告策划文书最重要的是目标与主题，目标与主题写得越清楚、越具体越好。目标与主题的明确，不仅有助于决策者下决心，也将有助于后期工作有条不紊地进行和少走弯路。

三、广告文写作的注意事项

（一）搞清产品的客户定位，针对性明确

广告文写作的根本目标是要激发客户的购买欲望，所以厂商或服务商首要的任务就是要做客户定位，针对客户群的心理特点和共同特征，制作符合他们心态的宣传推荐活动。

（二）必须讲究战略

广告的写作应富有创新，引人注目，这样才能从心底打动潜在的客户。做到简明易懂，重点突出，给人留下深刻印象。切忌平铺直叙，没有新意。

（三）切忌脱离实际，虚假宣传

现代市场经济是建立在信誉和诚信的基础之上的，如果用不符合产品特性的虚假内容进行诱导和欺骗活动，即使能短期内赚取不法之财，也迟早会丧失信誉，失去经营基础，甚至可能遭到法律的严裁，倾家荡产，得不偿失。因此，在提高广告宣传效果的同时一定要做到实事求是。

第三节 例文简评

例文 1：

榆林新东方能源化工学校招生广告

榆林新东方能源化工学校是一所由集团企业资助、政府支持的全日制技工院校。学校为满足榆林建设成国家级煤电基地和能源化工基地对人才的需求，现面向社会进行第八期招生。

一、学校简介

榆林新东方能源化工学校作为一所全日制技工院校，与国家重点高校——西安工业大学强强联合，还特聘榆林学院教授、山东兖矿榆林能化公司、榆天化、铜川矿务局等大型能源化工企业的高级技术人员担任专业课主讲教师，并特聘中国化工出版社教材编委会副主任周教授担任顾问。学校坚持以就业为导向，以职业为素质、岗位能力为教育核心，培养企业需求的第一线应用型高级技能人才！

二、办学优势

1. 政府与企业支持：符合条件的学生，每人可享受每年 3 000 元的国家助学金；农村特困、城市低保子女入学，按国家政策可申请“零学费入学”政策；委培企业还为优秀学生提供每年 1 000 元—5 000 元高额奖学金。

2. 与西安工业大学联合：名牌大学，可升本考研，拿学位证；毕业带报到证、双档案、双学历+技能等级证，真正成为“高技能+高学历”的“金领”人才。

3. 100%的就业率：学校采用“校企联合，订单教育”，真正实现了“入学即意味着就业”。学生入校即与学校签订《就业、就读协议书》，保证对获“双证”学生安置就业。

三、就业前景

我校与山东兖矿榆林能化公司、榆阳三江煤化集团、榆阳载能工业区、神木锦界工业区、府谷电厂、榆天化、绥米佳盐化工业区、榆林醋酸厂、山东鲁能陕西德源能源有限公司、神东集团、北元化工、蒙西重化工区的等大型能源国企事业单位签订长期定向委培协议。协议中我校学生两年在校学习实践，第三年进入委培企业带薪实习三月后转为企业职工。今年我校应届毕业生已在定向委培企业全部安置就业。

四、专业名称

化工工程，自动化仪表，采矿技术，机电一体化，电厂热能动力工程，会计电算化，电气运行及自动化。

五、办学模式

校企合作、定向委培，实行“三三”教学模式：

1. 理论+多媒体；

2. 实验+指导；

3. 企业实训+企业高工指导。

六、收费标准

1. 学费每学期 3 000 元；

2. 住宿费每年 1 000 元；

3. 代收费按实际情况收费。

七、毕业发证

西安工业大学大专毕业证书；省劳动厅中、高级技工证；毕业颁发省劳动厅技术毕业证书。

招生办事处：××市东关大街君来运宾馆
学校地址：　　　　×××××××××
学校联系电话：王老师×××××××××
办事处电话：张老师×××××××××

简评：这篇招生广告语言朴实，文风简单，对学校的招生信息进行了简明扼要的介绍。落款处注明招生单位的地址、联系人、联系电话等，是一篇规范的广告文体。

例文 2：

江苏虎豹集团招商广告

江苏虎豹集团公司是国家大型服装生产企业。“虎豹”牌衬衫、西服、西裤、内衣、夹克等系列服装获得“中国驰名商标”、“国家免检产品”及“中国十大名牌”称号。凭借卓越的品质，虎豹服装赢得了广大消费者的青睐，全国有 28 个省级销售分公司 100 多个销售办事处更是领导潮流、表现不凡。

虎豹集团河南××分公司是虎豹集团公司设在河南的唯一一家直属分公司，下设 9 个地级办事处。为全面扩大虎豹系列服装在全省的销量，满足广大消费者的购买需求，并规范全省的批发零售价格，××分公司决定在全省各县（市）、部分地级市诚招专营虎豹系列服饰的经营者（市级如三门峡、平顶山、许昌、灵宝、禹州、漯河也可招商），凡具备良好信誉和一定经济实力及经营水平者，均可前来洽谈合作事宜，按照公司统一的合作标准，共享拓展市场的成果。

江苏虎豹集团××分公司
分公司地址：××市××路××号
分公司总经理：×××

联系人：李×× 王××

联系电话：×××

简评：这则招商广告标题是由文种名和招商单位名称共同构成的，并用黑体字着重标出起到突出表现醒目的作用。这是江苏虎豹集团郑州分公司诚招代理商的广告，一方面宣传虎豹集团、扩大其知名度；另一方面又很有诚意地邀请合作伙伴加盟。首先它介绍了该集团的优势：产品是“中国十大名牌”之一，被评为“中国驰名商标”，销售领先、赢得消费者青睐等，目的是为了让人了解企业有更好的发展前景，增加投资者的信赖感。另外，介绍分公司是河南唯一一家直属分公司，为发展需要诚招经营者，并指出招商地区、招商对象及要求、具体的招商方式等。落款处注明招商单位的地址、总经理、联系人、联系电话等，是一篇规范的广告。

思考与练习

1．广告正文的标题一般由哪几部分构成？

2．简述广告文的特点。

3．简述商业广告的分类。

第十五章　招标书和投标书

本章学习要点与要求：

本章主要阐述了招标书和投标书的相关知识。学习要点有：招标书和投标书的概念、特点、分类和作用；招标书和投标书的基本结构、具体写作要求及注意事项；招标书和投标书的范例及其评析。通过本章的学习，要求理解招标书和投标书的含义和特点；掌握招标书和投标书的基本结构、写作要求及注意事项；在分析范例的基础上，能够熟练而准确地写作招标书和投标书。

第一节　招标书和投标书概述

一、招标书和投标书的概念

所谓招标书就是单位、企业以及个人在进行招标时所用的专用文书。招标是指单位、企业或个人在兴建工程或进行大宗商品交易时，先把有关工程或商品的标准、价格、条件、说明等内容以招标书的形式对外发布，以完全公开或邀请的方式招人承建、承卖或承买。与此相对应，投标书就是单位、企业或个人对招标项目投标时所用的专用文书。投标是指承包人或购销者按招标公告的标准和条件，在投标书中报出价格、填具投标书的各项内容，投函事主。

招标投标是在市场经济下引入竞争机制的产物。近年来，我国一些重大建设项目都实行了招标投标的方式选择承建人。不仅如此，招标投标的方式已经进入了各个经济领域，不管项目大小、购买量大小，招标投标的方式已经成为交易双方实现双赢的明智选择。

招标书也叫做招标公告、招标启事。招标书必须写清楚以下内容：招标的项目名称、投标方法、投标资格、技术要求、投标和开标日期、保证条件、支付办法等。每一项内容，要力求写得简洁明确，使投标人能够按照招标书所列示出的条件和要求填写投标书。投标书主要有投标商业条件表、投标企业资格表、投标价格表等三种表格。投标人利用这些表格项目向招标人提出订立合同的建议，提供给招标人备选的方案。

二、招标书和投标书的特点

（一）招标书内容的三公原则，投标书内容的保密性

招标的原则是公开、公平和公正，这是由招标投标活动本身特点所决定的。在招标的时候，招标书内容所列示出的招标条件、投标条件要保证其公开性。招标者将自己的标的物、招标意图、招标范围、资金来源、质量要求、工期要求、招标步骤等通过招标书公布于众。

有些招标通过邀请方式，但招标条件在被邀请的范围内也是公开的。招标的公平、公正原则确保投标厂商通过竞争达到采购目的，真正维护使用单位和国家利益。审定标书中是否含歧视性条款是招标机构编制、审定标书工作中最重要的环节。作为政府招标管理部门，审查标书中是否存有歧视性条款也是其管理、监督招标工作中最重要的任务，是保证招标是否公平、公正的关键环节。对比于招标书的"三公"原则，投标书在开标之前要有一定的保密性，即投标书要密封后才送到招标单位，未密封的投标书视为无效。招标书内容的公开和投标书内容的保密都是出自公平竞争的考虑，是竞争的一种策略。

（二）投标书的竞争性

单位、企业或个人把投标书送达招标单位之后，招标单位在各个不同的投标书之间进行比较，并根据之前提出的种种招标条件选择最接近要求的投标书，择优中标。招标投标活动的目的决定了投标书之间的公平比较。兴建工程、大宗商品交易之所以采用招标方式，正是为了通过公开要约，比较多家投标书，寻求最佳方案，选择最好的承包者，以实现最优的经济效益。投标书之间进行比较和择优是评标阶段的核心内容。投标书作为各投标者实力的载体，投标者之间的比较就是投标书之间的比较。因此，投标书就要有极强的竞争性，投标书是战胜竞争对手的有力武器。

（三）招标投标书内容的诚实可靠

投标单位在制作投标书时，要严格依据招标书所提出的要求列示出自己能够提供的条件，切不可说大话。一旦投标书内容响应招标书，对招标书提出的标准和条件给予应答和承诺，一定是在自己的实力范围内可完成、可兑现的承诺，否则无论对招标单位还是投标单位都会造成不可估量的损失，尤其是大型工程的建设，更要谨慎行事。虽然投标单位之间存在残酷的竞争，但切不可为最后的中标而不择手段，一定要保证投标书内容的诚实可靠。招标书内容也应遵循这条原则，要切实反映招标单位的全面要求，科学合理地制定投标的条件，保证招标书内容的全面翔实，不可随意开条件刁难投标单位。此外，制定条件要从实际出发，切不能盲目提高标准、提高设备精度、房屋装修标准等，否则对招标单位和投标单位都没有好处。

（四）标书应维护企业利益、国家利益

招标书编制要注意维护招标单位的商业秘密，也不得损害国家利益和社会公众的利益，如对环境的污染必须在可允许的范围内，尤其是目前我国经济正处于飞速发展当中，如何在这个关键的时刻实现可持续发展，将是我们未来面临的重要问题。因此，在招标投标时，招标单位和投标单位在标书中都应对这一方面给予足够重视。

三、招标书和投标书的分类

标书必须完整地表达出招标投标单位的全部意愿，不能有任何疏漏，否则将会造成一定的经济损失。招标书是投标商编制投标书的依据，投标商必须对招标书的内容进行实质性的响应，才能有可能称为有效标书，直至最后实现中标的目的。标书按照不同的分类标准，可分为不同的种类。

（一）按招标投标的范围划分，可分为国际标书和国内标书

顾名思义，国际标书面对的是国际单位和企业，它没有地域国别的限制。而国内标书主要面对国内单位和企业，限制国外有更强竞争力的企业的进入，以保护民族产业，这就是所谓的“肥水不流外人田”。国际标书要求有中英两种版本。按国际惯例以英文版本为准，但考虑到我国企业的外文水平，标书中常常特别说明，当中英文版本产生差异时以中文版本为准。

（二）按招标投标的标的物划分，可分为生产经营性标书和技术标书

生产经营性标书又可分为货物、工程和服务三大类，具体包括工程标书、承包标书、产品销售标书、劳务标书等，根据具体标的物的不同还可以进一步细分，如工程类标书进一步可分为施工工程、装饰工程、水利工程、道路工程、化学工程等。技术标书包括科研课题标书、技术引进或技术转让标书等。

四、招标书和投标书的作用

招标投标是当今世界广泛流行的一种引入竞争机制的经营管理方式。招标书和投标书则是招标投标的载体，是招投标活动的产物。随着市场经济的发展，我国各类企业的招标投标活动逐渐兴起，使用范围逐渐扩大，已经深入到各个经济领域中。当前，招标投标不仅被应用于工程兴建、大宗商品的交易，且被广泛应用于科学研究、技术攻关之中。在市场经济条件下，它对搞活经济、促进竞争、提高经济效益、推动各项事业的发展，有着十分重要的作用。

（一）提高招标单位的经济效益

对招标者来说，根据自己提出的要求，通过对投标书之间的比较进行择优取用，既可以节约工程和交易的成本，尽可能地获得最优的招标价格，又可以缩短建设工期或商品交易的交货期，确保工程或商品项目的质量，以获得最大的经济效益，促进招标者单位或企业的蓬勃发展。

（二）加强单位间的合作

采用招标投标的方式，可以打破国家地区的限制，打破部门的垄断，促进我国市场经济的公平竞争，从而加强地区间、部门间、企业间的经济联系和合作，促进市场经济的发展。

（三）增强投标单位的整体素质

对投标者来说，在提供给招标单位投标书时，同时也提供了自己可以达到的最好条件。因此当接到中标书时就是接到了压力和动力，投标单位必定要深挖自己的潜力，努力实现投

标书中所提供的条件。这种动力和压力将有助于投标单位不断改善经营环境，提高管理水平，进行技术改造和更新，尽可能挖掘潜力，进而提升了企业的整体素质。

第二节　招标书和投标书的基本结构及其写作

一、招标书和投标书的基本结构

（一）招标书的基本结构一般由标题、正文和落款三部分构成

1．标题

招标书的标题一般有两种写法：一种只列示文种，如“招标通告”、“招标公告”、“招标启事”等；另一种则稍微具体一些，在文种之前加上招标单位的名称，如“信息学院实验室招标通告”。前者显得简洁，后者则突出招标单位的名称和项目内容，提供更多的信息。

2．正文

招标书的正文在开头部分会用几句话说明招标项目、原由。这一小部分的文字表达要突出要点，语言简洁。主体部分的内容包括招标项目、具体要求、招标方法、投标截止时间以及开标时间等。招标项目有两种书写方式：一种是条文式；另一种是表格式。除了招标项目外，主体部分还应该写明投标单位的资格要求，招标的手续与标书的售价，投标单位的投标书的内容、投标方法，等等。

3．落款

在落款处要写清招标单位的名称、地址、电话、传真、邮箱等，以便投标人能够准时送达标书，参加投标。由于招标的类别很多，招标书的写法也不是固定不变的，可根据具体招标的项目而定。

（二）投标书的基本结构与招标书类似，也是由标题、正文和落款三部分构成

1．标题

投标书标题一般在正中写明“投标申请书”、“投标答辩书”或“投标书”即可，不必写出投标单位，这一点与招标书不同。

2．正文

投标书正文由开头和主体组成。开头部分应写明投标的依据和主导思想。主体部分应把投标的经营思想和经营方针、经营目标、经营措施、要求、外部条件等内容具体、完整、全面地表述出来，力求论证严密、层次清晰、文字简练。

3．落款

在落款处要写明投标单位（或个人）的名称、各种联系方式和投标日期，另外还需盖有投标单位的公章以证明投标书的庄重性。

二、招标书和投标书的写作要求

标书是受到国家和地方法律监督和保护的文书，要熟悉招标投标的程序，清楚招标投标

的来龙去脉，才能写好各种标书。招标书和投标书的写作具体要求如下：

（一）招标书写作之前要做好准备工作

首先，招标书的起草要经过上级主管部门的批准。只有经过上级主管部门批准，才能起草招标书，而且在招标书中一般应写清楚经过什么单位批准，这样不仅使招标书具有权威性，且使投标者产生信任感。其次，在起草招标书之前要搞好相关的市场调研工作，掌握市场信息，这样才能根据实际情况，准确地确定招标项目的标准、条件、标底等各项内容，使之后的招标程序顺利进行。

（二）招标书写作内容要遵纪守法、翔实周全

招标活动是法人之间进行的一种经济活动。国家和地方政府都为此颁布了一系列法律法规，因此招标文书的各项内容必须遵守这些法律法规，不得违法。另外，招标书的各个项目内容都要书写周全，不得有任何疏漏，各种规格的测算要科学合理，写得越具体越好。这样才能使投标者可以参照招标书内容，并根据自己的实际情况，做出正确的判断。除此之外，招标单位在招标书的文字表达上也要考虑周全，无论是技术规格还是数据表述都要准确无误，避免含混不清，以致产生歧义。文字表述要简洁明了，与招标无关的字句应予删去，做到让有意投标者一目了然。

（三）投标书写作之前要对招标情况深入了解

投标单位在起草投标书之前要深入了解招标书的具体内容，主要包括招标范围、规定、招标方式、招标截止时间等。全面了解招标书，并抓住一些关键问题，这将有助于投标书的起草。除了了解招标书中的内容之外，还要对招标项目做周密的调查研究和精确计算，合理核算成本，了解市场信息，恰当报出价格，最后为形成一份具有竞争力的投标书做最充足的准备工作。

（四）投标书内容要符合投标者实际，表述准确

投标单位对自身所具备的条件和能力应实事求是，投标书中做出的任何承诺都应是投标单位可以达到的，切不可夸夸其谈。因为在夸大的情况下即使中标，最后也会给招标方和投标方带来经济损失。另外，内容的表述要准确规范。投标书内容一定要注意与招标书内容相对应，对招标的要求给出明确的回答和说明，无论单价、合计、总报价均应仔细核对。除此之外，要注意投标书的保密性，在送达招标单位之前一定要密封保存，否则投标书就可能成为无效投标书，浪费投标方的财力、人力和物力。

三、招标书和投标书写作的注意事项

（1）写作标书之前，应先熟悉各项相关的国家及地方的政策、法律法规，遵守国家对招标投标工作的有关规定和具体办法，执行国家颁布的技术规范及质量标准。这样才能保证标

书的法律有效性。

（2）招标文件要贯彻平等互利的原则，程序内容公开、公正、公平，语言平实、准确，不可暗箱操作，给人以可乘之机，力图实现招标投标的双赢局面。

（3）标书中有关技术规格的内容应当精确无误。各类别标书必将涉及各类专业内容，应请相关方面的专家仔细研究规格，制定出科学合理的规格要求。如果投标单位在规定的时间内提供的商品或工程项目的技术规格与投标书中的说明不符，投标人应承担法律责任和商务赔偿。技术规格说明的主要内容应包括投标单位所提供的仪器设备在什么条件下使用，投标户所提供的设备规格与招标要求之间的差异范围等。

第三节 例文简评

例文1：

信息学院实验室设备采购招标书

华侨大学招标小组受华侨大学的委托，对信息学院实验室设备进行招标。现将有关招标事宜说明如下。

一、设备的配置与技术指标

名称：集成电路版图级设计工具（IC设计软件）

数量：1套

主要技术指标及适用范围：

支持原理图、VHDL、Verilog设计输入及模拟电路设计环境

能进行集成电路版设计综合及物理验证

能进行集成电路设计仿真分析，并有HSPICE仿真器接口

能兼容EDIF200/300格式的集成电路设计综合

UNIX操作系统

报价：CIP厦门，若包含开证、报关等费用另外单列

大学合作计划价格

售后服务承诺：详列

二、有关说明

1. 投标时，各投标商要携带有效工商、税务登记证（副本）或加盖工商、税务校验红印或蓝印公章的复印件以及投标人代表的身份证等证件，投标人代表若非法人代表，需出示委托证明，方可参加投标。

2. 各供应商投标时须出具有关此批招标项目的原厂商授权证明，且保证此批设备为正式渠道，并不得诋毁、排挤其他地区、品牌之代理商参加投标。否则，所引发的法律后果将由投标方承担。

3. 本工程招标项目包括设备、软件及其安装、调试、培训和运保等费用。

4. 本批设备的维护承诺必须以合同方式体现。

5. 招标小组将对本次采购设备的报价及公司的资质信誉与售后服务的承诺等内容进行评议。

6. 各供应商要严格按设备招标清单顺序与内容报价，不能报价的项目可以空着不填。

7. 投标价是指 CIP 厦门的价格，若包含开证、报关等费用另外单列。

8. 中标者需于合同签订后 60 天以内安装调试完成并可交付使用。

9. 各投标商须交纳押金 1 万元，方可参加投标，未中标商的押金于评标结果公布后退还。中标商于签订合同并货到验收后取回押金，不履行合同签约或合同条款的中标商按违约处罚，招标人有权没收其押金。

10. 若发现各投标商有串标、转标行为，招标人有权没收其押金，并取消其中标资格。

11. 付款方式：设备安装调试完成并验收合格后一周内付工程款的 100%，但中标方须交 5%现金作质量保证金，若无违约行为和质量问题于半年后退还押金。

12. 投标商必须于 2005 年 3 月 31 日（星期四）上午 8：00 前到物资采购中心交纳投标文件及投标押金。资产处将于 2005 年 3 月 31 日（星期四）上午 8：30 在资产处召开招标会，现场开标并当场公布评标结果。

13. 投标人要提供投标报价文件一式十份，分别装订密封。

14. 若不参加投标，请务必于 2005 年 3 月 24 日前通知我中心。

招标方式：邀请投标

投标地点：华侨大学资产管理处

联系电话：黄自强 0595-22693878

传　　真：0595-22693798

华侨大学物资采购中心

2005 年 3 月 18 日

简评：本例文出自于华侨大学网站（http://info.hqu.edu.cn/sbc/buy/bid_notice）。本文是一篇比较简单的设备招标书，它的标题简洁明确，加上了招标单位的名称“信息学院实验室”，并且写明了这是一个设备采购的招标书。在正文中，以清单的方式（表格式）写出了设备配置和技术指标的具体要求，并尽可能详细周全地列示出所有的有关说明，这是该文最有特点的地方。结尾部分写了招标单位的名称、招标方式、电话传真等信息。这份招标书文字表达清楚，内容周全，可以给投标人以最多信息的提示。

例文 2：

通信器材投标书

致：________________________________

根据贵方为________________________________项目招标采购货物及服务的投标邀请______________________（招标编号），签字代表__________________（全名、职务）经正式授权并代表投标人__________________（投标方名称、地址）提交下述文件正本一份和副本一式_______份。

（1）开标一览表

（2）投标价格表

（3）货物简要说明一览表

（4）按投标须知第 14、15 条要求提供的全部文件

（5）资格证明文件

（6）投标保证金，金额为人民币____________________元。

据此函，签字代表宣布同意如下：

1. 所附投标报价表中规定的应提供和交付的货物投标总价为人民币__________元。

2. 投标人将按招标文件的规定履行合同责任和义务。

3. 投标人已详细审查全部招标文件，包括修改文件（如需要修改）以及全部参考资料和有关附件。我们完全理解并同意放弃对这方面有不明及误解的权利。

4. 其投标自开标日期有效期为____________________个日历日。

5. 如果在规定的开标日期后，投标人在投标有效期内撤回投标，其投标保证金将被贵方没收。

6. 投标人同意提供按照贵方可能要求的与其投标有关的一切数据或资料，完全理解不一定要接受最低价格的投标或收到的任何投标。

7. 与本投标有关的一切正式往来通讯请寄：

地址：__________________________邮编：__________________________

电话：__________________________传真：__________________________

邮箱：__________________________

投标人代表姓名、职务：____________________

投标人名称（公章）：____________________

日期：______年___月___日

全权代表签字：____________________

简评：本投标书格式来源于中国通信器材商务网（http://www.tel-ware.com.cn/html/zbtb/tbs2.html），这是通信器材方面的一个标准投标书格式。标题简洁明了，正文内容详尽地列示出投标方提供给招标方的信息，结尾部分包含了投标方的地址、电话、邮箱名称等，内容周全具体，条理清楚。

思考与练习

1. 招标书和投标书有哪些特点？

2. 招标书和投标书的作用有哪几个方面？

3. 招标书和投标书一般由哪几部分构成？

4. 招标书和投标书的写作应注意哪些问题？

第五篇

日用文书篇

第十六章　常用往来文书

第十七章　常用告知文书

第十六章　常用往来文书

本章学习要点与要求：

本章主要阐述了求职信、介绍信、证明信和申请书的相关知识。学习要点有：求职信、介绍信、证明信和申请书的概念、特点、分类和作用；求职信、介绍信、证明信和申请书的基本结构、具体写作要求及注意事项；求职信、介绍信、证明信和申请书的范例及其评析。通过本章的学习，要求理解求职信、介绍信、证明信和申请书的含义和特点；掌握求职信、介绍信、证明信和申请书的基本结构、写作要求及注意事项；在分析范例的基础上，能够熟练而准确地写作求职信、介绍信、证明信和申请书。

第一节　常用往来文书——求职信、介绍信、证明信和申请书概述

一、常用往来文书的概念

往来文书是一类适用范围较广、使用频率很高的文体，根据具体类别不同，写作方法也有所不同。本章介绍最常用的四种：求职信、介绍信、证明信和申请书。

求职信是向用人单位自荐并谋求职位的专用书信，集介绍、自我推销和下一步行动建议于一身，它是对履历表的归纳总结，同时重点突出了求职者的背景材料中与未来雇主最有关系的内容。一份好的求职信能体现求职者的表达能力、沟通交际能力和性格特征。

介绍信是机关团体、企事业单位的人员与其他单位或个人联系工作、了解情况、洽谈业务、参加各种社会活动使用的一种专用书信。介绍信包括铅印成文不留存根的印刷介绍信、铅印成文带存根的印刷专用介绍信、用一般公文纸写的书信式介绍信三种。

证明信是以企业或个人名义，凭着确凿的证据证明某人的身份、经历、收入，或者证明有关事项，或者证明代理的权限范围的专用文书。证明信的内容一定要真实、可靠。出具的证明信具有法律效力。

申请书是个人对组织、下级对上级、一般单位对主管部门有所请求而写的。申请书也是一种特殊的书信样式，一个人或单位想参加什么组织，或者请求上级有关部门帮助解决什么问题，这就需要写申请书了。

二、常用往来文书的特点

常用往来文书除具有时效性的共性外，还各自有其特点。

（一）求职信的特点

1．目的性

撰写求职信的目的是为了获取职位，因此求职信的内容要紧紧地和求职目的相挂钩，要从用人单位和自身条件入手，找到二者的结合点，通过求职信来引起用人单位的兴趣，达到成功推销自己的效果。自荐的内容要突出重点、分清主次、有的放矢，做到有吸引力、有说服力。

2．介绍性

求职信是为了让用人单位对求职者进行综合了解，获得面试机会。因此，在撰写求职信时要客观地分析自己的优势和不足。假设雇主只花三十秒阅读一封求职信，每天也要应付好几百封，只有极好的求职信，才能引起他们的兴趣。极好的意思是指符合雇主的要求，通过短时间的阅读，能够让雇主清晰而准确地判断求职者的状况，也只有这样的求职信，才能为求职者争取一个面试机会。

3．新颖性

求职信不应枯燥乏味，程式化。要具有新颖性，生动有趣地反映个性，能在最初的几秒钟内抓住雇主的注意力，使其有兴趣看下去。好的求职信几乎总能受到未来雇主的青睐，因此求职信的内容、表达手法和表达方式对求职信而言非常重要。

（二）介绍信的特点

1．证明的特点

介绍信最根本的特点是具有证明作用。介绍信是机关团体必备的具有介绍、证明作用的书信。接收介绍信的人，可以凭借此信同有关单位或个人联系，商量洽谈一些具体事宜，并从对方的介绍信中了解来人的职业、身份、要办的事情、要见的人、有什么希望和要求等。介绍信是连接双方关系的一个桥梁，其目的旨在证明来人的身份，以便防止假冒。

2．时效的特点

介绍信相当于一个在一定时间内的有效证件，是一种在限期内才具备有效性的一种专用文书。它可以帮助对方了解你的身份、来历，同时也赋予了你一定的责任和权利，所以介绍信一般都开列出一定的时日期限。

（三）证明信的特点

1．凭证的特点

证明信的作用贵在证明，是持有者用以证明自己身份、经历或某事真实性的一种凭证，所以证明信的第一个特点就是它的凭证作用。

2. 书信体的格式特点

证明信是一种专用书信，尽管证明信有好几种形式，但它的写法同书信的写法基本一致，它大部分采用书信体的格式。

从以上可以看出，介绍信和证明信都有类似证明的作用，其主要区别在于使用范围的不同。证明信主要在以下一些情况下使用：某人要入党入团，组织在进行调查时，原单位或有关人员要为其写出证明信；有些真相模糊不清的历史事实或事件，由于被人歪曲，需要当时亲身经历的人写出证明以澄清事实；在公安机关寻求某些案件的目击者时，当时在场的群众写出证明信，以说明案发时的真实情况；个人在为单位办理某些事项，或个人由于具体情况而必须向单位做出解释说明时，也可以请有关人员出具证明。而介绍信主要用于组织间业务工作的接洽。

（四）申请书的特点

请求的特性是申请书的一个根本特点。“申请”，顾名思义是申述自己的理由有所请求的意思。无论是个人在政治生活上入团入党的申请，或者个人、单位在其他方面的申请，均是一种请求满足要求的一种公用文书。所以请求性是它最显著的特点。

三、常用往来文书的分类

（一）求职信的分类

求职可归纳为自荐求职和应聘求职两种情况。与此相对应，本文认为求职信也可分为自荐求职信和应聘求职信两种类别。所谓自荐是指求职者在并未获得准确用人信息的情况下，主动向自己感兴趣的单位冒昧写的、带有自我推荐性质的求职信，目的是投石问路，争取获得进一步接洽的机会；应聘则是根据某单位在新闻媒体上刊登或播发的招聘广告，有针对性地写给该单位以谋求某一特定职位及反映自身条件的求职信。两者各有利弊：自荐竞争者少，可有更多展示自己才华的机会，但针对性差；而应聘则面对众多的竞争者，但目的性和针对性较强。

每年的毕业生求职时发出的求职信，多属于应聘求职的范围。

（二）介绍信的分类

介绍信按成文方式的不同可分为铅印成文不留存根的印刷介绍信、铅印成文带存根的印刷专用介绍信和用一般公文纸写的书信式介绍信三种。

（三）证明信的分类

证明信按照不同的分类标准，可以进行如下分类。

按证明信内容的不同可以将证明信划分为证明某人身份的证明信、证明某人某一时期的工作经历的证明信和证明某件事情真相的证明信等。

按证明信具体存在方式的不同可以将证明信划分为公文式的证明信、书信式的证明信和便条式的证明信等。

按开具证明的主体不同可以将证明信划分为以组织名义所发的证明信和以个人名义所发的证明信两种。而以组织名义所发的证明信还可根据证明信的样式再细分为普通书写的证明信和印刷证明信两种。我们认为这种分类是较合理的，由此展开。

1．以组织名义所发的证明信

这种证明信多数是证明某人曾在或正在该单位工作的证明信。它可以证明此人的身份、经历、职务，以及同该单位的所属关系等真实情况。这种材料的来源一般源于该单位的档案或来自调查研究。

以组织名义所发的证明信可采用普通书信形式，一般都是该单位的负责人或文秘根据真实的档案或调查的材料，来组织书写的一种证明性书信。篇幅可长可短，视具体情况而定。

以组织名义发出的印刷式的证明信则是一种较方便的、已事先把格式印好、只需填写主要内容的一种证明信。这种证明信一般留有存根，以备事后查看。这是一种较为正规的证明信。

2．以个人名义所发的证明信

这类证明信由个人书写。证明信的内容完全由个人负责。写这样的证明信，个人一定要严肃认真，仔细回忆，不得信笔由缰，马马虎虎。个人所写的证明信一般都采用书信体格式。

（四）申请书的分类

1．思想政治生活方面的申请

思想政治生活方面的申请一般指加入某些进步的党派团体，如申请加入中国共产主义青年团、中国共产党、少年先锋队、工会、参军等而写的申请。

2．工作学习方面的申请

这类申请是在求学或在实际工作中所写的申请，如入学申请书、带职进修申请书、工作调动申请书等。

3．日常生活方面的申请

在日常生活中，我们常常会遇到一些切身的问题，如柴米油盐、吃穿住行等，需要个人申请才可以被组织、集体、单位考虑、照顾或着手给予解决，此时，需要写相应的申请以引起注意，诸如申请福利性住房、申请结婚、个人申请开业或申请困难补助等。

四、常用往来文书的作用

求职信的作用在于介绍自己、推荐自己，使用人单位了解自己的素质、品格、经验、专长，并留下较好的印象。一封好的求职信不一定能确保得到一份工作，但会使雇主考虑你的申请并安排面试。你不可能把个人的全部资料都写进一封信中，但求职信必须提供足够的信息，使雇主想见你，和你谈话，更多地了解你。虽然要求得一份好工作，光写一封好的求职信是不够的，还需要个人的能力、具体经验和好的性格，但是求职信为你打开了大门，给你提供了推销自己的机会。

介绍信的作用主要是起到介绍和证明的作用，如介绍信件持有人的姓名、身份、人数、接洽事项等情况。

证明信的作用是以机关、团体、个人名义，对某一情况或某个人的身份、经历提供证明。证明信的内容应绝对真实、可靠。

申请书的作用起到了申请人向组织表达意愿，或下级向上级讲清问题并请求获得帮助的作用。

第二节　常用往来文书的基本结构及其写作

一、常用往来文书的基本结构

（一）求职信的基本结构

求职信通常为一页，分为开头、中间部分和结尾；通常首先介绍自己的身份和写信目的，接着写出或推销自己的优势或长处，在结尾处再建议下一步的行动。

开头部分包括称呼、问候语称呼，写明收信人的姓名和称谓或职务。如：×××先生、×××女士或×××经理等。

中间部分是求职信的主体部分，一般应说明你应聘的职位、原因、与该职位相关的自身经历、你的期望并感谢贵方阅读你的求职信等。具体可写成三段式或四段式。

首先，写明你要申请的职位以及你是如何得知该职位的招聘信息的。如：“尊敬的人事经理，我近日在××报纸上获悉贵公司正在招聘市场部项目经理一职，特寄上简历敬请斟酌。”这一段最为重要。如果开头几个句子不能够吸引读信人的注意力，则这封信很可能会被弃之一旁。一般该部分应表明你能为对方做些什么，而不是你想要得到些什么。

其次，说明你如何满足公司的要求，陈述个人技能和个性特征。最好附上你已经取得的成果及解决的问题的事例，这些事例与你所申请的工作类型必须相关。如：“我是一个成功的销售人员。在××公司任××职位的 3 年期间，曾数次因工作的主动性与创造性而受到奖励。我负责的××区域的××产品销售市场占有率一直保持在×%以上。我相信我在××领域里的市场销售经验完全能够胜任贵公司一职。”

最后，表明你希望迅速得到回音，并标明与你联系的最佳方式。如：“我将在（时间）内与贵公司联系，看能否约定时间面谈，如果您希望提前与我联系，请打电话。”

这部分的内容一般占三或四段。当然，也不必死守规则，可视情况灵活运用。

结尾部分感谢对方阅读并考虑你的应聘。

（二）介绍信的基本结构

普通介绍信一般由标题、称谓、正文和落款四部分构成。

1．标题

标题一般是“介绍信”三个字，字要比正文大些。

2．称谓

称谓一般指明联系单位的名称或个人的称呼。

3．正文

被介绍人的姓名、身份、人数（派出人数较多，可写成“×××等×人”）；接洽事项和向接洽单位或个人提出的希望。最后一般有惯用语“请接洽”、“望接洽为盼”、“请予协助”、“此致敬礼”等。

4．落款

落款包括本单位名称和写信日期，加盖公章。

此外，还有印刷式带存根的介绍信。介绍信共有两联：一联是存根，另一联是介绍信的本文。两联正中有间缝，间缝虚线上编有号码。间缝将存根联与正式联可以左右隔开，也可以上下隔开。结构与普通介绍信相同，但有印好的规定格式，使用时只需按格式填上上述几项内容即可，存根部分按格式要求简填备查。

（三）证明信的基本结构

证明信一般由标题、称谓、正文和落款四部分构成。

1．标题

证明信的标题通常单独以文种名作标题，即在第一行中间冠以“证明信”、“证明”字样，或者由文种名和事由共同构成，如“关于×××同志××情况的证明”。

2．称谓

称谓指受文单位名称或受文个人的姓名称呼，在第二行顶格写，后面加冒号。供有关人员外出活动证明身份的证明信因没有固定的受文者，开头可以不写受文者称呼，而是在正文前用公文引导词“兹”引起正文内容。

3．正文

正文是证明信的主体部分，在称呼下面另起一行，空两格书写。具体书写的内容因证明的事项不同而有所差异，但都要针对对方所要求的要点写，要你证明什么问题就证明什么问题，其他无关的内容不写。如证明的是某人的历史问题，则应写清人名、何时、何地及所经历的事情；若要证明某一事件，则要写清参与者的姓名、身份，及其在此事件中所处的地位、所起的作用和事件本身的前因后果，也就是要写清人物、事件的本来面目。

正文写完后，要另起一行，顶格写上惯用语“特此证明”四个字，也可直接在正文结尾处写出。

4．落款

落款应署名和写明成文日期。一般在正文的右下方写上证明单位或个人的姓名称呼，成文日期另起一行，然后由证明单位或证明人加盖公章或签名、盖私章，否则证明信将是无效的。

（四）申请书的基本结构

申请书是一种专用书信，因此它也必须按照书信的格式来行文。申请书一般由标题、称谓、正文、结语和落款五部分构成。

1．标题

申请书的标题一般由性质加文种构成，如《入团申请书》；也可以用文种“申请书”作标题。

2．称谓

称谓指接收申请书的单位名称或领导人姓名。如“×××团支部”、“系总支领导同志”等。一般另起一行顶格写，后面加冒号。

3．正文

正文的内容因要求不同而不同，一般包括申请内容、申请原因、决心和要求三部分。

（1）申请内容。开篇就应向领导、组织提出申请的内容。要开门见山，直截了当，不能含糊其辞。

（2）申请原因。为什么申请，也就是说明写申请的目的、意义及自己对申请事项的认识。

（3）决心和要求。最后进一步表明自己的决心、态度和要求，以便组织了解申请人的认识和情况。这部分应写得具体、详细、诚恳有分寸，语言要朴实准确，简洁明了。

4．结语

申请书可以有结语也可没有。结语一般是表示敬意的话，如“此致　敬礼”等；也可写表示感谢和希望的话，如“请组织考验”、“请审查”、“望领导批准”等。

5．落款

在右下方署明申请人的姓名，并在下一行注明申请的成文日期。

二、常用往来文书的写作要求

（一）求职信的写作要求

一封高质量的求职信有助于求职者顺利地谋求到一份理想的工作。求职信的写作首先要做到结构合理，一目了然。其次，内容简练，写出雇主所需。既然求职信是写给未来雇主看的，所以应针对雇主的需求和本人的条件，列出自己相关的资历与技能，以说服他给予一个面试机会。最后，写作的语气、用词的选择和对希望的表达要积极，应该充分显示出你是一个乐观、有责任心、有创造力和通情达理的人。

（二）介绍信的写作要求

书写介绍信是为了向某人介绍第三者或说明某种情况，因此，写作时一定要简明扼要，直入主题，介绍清楚所介绍的人，叙述清楚所说的事，用词得体，用语婉转，语气亲切。对于用企业的印刷信笺单独给对方书写的信函，与普通介绍信不同，每一封都有其特定的目的和内容。除满足普通介绍信的写作要求外，还要求必须使用信封递送。这种介绍信主要用于在商务工作中需要比较详细介绍某人时使用。

（三）证明信的写作要求

证明信是证明某人身份、经历或事情真相的。一般由单位或熟悉情况的个人来写。首先，证明信的各项内容要填写齐全。其次，如果是以个人名义所发的证明信，要写明写证明信者本人的政治面貌、工作情况等，以便使审阅证明信的人了解证明人的情况，从而鉴别证明材料的真伪与可信程度。若所写的证明信的内容本人不太熟悉，应注明“仅供参考”的提示性语言。第三，要开宗明义地表达需证明的事项或内容，用词要准确，切忌用词含混不清。此外，对于随身携带的证明信，一般要求在证明信的结尾注明有效时间，过期无效。

（四）申请书的写作要求

申请书因申请的事项不同而涉及不同的书写内容，叙事说理在写法上各有侧重，但无论哪类申请书，叙事都要开门见山，直截了当，事实清楚具体，不含糊其辞；说理要符合实际、有的放矢。根据申请的不同事项，在语言选用和表达语气上也各有千秋，如入党或入团的申请书，在书写时语言要严肃、简洁、准确；而在申请调动工作时，语言要做到谦和。此外，书写要做到字迹工整，格式规范，态度认真。

三、常用往来文书的注意事项

（一）求职信的注意事项

若想写出一份出色的求职信，应当关注以下几点注意事项：

（1）使用专用的纸张，上端写有你的姓名、地址和电话号码。你的简历要使用配套纸张——它能显示你的档次和职业风范。

（2）尽量把求职信的长度控制在一页之内。确保求职信简短达意，绝对不要杂乱无章，言之无物。同时确保求职信中绝对不出现拼写、打印和语法错误。

（3）在求职信中展示你独特的解决问题的技能，并且用特定事例加以支持。

（4）如果没有被要求，不宜在求职信中谈论薪金。

（5）不要说谎或者夸大其词，求职信和简历中说的一切都必须能够在面试中得到支持和证实。

（6）使用敬语结束附信。

（7）尝试换位成读信者看看能否从自己的求职信中得到读信者需要的资料。

（8）切记一定写上可在办工时间内联络得上你的电话号码、手机号码、电子邮箱等便捷的方式。

（9）记住每封寄出的求职信都应保留一份副本，以便日后获面试机会时参考。

（二）介绍信的注意事项

介绍信是介绍来人身份的一个有用的证件，它是建立一种良好的合作或有效办理某项事情的有效凭证，所以在写或填写介绍信的时候，一定要确保所写的全部内容真实可靠，不得虚假编造；所写的介绍信务必加盖公章，注明有效期限以免以后造成不必要的麻烦；介绍信书写一般不得涂改，有涂改的地方，需加盖公章，否则此介绍信将被视为无效；要书写工整；有存根的介绍信，存根联和正式联的内容要完全一致。存根底稿要妥善保存，以备日后查考。

（三）证明信的注意事项

一是证明信的语言表达要十分准确，言之有据，不可含糊其辞；二是写作态度要实事求是，严肃认真；此外，证明信不能用铅笔、红色笔书写，若有涂改，必须在涂改处加盖公章。

（四）申请信的注意事项

为使有关方面便于研究解决问题，在写申请书时，一定要明确具体地表达自己的理由和要求；同时，写作语言要准确，文字要朴实，只要对方看懂即可，不可浮泛冗长，故弄玄虚；此外，写作时还要注意行文的语气，这是一种下对上的行文方式，因此，语气要谦虚、态度要平和，不可提什么过分的要求。

第三节　例文简评

例文1：求职信

求职信

×××先生或×××女士或×××经理：

尊敬的人事经理，我近日在××报纸上获悉贵公司正在招聘市场部项目经理一职，特寄上简历敬请斟酌。

我是一个成功的销售人员。在××公司任××职位的3年期间，曾数次因工作的主动性与创造性而受到奖励。我负责的××区域的××产品销售市场占有率一直保持在×%以上。我相信我在××领域里的市场销售经验完全能够胜任贵公司一职。

我将在（时间）内与贵公司联系，看能否约定时间面谈，如果您希望提前与我联系，请打电话。

联系电话：××

电子邮箱：××

通信地址：××

非常感谢您抽时间阅读此信，希望能有机会面谈。

此致

敬礼

×××

2010年11月28号

简评：这是一篇应聘求职信。作者在第一段即说明所求的职位，使读信者能马上了解他的所求。在第二段列出了与职业相关的个人所长和相应的成功经验，实事求是，言之有物，突出了自己的优点，对所求职位有很强的针对性。没有夸夸其谈，弄虚作假。最后在信尾明确写出电话、邮箱、通信地址等可以随时有效联系自己的联络信息。如果求职者能谈谈对行业前景的展望、市场分析或建设性意见会收到更好的求职效果。此外，若表现风格上能显示出其个性和创新，效果会更好。这封信总体来说，态度诚恳，措词得当，用语不隐晦，恭敬而不卑微，自信而不自大，是一封目的明确、言简意赅的求职信。

例文 2：求职信

求职信

×××人事部先生：

我是 2002 年南京农业大学的一名毕业生，我的专业是××，我看到了你们的人事干部招聘信息，我希望你们给我一个机会，我愿意做任何工作。

按照我的理解，人事经理应当如同企业领导者的左膀右臂，具有承上启下的作用，尤其是现代企业所特别强调的团队合作精神，应当具备一定的组织能力和号召力。当然，现代企业的人事经理，仅有这些基本素质是远远不够的，还应当具备相当的知识技能、良好的人际沟通能力以及熟练地掌握人事政策，具有丰富的人事工作经验。虽然我没有什么经验，但是我希望你们能给我一个锻炼的机会。

我的联系地址是南京农业大学，××系××宿舍××号。

我盼望能得到你们的回复。

×××

2010 年 9 月 15 号

简评：这是一篇不太成功的求职信。存在的问题主要有以下几点。（1）信开头称谓只写“先生”，如果读信者是位女士呢？显然不如直接写职位如“经理”等更礼貌。（2）正文第一段中，求职者没有写明自己希望的职位，给人一种完全没有经验的感觉，而且读信人也不能明白求职者的目的，使得招聘者无法进一步满足他的要求。这一种写法往往是新毕业的学生写求职信常犯的错误。（3）第二段完全没有与求职者自身经历、经验有关的文字，只是空谈，给人哗众取宠、门外汉的感觉。本段应是求职者展现个人职业经历、相关成功经验的部分，招聘单位非常依赖这一段的信息来决定是否进一步与求职者接触。而像这封信的写法，使招聘者无法评判这位求职者的能力和潜力，因此，也不可能会考虑他。（4）最后的联系方式是非常不方便的宿舍地址，没有留下电话或手机号，这样即使招聘者愿意与你面谈，也将因为无法及时联系而放弃。（5）结尾很平淡，没有礼貌性的感谢语。

整体来说，这封信写的华而不实，显示出求职者的外行与没有信心。虽然大学毕业生在申请第一份职业的时候常常会问：“我在求职信里能提供什么呢？招聘者需要工作经历，我刚毕业，根本就没有经历可言。”答案是你所做的一切都是经历。你参加过辩论赛或演讲比赛吗？你参加过文艺汇演吗？你当过家教吗？你当过业余编辑、记者或通讯员吗？如果你曾经是学生会主席、班长，荣获过奖励，参加过计算机或外语培训等，都可以写出来。任何能显示你的能力、创造性、积极性、毅力等的证据都是十分有用的。不要因为缺乏实际工作经历而沮丧，应尽量找到自己经历中与所求职位需要的交叉点，突出介绍你自己所具有的优势。

例文3：介绍信

××进出口有限责任公司专用介绍信（存根）

（××字第××号）

××、××、××等人前往××联系××××。

××年×月×日

————————××字第××号（盖章）————————

××进出口有限责任公司专用介绍信（正式）

（××字第××号）

××：

兹介绍××、××、××等×位同志（系我公司……），前往贵处联系……，敬请接洽并予以大力支持。

此致

敬礼

××进出口有限责任公司（盖章）

××年×月×日

简评：这是一份铅印成文一式两联的带有存根的印刷介绍信。存根联与正式联由间缝上下隔开，在存根部分，有标题“介绍信（存根）”，在第二行有“××字第××号”字样需要填写。在正文处需要依次填上姓名、人数、相关身份内容及前往何处需办理什么事等。结尾注明日期即可。正式联与存根内容大体一致，不再详述，但在结尾处要写些祝愿或敬意的话，还要写上介绍信有效期限。要署上详细单位名称全名并加盖公章注明日期。带存根的介绍信都是印刷制品，格式规范，可起到证明的作用，是目前使用较多的介绍信。

例文4：介绍信

介 绍 信

尊敬的张经理:

您好!

由于与贵地区分销商联系的业务员王娟娟准备休产假一年，特向您介绍接替王娟娟的赵健先生。

赵健先生在省大学毕业后，在我公司销售部已经工作三年，曾参与过多次公司销售策划方案的制订和实施，有较强的工作能力。赵健先生为人直爽、乐于助人，又是浙江人，相信由他担任东南地区的业务员一定会与各分销商搞好关系，取得更出色的业绩。

赵健先生将于下月 8 号拜访贵公司，烦您接洽，并能向各位分销商介绍。若还需何信息，望来函。

顺颂

商祺！

人力资源部经理：王江

2010 年 8 月 5 号

简评：这是一份书信式的介绍信。介绍信中说明人事变动的原因，介绍了接替人赵健先生的详细情况，包括其原来的工作岗位、工作业绩；由于是销售工作，并介绍了赵健的性格、人品及其籍贯，这与接替岗位都有关系。最后说明拜访的时间，并有问候语。整篇介绍信语言简洁，叙事清楚，语气谦和、客气。

例文 5：证明信

证　　明

××公司：

贵公司××先生，原是我公司销售部经理，工作积极，认真负责，具有较强的工作能力。××先生为人直爽、乐于助人，曾多次被评为先进工作者并受到嘉奖。

北京市××公司（盖章）

2010 年 6 月 3 日

简评：这是一份为××过去的工作业绩及其性格、人品开出的证明信。内容简明扼要，语言简洁，语气肯定。最后加盖公章，注明日期。

例文 6：申请书

职工购买经济适用房申请书

××省××局经济适用住房领导小组：

我是××分管局的职工李××，于 1975 年出生，1996 年通过考核被录取为员工，在××省××分局从事成本核算工作。本人申请购买经济适用房一套。

我的家乡在河北省鹤壁市，大专毕业后，我只身来到西昌工作，一直没有住房，婚后只能与妻子和女儿租房住，本来我每月的收入就比较低，每月除去 1 500 元的房租后已所剩无几，生活变得十分困难。由于西昌到处都在搞房屋建设，我又不得不三番五次地搬家，再看着日益上涨的房价，摸摸口袋里微薄的收入，也只有无奈地按捺住心中那份强烈地购房欲望了。

××省××局的经济适用住房政策让我又看到了购房的希望之光，这让我们这些买不起房的老百姓也有机会住进政府、单位的福利房、关心房。看到发布的经济适用住房的购房资格标准后，我非常的高兴，正好我也符合购房的资格条件，为此我申请购买经济适用住房。

我的具体情况如下：我的家庭人口为3人，我和我妻子邓××，女儿李××。目前我在州公路局××分管局工作，妻子在××县××乡工作，女儿今年8岁在××市九小上学，我们一家现居住在××地质大队的职工住宿区，住房是临时出租屋。

恳请领导们能批准我购买经济适用住房，我将不胜感激。

此致

敬礼！

一个十分需要住房的人：李××

2010年11月26号

简评：这是一篇因个人生活有特殊困难希望组织帮助解决的申请书。重点在于真实地反映了实际存在的困难情况，以事实来说服人，再提出诚恳的希望和要求。

例文7：申请书

入党申请书

敬爱的党：

像小苗盼望阳光雨露那样，我殷切期望早日投入您慈母般温暖的环抱，在您的直接关怀、教育、培养下，成为伟大社会主义祖国四化建设的有用之材。因此，我盼望成为一名中国共产党党员。

敬爱的党，虽然我不能像健康人那样，在学校里系统地学习党的光荣历史，但是，从给我以厚爱的亲朋师友之中，从我自学的课堂上，从二十几年的生活经历中，我同样强烈地领略到党的光荣和伟大。我们的党是中国工人阶级的先锋队，是中国各族人民利益的忠实代表，是中国社会主义事业的领导核心。党的最终目标，是实现共产主义的社会制度。我们的党领导全国各族人民，经过长期的反对帝国主义、封建主义、官僚资本主义的革命斗争，取得了新民主主义革命的胜利，建立了人民民主专政的中华人民共和国。"没有共产党就没有新中国"的歌声，唱出了人民的心声，也道出了一个伟大的历史事实。新中国成立以后，党又领导全国人民顺利地进行了社会主义改造，完成了从新民主主义到社会主义的过渡，确立了社会主义制度，发展了社会主义经济、政治和文化。特别令人难忘的是，我们的党经受住了"文化大革命"的严峻考验，在国家和人民最危急的关头，一举粉碎了林彪、江清两个反革命集团，挽救国家于存亡之际，救人民于水火之中。党的十一届三中全会的召开，在各条战线上取得了拨乱反正的重大胜利，实现了历史性的宏伟转变，规划了"四化"建设的宏伟蓝图。党的"十二大"以来，随着社会主义建设新局面的开创，各族人民意气风发、同心同德奔向未来。历史证明，我们的党不愧为光荣、伟大、正确的党。

作为一名病残青年，我更无时无刻不在感受党的温暖。没有党的关怀，就没有我的生命，更没有我的今天。特别是当我在生活中克服了一点困难，在工作中做出了一点成绩的时候，党又给我以很高的荣誉，使我时时有一种无功受禄之感。我付出的太少了，得到的太多了，纵然献上我的青春和生命也无法报答党和人民对我的厚爱。

我深知，自己和一个真正的共产党员的要求相差太远了。但我决心时时处处以一个党员的标准严格要求自己，战胜困难，刻苦自学，百折不挠，奋力攀登，更多地掌握“四化”建设的本领，为共产主义事业贡献微薄的力量。敬爱的党，请考验我吧！

申请人张××

2010年4月21日

简评：这是一篇申请加入中国共产党的申请书。正文部分开头直接表明自己申请加入中国共产党的愿望，接下来结合党的历史和自己的感受说明申请入党的理由，最后简要地表明了申请的态度。全文详略得当，格式规范，情真意切，真挚地表达了作者渴望加入中国共产党的强烈愿望。

思考与练习

1．在写求职信动笔之前，请考虑如何回答以下问题：

（1）未来的雇主需要的是什么？在你期望得到的职位中，什么样的技能、知识和经历是最重要的？

（2）你的目标是什么？你写求职信的目的是什么？想获得一个具体的职务、一次面试的机会或仅仅希望有人通过电话花10—15分钟与你谈一下有关机构的总的情况？

（3）你可否为此雇主或职位提供三至五个优点或优势？如果你是针对某个具体的职位而写此信，那么所列的你的优点应该就是招聘广告上需求的；如果你不是针对具体的职位的话，就按通常的所需知识和经历来考虑。

（4）如何把你的经历与此职位挂钩？请列举两个具体的你曾获得的成就，它们能证明你在第三问中所提的你的优点。

（5）你为什么想为此机构或雇主服务？你对他们的了解有多少？包括他们的产品或服务、任务、企业文化、目标、宗旨等一切与你自己的背景、价值观和目标相关联的信息。

2．下面三段是求职信的开头，作为人事经理，你会继续阅读哪一封信？

（1）“我从2010年11月20日的《扬子晚报》上获悉贵公司正在招聘经理秘书一职，如果公司想寻找一名生气勃勃、充满活力又熟练文字处理的年轻人，我自信能够胜任。”

（2）“我是2010年南京农业大学的一名毕业生，我的专业是……”

（3）“刚迈入韶华岁月的我，向往美好的人生，漫漫人生路，我想路在我的脚下，第一步我所盼望的，是能够迈入贵公司的大门。”

3．请填写一张介绍信，内容是梨花公司的王一同志将去北京商品检验局办理本公司的商品检验事宜。

介绍信（存根）

字第　　号

兹　　　　等同志　人前往　　　　　　　　　　　　　　　　　　　　。

年　　月　　日

………………字第…………号……………………………………

　　：

兹__________同志____人，　　　　　　　　　　　　　　　　请于接洽并给予协助。

此致

敬礼

（公章）

（有效期　　天）

年　　月　　日

第十七章　常用告知文书

本章学习要点与要求：

本章主要阐述了条据、启事和声明的相关知识。学习要点有：条据、启事和声明的概念、特点、分类和作用；条据、启事和声明的基本结构、具体写作要求及注意事项；条据、启事和声明的范例及其评析。通过本章的学习，要求理解条据、启事和声明的含义和特点；掌握条据、启事和声明的基本结构、写作要求及注意事项；在分析范例的基础上，能够熟练而准确地写作条据、启事和声明。

第一节　常用告知文书——条据、启事、声明概述

一、常用告知文书的概念

告知文书是一类适用范围较广、使用频率很高的文体，根据具体类别不同，写作方法也有所不同。本章介绍最常用的三种：条据、启事和声明。

条据是人们在日常生活、学习、工作和经济往来中，写给对方作为某种凭证或者有所说明的便条或者单据。

启事是一种公开性的文告。从严格意义上说，启事有别于国家行政机关使用的公告和通告，属于民间使用的告示。在法律效力上，启事没有像公告、通告那样具有行政强制性的约束力。[①]

声明是国家机关、社会团体、经济实体及公民个人为表明对某个问题或某一事件的立场、态度和主张的公开性文告。[②]发表声明的主体不同，因而声明的性质、适用范围也不同。国家、政府、政党所使用的声明一般用于对外关系中，表明对国际、国内事务的立场、态度和主张。社会团体、经济实体、公民个人所使用的声明，主要用于民事权益有关事宜中，是当事人针对自身利益可能受到侵犯或已发生被侵害的情况，为维护合法权益所运用的一种重要手段。

二、常用告知文书的特点

告知文书除了具有本身所固有的“告知性”特点外，还具有以下几个特点。

---

① 戴如法、陈家球主编：《经济应用文写作与范例》，上海远东出版社 1993 年版。

② 同上。

（一）针对性

针对性是指告知文书都是为告知问题、事件、生活、学习、工作中的某一些具体事务而撰写的。所以在着手撰写之前，必须先明确是什么问题，然后分析围绕这一问题所需要告知的内容，再根据需要拟定出告知内容。

（二）真实性

告知文书要符合实事求是的原则，不仅在总体上要真实，在细节上也要真实。在时间、地点、数据上不能有丝毫的马虎。如果告知文书不翔实，就会使信息传递发生障碍，给相关各方带来巨大的损失。

（三）合法性

告知文书的内容必须符合相应的法律规范，务必仔细斟酌其内容是否和现行法规政策相符合，会不会泄露机密等。此外，告知文书一旦刊发，就必须承担相应的法律责任。

三、常用告知文书的分类

（一）条据的分类

条据可分为两大类：函件式条据和凭证式条据。前者主要是向对方传达意向和要求时所写的简单的书信，一般不经邮政部门传递，而是委托他人代交，如请假条、留言条等。后者是人们在经济往来中的一种凭证，虽是临时书写，不是正式单据，但同样起到信用凭证的作用，例如借条、收条等。而我们平时所说的“经济条据”，是指在经济往来中所使用的凭证式条据，不包括函件式条据。

（二）启事的分类

启事在社会生产中的应用范围十分广泛，概括地说分为以下几类。

1．征招类

征招类启事又分为征集和招引两种，前者如征稿、征联、征答、征词等，后者如招生、招聘、招租、招商等。当社会团体、经济实体或者个人有求于社会公众，希望与其联系沟通时，均可以刊登征招类启事。公开征招不但可能满足征招者的需求，而且其中所隐含的处理事务公正、公开的态度也有利于树立社会团体或者经济实体的良好形象。

2．公告类

公告类启事有的侧重公布，有的侧重告知。侧重公布的内容比较宽泛，如公布专利、公布名称、公布商标、公布评估结果等；侧重告知的内容要相对具体一些，包括告知事项、告知办法、告知时间等相关内容。如果从具体写作目的来看，还可以对公布或告知进一步做出划分。另外，企业发布的公告类商务启事往往还在民事诉讼中用作书证，因而具有一定的法律意义。

3．鸣贺类

鸣贺类启事主要有鸣谢与庆贺两种。以情为本，以情动人，以情结缘，以情取胜，是鸣贺类启事的真谛。

（三）声明的分类

声明可以分为直接声明和间接声明。直接声明即自行声明，当事人为了表明对某个问题或事件的立场、态度，直接借助于新闻媒介发表声明。这类声明所涉及的事件一般都比较简单，不必委托律师发表声明，如挂失声明、经济合作中双方中止关系声明等。间接声明，即委托授权声明，当事人由于遇到了重大的民事法律关系的事件，可能委托授权专业律师通过新闻媒介发表授权声明。被授权的律师全权代表委托人来处理声明中所涉及的有关事项。[①]

四、常用告知文书的作用

条据的主要作用有两种，一种是向对方表达一定的意向，一种是作为人们生活或者经济交往中的一种信用凭证。

启事的主要作用是让社会团体、经济实体以及公民个人以文告形式，通过大众媒介（报刊杂志、广播、影视、招贴、网络等）将情况或请求、征求予以公布，以期达到预期的目的。由于民间的日常事务活动所涉及的范围相当广泛，诸如经济、法律、民事等活动，因而凡需要公之于众的事项都可以使用启事。

在经济活动中使用的声明，主要作用是让企事业单位和个人利用新闻媒介——广播、报纸、影视、网络等，公开表明对某个问题的态度、澄清某一事件的真相，以维护自己的合法权益。相比于启事，声明这种形式更加严肃，对防止侵权行为的发生和追究侵权行为的法律责任更有效。

第二节　常用告知文书的基本结构及其写作

一、常用告知文书的基本结构

（一）条据的基本结构

条据虽种类很多，内容不一，但有着大体相同的结构，通常由标题、正文、署名和日期构成。在条据上方中间，写上条据名称，如“借条”、“收条”等，以标明是何种性质的条据。正文写清条据的事由或事实，如涉及财物，应写明名称、数量、品种、规格、金额等；如是欠条或借条，还应写明归还的时间和方法。正文结束，紧接着另起一行空两格写上“此据”或“此致……”等字样。最后，在右下方写明出具条据的单位名称（经手人姓名）或个人姓名以及年、月、日。[②]

---

① 戴如法、陈家球主编：《经济应用文写作与范例》，上海远东出版社 1993 年版。

② 欧阳周主编：《实用经济文稿写作》，中国水利水电出版社 1997 年版。

（二）启事的基本结构

不同的启事写法不一，但一般都应包括下列内容。

1．标题

启事的标题通常由刊登者名称、事由及文种三者构成，如《上海大众汽车股份有限公司招聘启事》。不过也常常在“启事”前面加上事由而构成，如《征文启事》、《招商启事》。在实际应用中，有的启事采用消息式的双行标题，更具表现力，也有的不写明“启事”二字。总之启事的标题根据发表者的身份、发表事由和具体情况可以灵活变化。

2．正文

正文应将启事的事项清楚地表述出来并提出要求。具体写作方法因事而异，常用的有直陈式和总分式两种。直陈式即直接陈述有关的事由及要求，是比较普遍的写法。总分式即在开头先简要地写明发表启事的缘由、目的和启示的基本内容作为前言，然后在主体部分详尽地写明启事的具体事项。招聘启事、征集启事等常采用这种写法。

3．落款

在正文的右下方写明发表启事的单位名称，如果标题上已写，此处可以省略。如果启事在报刊等媒介刊发，常常不标列发文时间，此时媒体实际发出的时间就是启事的生效时间。

（三）声明的基本结构

声明一般由标题、正文、落款三部分构成，与启事相比，声明的结构更为紧凑严谨。

1．标题

由于声明的语气比较庄重、严肃，因此标题通常较短，具体写法根据声明的性质类型不同而有所不同。直接声明的标题一般由发表单位名称、声明事由和文种组成。但是根据情况不同，这三种元素不一定全部出现在标题中，常常只由文种本身或者文种加上另两种元素其中的一种构成标题，如《声明》、《北京麦当劳食品有限公司声明》、《关于电影〈乱世佳人〉的版权声明》。如果是委托授权声明，则标题上一般要明确写明授权者与被授权者的姓名、职务（身份）。由于这类授权是一种法律行为，因此在拟写标题时应符合规范。

2．正文

声明的正文一般用直陈的写法，通常先明确地陈述事由，作为发表声明的客观依据。然后再表明发表者的态度、立场或者告诫性要求。在正文的末尾，通常以“特此声明”作为结束语。

3．落款

落款首先要署名。直接声明由发表声明单位（个人）署名，并写明法人代表的姓名、职务，授权声明还要加上被授权单位和律师姓名。如果在标题上已经写明，此处也可以省略。署名之后另起一行，在其下方写明发表该项声明的时间，要具体到某年某月某日。

二、常用告知文书的写作要求

（一）条据的写作要求

条据的写作比较简单，而且内容广泛，因此并没有特定的写作规范。一般来说，只要做到言语简洁，表达清楚无异议即可。尤其是凭证式条据，由于可能涉及经济事务，或者作为民事诉讼的证据，因此在写作时更要注意用词明确和数目清楚。

（二）启事的写作要求

启事的标题要鲜明地突出启事的主要事由，让公众一看就明白启事的性质及主要内容。如果标题不具体、不明确，不能及时引起人们的注意，就会影响启事的效果。有的启事在标题上还注明发布启事单位的名称，使公众不仅知道启事的性质、内容，还明白发布启事的主体单位。

末尾写法因事而异。可以表示感谢，可以提出请求，可以提出注意事项。在落款处要署有单位名称。有的启事还会详细列出单位的地址、电话号码等。

（三）声明的写作要求

声明的发表事关权益争议或者法律诉讼，因此声明的写作和发表都需要谨慎从事。在写作中要满足两个原则：

第一，尊重事实。在声明中的所有内容都必须以客观事实为依据，公布一些歪曲事实的内容是要承担相应法律责任的。

第二，符合法律法规以及政策规定。在声明中所持的立场、态度和提出的要求要符合有关法律法规及政策的规定和精神。在声明中不能提出有悖于现行法规的主张和做法。

三、常用告知文书写作的注意事项

（一）条据写作的注意事项

条据写作虽然简单，但是要注意以下几点：涉及财物的金额、数量，按约定俗成的习惯，不用阿拉伯数字，必须用汉字大写；数额前不要留下空白，以防增添涂改；数额后面写个“整”字，表示完结，以防改写；条据写好后不得随意涂改，如需改动，必须双方同意，在改动处加盖印章，以示负责。[①]

（二）启事写作的注意事项

启事正文的语言表达力求简洁明了，不需叙事或论理，要开宗明义地说明事由，进而列出具体事项，如实陈述。语气用词应该平稳而有礼貌。

---

① 欧阳周主编：《实用经济文稿写作》，中国水利水电出版社 1997 年版。

（三）声明写作的注意事项

声明的用词要严谨笃定。声明所使用的语言文字既要坚决、肯定，以达到维护自身权益的目的，同时又要注意措辞。声明用语要合情、合理、合法，不要出现语言漏洞而造成不必要的麻烦。

第三节　例文简评

例文 1：条据·借条

借　　条

今借入张三人民币陆仟伍佰圆整。借款期限一个月，到期归还。此据。

借款人：李小月

2012 年 10 月 15 日

例文 2：条据·发条

发　　条

今售给海淀大学中文系佳能复印机一台，单价人民币叁万陆仟伍佰元整，A4 复印纸二箱（10 包），人民币贰佰贰拾元整，共计人民币叁万陆仟柒佰贰拾元整。

金星商店（章）

2012 年 8 月 20 日

例文 3：启事

中国会计学会英文期刊

China Journal of Accounting Studies（《中国会计研究》）

征稿启事

中国已经迅速成为世界的主要经济体，并融入到全球经济中。伴随着市场化的经济体制改革，中国的会计研究在过去十年中取得了长足的进步和发展。在此背景下，中国会计学会推出了英文期刊 Accounting Research in China (现更名为 China Journal of Accounting Studies, 简称为 CJAS，中文刊名仍为《中国会计研究》)，其主要目的是：（1）发表关于中国和外国会计问题的重要的原创性研究成果；（2）发表中国和外国的会计理论和方法；（3）为中国和国际的学者和政策制定者提供一个交流平台。CJAS 从 2013 年起改为季刊，由著名国际出版社出版，面向国内和国外同时发行。

一、编辑团队

顾问主编：Mary Barth、Chee W. Chow（周齐武）

联合主编：周守华、Jason Zezhong Xiao (肖泽忠)

副主编：陈杰平、林志军、吴联生、吴溪、张新民、邹宏

顾问委员会：顾问委员会由国际知名学者组成，他们对中国问题非常感兴趣，而且愿意推动本刊的国际化。这些学者包括：葛家澍、郭道扬、Linda Bamber、Salvador Carmona、Wai Fong Chua、Michael Firth、Bin Ke（柯滨）、Jan Mouritsen、Katherine Schipper 和 Xiao-jun Zhang（张晓军）。

编辑委员会：编辑委员会由国内外会计和公司财务学者组成。编辑委员会成员精通中英文，他们的研究成果发表在国际顶级杂志上，而且愿意全力发展本刊。

二、征稿

我们诚邀您向 CJAS 投稿（中、英文稿均可）。论文选题可以为中外会计、审计、公司治理和财务管理问题。投稿论文必须有扎实的理论基础，采用合适的研究方法，对已有的文献有足够的贡献，并且具有一定的政策启示意义。

三、编辑程序

提交的论文将由一位编辑负责初选，并决定是否进入匿名审稿程序。中文论文被接受后，再由作者翻译成英文。被接收的论文在 CJAS 发表后，还将以中文刊登在《会计研究》上。

四、投稿地址

目前通过电子邮件投稿，地址为：editor@asc.org.cn。投稿请在电子邮件主题栏注明：CJAS 投稿。

五、格式要求

请浏览 www.asc.org.cn 中发布的体例要求，或者参考本刊已经发表的论文。

中国会计学会

简评：这是一则典型的征稿启事，属于征召类启示。由于中国会计学会英文期刊 *China Journal of Accounting Studies*（《中国会计研究》）杂志属于较新的刊物，为增加学术界对刊物的了解，在正文开头部分简要介绍了杂志的办刊背景、目的、名称变更、发行期数和面向等基本情况。正文的主体部分分项介绍了杂志的编辑团队、编辑程序（在脚注中推荐了专业翻译公司）、投稿地址、格式要求（为节省篇幅给出了体例要求的网址）等内容，并清晰表达了征稿意向。内容具体明确，一目了然。最后加上落款。可以说这是一篇结构完整规范的征稿启事。

例文 4：声明

法律出版社授权律师声明[①]

湖南通程律师集团事务所接受聘请担任法律出版社的著作权专项法律顾问，和中国律师知识产权维权业务协作网其他各成员所接受法律出版社委托，在中华人民共和国行政辖区内依法维护其著作权及与著作权有关的权利。特声明如下：

---

① 摘自“中国律师知识产权维权网”，2005 年 1 月 26 日。

一、法律出版社合法拥有其出版的各种图书的著作权及与著作权有关的权利，凡违法复制、发行和销售法律出版社图书的行为属于侵权行为，必须承担相应的法律责任；

二、任何盗用法律出版社名义违法复制、发行非法出版物的行为，亦属于侵权行为，亦必须承担相应的法律责任；

三、湖南通程律师集团事务所和中国律师知识产权维权业务协作网其他各成员所，将采取必要措施制止或消除任何侵犯法律出版社著作权及与著作权有关的权利的侵权行为，依法维护其著作权合法权益。

欢迎社会各界人士对侵犯法律出版社的著作权及与著作权有关的侵权行为进行举报。

维权电话：010-84851260　　传真：010-84851261

0731-5535762　　传真：0731-5384397

维权网站：www.ipr-lawyers.com

特此声明！

湖南通程律师集团事务所

杨金柱　　戴美华律师

2005 年 1 月 8 日

简评：这是一则授权声明，由受委托的律师全权处理声明中所提到的事项，也由律师拟写声明稿并予以发表。由于是专业律师写作的，这则声明在格式上和内容上的表述都比较完整、严谨。标题采用了发表单位、事项和文体结合的方式，正文措辞也恰如其分，结尾落款省略了标题里已经提到的授权人。在正文末尾还增添了维权的详细联系方式，不但体现了律师的责任心和维权的决心，而且还同时起到了维权广告的作用，一举两得。总体来看本文是比较好的声明实例。

思考与练习

1. 常用告知文书有哪些共同特点？
2. 条据、启事和声明的作用各有哪几个方面？
3. 启事和声明一般各由哪几部分构成？
4. 条据的写作应注意哪些问题？
5. 启事和声明有哪些相同和不同之处？

附 录 I

国务院关于发布《国家行政机关公文处理办法》的通知

国发[2000]23 号

各省、自治区、直辖市人民政府，国务院各部委、各直属机构：

现发布《国家行政机关公文处理办法》，自 2001 年 1 月 1 日起施行。1993 年 11 月 21 日国务院办公厅发布，1994 年 1 月 1 日起施行的《国家行政机关公文处理办法》同时废止。

中华人民共和国国务院

二〇〇〇年八月二十四日

国家行政机关公文处理办法

第一章　总则

第一条　为使国家行政机关（以下简称“行政机关”）的公文处理工作规范化、制度化、科学化，制定本办法。

第二条　行政机关的公文（包括电报，下同），是行政机关在行政管理过程中形成的具有法定效力和规范体式的文书，是依法行政和进行公务活动的重要工具。

第三条　公文处理指公文的办理、管理、整理（立卷）、归档等一系列相互关联、衔接有序的工作。

第四条　公文处理应当坚持实事求是、精简、高效的原则，做到及时、准确、安全。

第五条　公文处理必须严格执行国家保密法律、法规和其他有关规定，确保国家秘密的安全。

第六条　各级行政机关的负责人应当高度重视公文处理工作，模范遵守本办法并加强对本机关公文处理工作的领导和检查。

第七条　各级行政机关的办公厅（室）是公文处理的管理机构，主管本机关的公文处理工作并指导下级机关的公文处理工作。

第八条　各级行政机关的办公厅（室）应当设立文秘部门或者配备专职人员负责公文处理工作。

第二章　公文种类

第九条　行政机关的公文种类主要有：

（一）命令（令）

适用于依照有关法律公布行政法规和规章；宣布施行重大强制性行政措施；嘉奖有关单

位及人员。

（二）决定

适用于对重要事项或者重大行动做出安排，奖惩有关单位及人员，变更或者撤销下级机关不适当的决定事项。

（三）公告

适用于向国内外宣布重要事项或者法定事项。

（四）通告

适用于公布社会各有关方面应当遵守或者周知的事项。

（五）通知

适用于批转下级机关的公文，转发上级机关和不相隶属机关的公文，传达要求下级机关办理和需要有关单位周知或者执行的事项，任免人员。

（六）通报

适用于表彰先进，批评错误，传达重要精神或者情况。

（七）议案

适用于各级人民政府按照法律程序向同级人民代表大会或人民代表大会常务委员会提请审议事项。

（八）报告

适用于向上级机关汇报工作，反映情况，答复上级机关的询问。

（九）请示

适用于向上级机关请求指示、批准。

（十）批复

适用于答复下级机关的请示事项。

（十一）意见

适用于对重要问题提出见解和处理办法。

（十二）函

适用于不相隶属机关之间商洽工作，询问和答复问题，请求批准和答复审批事项。

（十三）会议纪要

适用于记载、传达会议情况和议定事项。

第三章　公文格式

第十条　公文一般由秘密等级和保密期限、紧急程度、发文机关标识、发文字号、签发人、标题、主送机关、正文、附件说明、成文日期、印章、附注、附件、主题词、抄送机关、印发机关和印发日期等部分组成。

（一）涉及国家秘密的公文应当标明密级和保密期限，其中，“绝密”、“机密”级公文还应当标明份数序号。

（二）紧急公文应当根据紧急程度分别标明“特急”、“急件”。其中电报应当分别标明“特提”、“特急”、“加急”、“平急”。

（三）发文机关标识应当使用发文机关全称或者规范化简称；联合行文，主办机关排列在前。

（四）发文字号应当包括机关代字、年份、序号。联合行文，只标明主办机关发文字号。

（五）上行文应当注明签发人、会签人姓名。其中，“请示”应当在附注处注明联系人的姓名和电话。

（六）公文标题应当准确简要地概括公文的主要内容并标明公文种类，一般应当标明发文机关。公文标题中除法规、规章名称加书名号外，一般不用标点符号。

（七）主送机关指公文的主要受理机关，应当使用全称或者规范化简称、统称。

（八）公文如有附件，应当注明附件顺序和名称。

（九）公文除“会议纪要”和以电报形式发出的以外，应当加盖印章。联合上报的公文，由主办机关加盖印章；联合下发的公文，发文机关都应当加盖印章。

（十）成文日期以负责人签发的日期为准，联合行文以最后签发机关负责人签发日期为准。电报以发出日期为准。

（十一）公文如有附注（需要说明的其他事项），应当加括号标注。

（十二）公文应当标注主题词。上行文按照上级机关的要求标注主题词。

（十三）抄送机关指除主送机关外需要执行或知晓公文的其他机关，应当使用全称或者规范化简称、统称。

（十四）文字从左至右横写、横排。在民族自治地方，可以并用汉字和通用的少数民族文字（按其习惯书写、排版）。

第十一条　公文中各组成部分的标识规则，参照《国家行政机关公文格式》国家标准执行。

第十二条　公文用纸一般采用国际标准 A4 型（210mm×297mm），左侧装订。张贴的公文用纸大小，根据实际需要确定。

第四章　行文规则

第十三条　行文应当确有必要，注重效用。

第十四条　行文关系根据隶属关系和职权范围确定，一般不得越级请示和报告。

第十五条　政府各部门依据部门职权可以相互行文和向下一级政府的相关业务部门行文；除以函形式商洽工作、询问和答复问题、审批事项外，一般不得向下一级政府正式行文。

部门内设机构除办公厅（室）外不得对外正式行文。

第十六条　同级政府、同级政府各部门、上级政府部门与下一级政府可以联合行文；政府与同级党委和军队机关可以联合行文；政府部门与相应的党组织和军队机关可以联合行文；政府部门与同级人民团体和具有行政职能的事业单位也可以联合行文。

第十七条　属于部门职权范围内的事务，应当由部门自行行文或联合行文。联合行文应当明确主办部门。须经政府审批的事项，经政府同意也可以由部门行文，文中应当注明经政府同意。

第十八条　属于主管部门职权范围内的具体问题，应当直接报送主管部门处理。

第十九条　部门之间对有关问题未经协商一致，不得各自向下行文。如擅自行文，上级机关应当责令纠正或撤销。

第二十条　向下级机关或者本系统的重要行文，应当同时抄送直接上级机关。

第二十一条　“请示”应当一文一事；一般只写一个主送机关，需要同时送其他机关的，应当用抄送形式，但不得抄送其下级机关。

“报告”不得夹带请示事项。

第二十二条　除上级机关负责人直接交办的事项外，不得以机关名义向上级机关负责人报送“请示”、“意见”和“报告”。

第二十三条　受双重领导的机关向上级机关行文，应当写明主送机关和抄送机关。上级机关向受双重领导的下级机关行文，必要时应当抄送其另一上级机关。

第五章　发文办理

第二十四条　发文办理指以本机关名义制发公文的过程，包括草拟、审核、签发、复核、缮印、用印、登记、分发等过程。

第二十五条　草拟公文应当做到：

（一）符合国家法律、法规及其他有关规定。如提出新的政策、规定等，要切实可行并加以说明。

（二）情况确实，观点明确，表述准确，结构严谨，条理清楚，直述不曲，字词规范，标点正确，篇幅力求简短。

（三）公文的文种应当根据行文的目的、发文机关的职权和与主送机关的行文关系确定。

（四）拟制紧急公文，应当体现紧急的原因，并根据实际需要确定紧急程度。

（五）人名、地名、数字、引文准确。引用公文应当先引标题，后引发文字号。引用外文应当注明中文含义。日期应当写明具体的年、月、日。

（六）结构层次序数，第一层为“一”，第二层为“（一）”，第三层为“1.”，第四层为“（1）”。

（七）应当使用国家法定计量单位。

（八）文内使用非规范化简称，应当先用全称并注明简称。使用国际组织外文名称或其缩写形式，应当在第一次出现时注明准确的中文译名。

（九）公文中的数字，除成文日期、部分结构层次序数和在词、词组、惯用语、缩略语、具有修辞色彩语句中作为词素的数字必须使用汉字外，应当使用阿拉伯数字。

第二十六条　拟制公文，对涉及其他部门职权范围内的事项，主办部门应当主动与有关部门协商，取得一致意见后方可行文；如有分歧，主办部门的主要负责人应当出面协调，仍不能取得一致时，主办部门可以列明各方理据，提出建设性意见,并与有关部门会签后报请上级机关协调或裁定。

第二十七条　公文送负责人签发前，应当由办公厅（室）进行审核。审核的重点是：是否确需行文，行文方式是否妥当，是否符合行文规则和拟制公文的有关要求，公文格式是否符合本办法的规定等。

第二十八条　以本机关名义制发的上行文，由主要负责人或者主持工作的负责人签发；以本机关名义制发的下行文或平行文，由主要负责人或者由主要负责人授权的其他负责人签发。

第二十九条　公文正式印制前，文秘部门应当进行复核，重点是：审批、签发手续是否完备，附件材料是否齐全，格式是否统一、规范等。

经复核需要对文稿进行实质性修改的，应按程序复审。

第六章　收文办理

第三十条　收文办理指对收到公文的办理过程，包括签收、登记、审核、拟办、批办、承办、催办等程序。

第三十一条　收到下级机关上报的需要办理的公文，文秘部门应当进行审核。审核的重点是：是否应由本机关办理；是否符合行文规则；内容是否符合国家法律、法规及其他有关规定；涉及其他部门或地区职权的事项是否已协商、会签；文种使用、公文格式是否规范。

第三十二条　经审核，对符合本办法规定的公文，文秘部门应当及时提出拟办意见送负责人批示或者交有关部门办理，需要两个以上部门办理的应当明确主办部门。紧急公文，应当明确办理时限。对不符合本办法规定的公文，经办公厅（室）负责人批准后，可以退回呈报单位并说明理由。

第三十三条　承办部门收到交办的公文后应当及时办理，不得延误、推诿。紧急公文应当按时限要求办理，确有困难的，应当及时予以说明。对不属于本单位职权范围或者不宜由本单位办理的，应当及时退回交办的文秘部门并说明理由。

第三十四条　收到上级机关下发或交办的公文，由文秘部门提出拟办意见，送负责人批示后办理。

第三十五条　公文办理中遇有涉及其他部门职权的事项，主办部门应当主动与有关部门协商；如有分歧，主办部门主要负责人要出面协调，如仍不能取得一致，可以报请上级机关协调或裁定。

第三十六条　审批公文时，对有具体请示事项的，主批人应当明确签署意见、姓名和审批日期，其他审批人圈阅视为同意。没有请示事项的，圈阅表示已阅知。

第三十七条　送负责人批示或者交有关部门办理的公文，文秘部门要负责催办，做到紧急公文跟踪催办，重要公文重点催办，一般公文定期催办。

第七章　公文归档

第三十八条　公文办理完毕后，应当根据《中华人民共和国档案法》和其他有关规定，及时整理（立卷）、归档。

个人不得保存应当归档的公文。

第三十九条　归档范围内的公文根据其相互联系、特征和保存价值等整理（立卷），要保证归档公文齐全、完整，能正确反映本机关的主要工作情况，便于保管和利用。

第四十条　联合办理的公文，原件由主办机关整理（立卷）、归档，其他机关保存复制或其他形式的公文副本。

第四十一条　本机关负责人兼任其他机关职务，在履行所兼职务职责过程中形成的公文，由其兼职机关整理（立卷）、归档。

第四十二条　归档范围内的公文应当确定保管期限，按照有关规定定期向档案部门移交。

第四十三条　拟制、修改和签批公文，书写及所用纸张和字迹材料必须符合存档要求。

第八章　公文管理

第四十四条　公文由文秘部门或专职人员统一收发、审核、用印、归档和销毁。

第四十五条　文秘部门应当建立健全本机关公文处理的有关制度。

第四十六条　上级机关的公文，除绝密级和注明不准翻印的以外，下一级机关经负责人或者办公厅（室）主任批准，可以翻印。翻印时，应当注明翻印的机关、日期、份数和印发范围。

第四十七条　公开发布行政机关公文，必须经发布机关批准。经批准公开发布的公文，同发文机关正式印发的公文具有同等效力。

第四十八条　公文复印件作为正式公文使用时，应当加盖复印机关证明章。

第四十九条　公文被撤销，视作自始不产生效力；公文被废止，视作自废止之日起不产生效力。

第五十条　不具备归档和存查价值的公文，经过鉴别并经办公厅（室）负责人批准，可以销毁。

第五十一条　销毁秘密公文应当指定场所由二人以上监销，保证不丢失、不漏销。其中，销毁绝密公文（含密码电报）应当进行登记。

第五十二条　机关合并时，全部公文应当随之合并管理。机关撤销时，需要归档的公文整理（立卷）后按有关规定移交档案部门。

工作人员调离岗位时，应当将本人暂存、借用的公文按照有关规定移交、清退。

第五十三条　密码电报的使用和管理，按照有关规定执行。

第九章　附则

第五十四条　行政法规、规章方面的公文，依照有关规定处理。外事方面的公文，按照外交部的有关规定处理。

第五十五条　公文处理中涉及电子文件的有关规定另行制定。统一规定发布之前，各级行政机关可以制定本机关或者本地区、本系统的试行规定。

第五十六条　各级行政机关的办公厅（室）对上级机关和本机关下发公文的贯彻落实情况应当进行督促检查并建立督查制度。有关规定另行制定。

第五十七条　本办法自 2001 年 1 月 1 日起施行。1993 年 11 月 21 日国务院办公厅发布，1994 年 1 月 1 日起施行的《国家行政机关公文处理办法》同时废止。

附 录 Ⅱ

中华人民共和国国家标准（国家行政机关公文格式）

GB/T 9704-1999
代替 GB/T 9704-1988

前言

本标准按照 GB/T 1. 1—2009 给出的规则起草。

本标准根据中共中央办公厅、国务院办公厅印发的《党政机关公文处理工作条例》的有关规定对 GB/T 9704—1999《国家行政机关公文格式》进行修订。本标准相对 GB/T 9704—1999 主要作如下修订：

a）标准名称改为《党政机关公文格式》，标准英文名称也作相应修改；

b）适用范围扩展到各级党政机关制发的公文；

c）对标准结构进行适当调整；

d）对公文装订要求进行适当调整；

e）增加发文机关署名和页码两个公文格式要素，删除主题词格式要素，并对公文格式各要素的编排进行较大调整；

f）进一步细化特定格式公文的编排要求；

g）新增联合行文公文首页版式、信函格式首页、命令（令）格式首页版式等式样。

本标准中公文用语与《党政机关公文处理工作条例》中的用语一致。

本标准为第二次修订。

本标准由中共中央办公厅和国务院办公厅提出。

本标准由中国标准化研究院归口。

本标准起草单位：中国标准化研究院、中共中央办公厅秘书局、国务院办公厅秘书局、中国标准出版社。

本标准主要起草人：房庆、杨雯、郭道锋、孙维、马慧、张书杰、徐成华、范一乔、李玲。

本标准代替了 GB/T 9704—1999。

GB/T 9704—1999 的历次版本发布情况为：

——GB/T 9704—1988。

1 范围

本标准规定了党政机关公文通用的纸张要求、排版和印制装订要求、公文格式各要素的编排规则，并给出了公文的式样。

本标准适用于各级党政机关制发的公文。其他机关和单位的公文可以参照执行。

使用少数民族文字印制的公文，其用纸、幅面尺寸及版面、印制等要求按照本标准执行，其余可以参照本标准并按照有关规定执行。

2　规范性引用文件

下列文件对于本标准的应用是必不可少的。凡是注日期的引用文件，仅所注日期的版本适用于本标准。凡是不注日期的引用文件，其最新版本（包括所有的修改单）适用于本标准。

GB/T 148　印刷、书写和绘图纸幅面尺寸

GB 3100　国际单位制及其应用

GB 3101　有关量、单位和符号的一般原则

GB 3102（所有部分）　量和单位

GB/T 15834　标点符号用法

GB/T 15835　出版物上数字用法

3　术语和定义

下列术语和定义适用于本标准。

3.1　字　word

标示公文中横向距离的长度单位。在本标准中，一字指一个汉字宽度的距离。

3.2　行　line

标示公文中纵向距离的长度单位。在本标准中，一行指一个汉字的高度加 3 号汉字高度的 7/8 的距离。

4　公文用纸主要技术指标

公文用纸一般使用纸张定量为 60 g/m^2～80 g/m^{2}的胶版印刷纸或复印纸。纸张白度 80%～90%，横向耐折度≥15 次，不透明度≥85%，pH 值为 7.5～9.5。

5　公文用纸幅面尺寸及版面要求

5.1　幅面尺寸

公文用纸采用 GB/T 148 中规定的 A4 型纸，其成品幅面尺寸为：210 mm×297 mm。

5.2　版面

5.2.1　页边与版心尺寸

公文用纸天头（上白边）为 37 mm±1 mm，公文用纸订口（左白边）为 28mm±1mm，版心尺寸为 156 mm×225 mm。

5.2.2　字体和字号

如无特殊说明，公文格式各要素一般用 3 号仿宋体字。特定情况可以作适当调整。

5.2.3　行数和字数

一般每面排 22 行，每行排 28 个字，并撑满版心。特定情况可以作适当调整。

5.2.4　文字的颜色

如无特殊说明，公文中文字的颜色均为黑色。

6　印制装订要求

6.1　制版要求

版面干净无底灰，字迹清楚无断划，尺寸标准，版心不斜，误差不超过 1 mm。

6.2　印刷要求

双面印刷；页码套正，两面误差不超过 2 mm。黑色油墨应当达到色谱所标 BL100%，红色油墨应当达到色谱所标 Y80%、M80%。印品着墨实、均匀；字面不花、不白、无断划。

6.3　装订要求

公文应当左侧装订，不掉页，两页页码之间误差不超过 4 mm，裁切后的成品尺寸允许误差±2mm，四角成 90º，无毛茬或缺损。

骑马订或平订的公文应当：

a）订位为两钉外订眼距版面上下边缘各 70 mm 处，允许误差±4mm；

b）无坏钉、漏钉、重钉，钉脚平伏牢固；

c）骑马订钉锯均订在折缝线上，平订钉锯与书脊间的距离为 3mm~5mm。

包本装订公文的封皮（封面、书脊、封底）与书芯应吻合、包紧、包平、不脱落。

7　公文格式各要素编排规则

7.1　公文格式各要素的划分

本标准将版心内的公文格式各要素划分为版头、主体、版记三部分。公文首页红色分隔线以上的部分称为版头；公文首页红色分隔线（不含）以下、公文末页首条分隔线（不含）以上的部分称为主体；公文末页首条分隔线以下、末条分隔线以上的部分称为版记。

页码位于版心外。

7.2　版头

7.2.1　份号

如需标注份号，一般用 6 位 3 号阿拉伯数字，顶格编排在版心左上角第一行。

7.2.2　密级和保密期限

如需标注密级和保密期限，一般用 3 号黑体字，顶格编排在版心左上角第二行；保密期限中的数字用阿拉伯数字标注。

7.2.3　紧急程度

如需标注紧急程度，一般用 3 号黑体字，顶格编排在版心左上角；如需同时标注份号、密级和保密期限、紧急程度，按照份号、密级和保密期限、紧急程度的顺序自上而下分行排列。

7.2.4　发文机关标志

由发文机关全称或者规范化简称加“文件”二字组成，也可以使用发文机关全称或者规范化简称。

发文机关标志居中排布，上边缘至版心上边缘为 35mm，推荐使用小标宋体字，颜色为红色，以醒目、美观、庄重为原则。

联合行文时，如需同时标注联署发文机关名称，一般应当将主办机关名称排列在前；如有“文件”二字，应当置于发文机关名称右侧，以联署发文机关名称为准上下居中排布。

7.2.5 发文字号

编排在发文机关标志下空二行位置，居中排布。年份、发文顺序号用阿拉伯数字标注；年份应标全称，用六角括号“〔〕”括入；发文顺序号不加“第”字，不编虚位（即1不编为01），在阿拉伯数字后加“号”字。

上行文的发文字号居左空一字编排，与最后一个签发人姓名处在同一行。

7.2.6 签发人

由“签发人”三字加全角冒号和签发人姓名组成，居右空一字，编排在发文机关标志下空二行位置。“签发人”三字用3号仿宋体字，签发人姓名用3号楷体字。

如有多个签发人，签发人姓名按照发文机关的排列顺序从左到右、自上而下依次均匀编排，一般每行排两个姓名，回行时与上一行第一个签发人姓名对齐。

7.2.7 版头中的分隔线

发文字号之下4 mm处居中印一条与版心等宽的红色分隔线。

7.3 主体

7.3.1 标题

一般用2号小标宋体字，编排于红色分隔线下空二行位置，分一行或多行居中排布；回行时，要做到词意完整，排列对称，长短适宜，间距恰当，标题排列应当使用梯形或菱形。

7.3.2 主送机关

编排于标题下空一行位置，居左顶格，回行时仍顶格，最后一个机关名称后标全角冒号。如主送机关名称过多导致公文首页不能显示正文时，应当将主送机关名称移至版记，标注方法见7.4.2。

7.3.3 正文

公文首页必须显示正文。一般用3号仿宋体字，编排于主送机关名称下一行，每个自然段左空二字，回行顶格。文中结构层次序数依次可以用“一、”“（一）”“1.”“（1）”标注；一般第一层用黑体字、第二层用楷体字、第三层和第四层用仿宋体字标注。

7. 3.4 附件说明

如有附件，在正文下空一行左空二字编排“附件”二字，后标全角冒号和附件名称。如有多个附件，使用阿拉伯数字标注附件顺序号（如“附件：1. ×××××”）；附件名称后不加标点符号。附件名称较长需回行时，应当与上一行附件名称的首字对齐。

7.3.5 发文机关署名、成文日期和印章

7.3.5.1 加盖印章的公文

成文日期一般右空四字编排，印章用红色，不得出现空白印章。

单一机关行文时，一般在成文日期之上、以成文日期为准居中编排发文机关署名，印章端正、居中下压发文机关署名和成文日期，使发文机关署名和成文日期居印章中心偏下位置，印章顶端应当上距正文（或附件说明）一行之内。

联合行文时，一般将各发文机关署名按照发文机关顺序整齐排列在相应位置，并将印章

一一对应、端正、居中下压发文机关署名，最后一个印章端正、居中下压发文机关署名和成文日期，印章之间排列整齐、互不相交或相切，每排印章两端不得超出版心，首排印章顶端应当上距正文（或附件说明）一行之内。

7.3.5.2　不加盖印章的公文

单一机关行文时，在正文（或附件说明）下空一行右空二字编排发文机关署名，在发文机关署名下一行编排成文日期，首字比发文机关署名首字右移二字，如成文日期长于发文机关署名，应当使成文日期右空二字编排，并相应增加发文机关署名右空字数。

联合行文时，应当先编排主办机关署名，其余发文机关署名依次向下编排。

7.3.5.3　加盖签发人签名章的公文

单一机关制发的公文加盖签发人签名章时，在正文（或附件说明）下空二行右空四字加盖签发人签名章，签名章左空二字标注签发人职务，以签名章为准上下居中排布。在签发人签名章下空一行右空四字编排成文日期。

联合行文时，应当先编排主办机关签发人职务、签名章，其余机关签发人职务、签名章依次向下编排，与主办机关签发人职务、签名章上下对齐；每行只编排一个机关的签发人职务、签名章；签发人职务应当标注全称。

签名章一般用红色。

7.3.5.4　成文日期中的数字

用阿拉伯数字将年、月、日标全，年份应标全称，月、日不编虚位（即 1 不编为 01）。

7.3.5.5　特殊情况说明

公文排版后所剩空白处不能容下印章或签发人签名章、成文日期时，可以采取调整行距、字距的措施解决。

7.3.6　附注

如有附注，居左空二字加圆括号编排在成文日期下一行。

7.3.7　附件

附件应当另面编排，并在版记之前，与公文正文一起装订。“附件”二字及附件顺序号用 3 号黑体字顶格编排在版心左上角第一行。附件标题居中编排在版心第三行。附件顺序号和附件标题应当与附件说明的表述一致。附件格式要求同正文。

如附件与正文不能一起装订，应当在附件左上角第一行顶格编排公文的发文字号并在其后标注“附件”二字及附件顺序号。

7.4　版记

7.4.1　版记中的分隔线

版记中的分隔线与版心等宽，首条分隔线和末条分隔线用粗线（推荐高度为 0. 35 mm），中间的分隔线用细线（推荐高度为 0. 25 mm）。首条分隔线位于版记中第一个要素之上，末条分隔线与公文最后一面的版心下边缘重合。

7.4.2　抄送机关

如有抄送机关，一般用 4 号仿宋体字，在印发机关和印发日期之上一行、左右各空一字编排。“抄送”二字后加全角冒号和抄送机关名称，回行时与冒号后的首字对齐，最后一个抄送机关名称后标句号。

如需把主送机关移至版记，除将“抄送”二字改为“主送”外，编排方法同抄送机关。既有主送机关又有抄送机关时，应当将主送机关置于抄送机关之上一行，之间不加分隔线。

7.4.3 印发机关和印发日期

印发机关和印发日期一般用 4 号仿宋体字，编排在末条分隔线之上，印发机关左空一字，印发日期右空一字，用阿拉伯数字将年、月、日标全，年份应标全称，月、日不编虚位（即 1 不编为 01），后加“印发”二字。

版记中如有其他要素，应当将其与印发机关和印发日期用一条细分隔线隔开。

7.5 页码

一般用 4 号半角宋体阿拉伯数字，编排在公文版心下边缘之下，数字左右各放一条一字线；一字线上距版心下边缘 7 mm。单页码居右空一字，双页码居左空一字。公文的版记页前有空白页的，空白页和版记页均不编排页码。公文的附件与正文一起装订时，页码应当连续编排。

8 公文中的横排表格

A4 纸型的表格横排时，页码位置与公文其他页码保持一致，单页码表头在订口一边，双页码表头在切口一边。

9 公文中计量单位、标点符号和数字的用法

公文中计量单位的用法应当符合 GB 3100、GB 3101 和 GB 3102（所有部分），标点符号的用法应当符合 GB/T 15834，数字用法应当符合 GB/T 15835。

10 公文的特定格式

10.1 信函格式

发文机关标志使用发文机关全称或者规范化简称，居中排布，上边缘至上页边为 30mm，推荐使用红色小标宋体字。联合行文时，使用主办机关标志。

发文机关标志下 4 mm 处印一条红色双线（上粗下细），距下页边 20 mm 处印一条红色双线（上细下粗），线长均为 170 mm，居中排布。

如需标注份号、密级和保密期限、紧急程度，应当顶格居版心左边缘编排在第一条红色双线下，按照份号、密级和保密期限、紧急程度的顺序自上而下分行排列，第一个要素与该线的距离为 3 号汉字高度的 7/8。

发文字号顶格居版心右边缘编排在第一条红色双线下，与该线的距离为 3 号汉字高度的 7/8。

标题居中编排，与其上最后一个要素相距二行。

第二条红色双线上一行如有文字，与该线的距离为 3 号汉字高度的 7/8。

首页不显示页码。

版记不加印发机关和印发日期、分隔线，位于公文最后一面版心内最下方。

10.2　命令（令）格式

发文机关标志由发文机关全称加“命令”或“令”字组成，居中排布，上边缘至版心上边缘为 20 mm，推荐使用红色小标宋体字。

发文机关标志下空二行居中编排令号，令号下空二行编排正文。

签发人职务、签名章和成文日期的编排见 7. 3. 5. 3。

10.3　纪要格式

纪要标志由“×××××纪要”组成，居中排布，上边缘至版心上边缘为 35 mm，推荐使用红色小标宋体字。

标注出席人员名单，一般用 3 号黑体字，在正文或附件说明下空一行左空二字编排“出席”二字，后标全角冒号，冒号后用 3 号仿宋体字标注出席人单位、姓名，回行时与冒号后的首字对齐。

标注请假和列席人员名单，除依次另起一行并将“出席”二字改为“请假”或“列席”外，编排方法同出席人员名单。

纪要格式可以根据实际制定。

11　式样

（略）

附 录 Ⅲ

中华人民共和国国家通用语言文字法

中华人民共和国主席令

第三十七号

《中华人民共和国国家通用语言文字法》已由中华人民共和国第九届全国人民代表大会常务委员会第十八次会议于 2000 年 10 月 31 日通过，现予公布，自 2001 年 1 月 1 日起施行。

中华人民共和国主席 江泽民

二○○○年十月三十一日

第一章　总则

第一条　为推动国家通用语言文字的规范化、标准化及其健康发展，使国家通用语言文字在社会生活中更好地发挥作用，促进各民族、各地区经济文化交流，根据宪法，制定本法。

第二条　本法所称的国家通用语言文字是普通话和规范汉字。

第三条　国家推广普通话，推行规范汉字。

第四条　公民有学习和使用国家通用语言文字的权利。

国家为公民学习和使用国家通用语言文字提供条件。

地方各级人民政府及其有关部门应当采取措施，推广普通话和推行规范汉字。

第五条　国家通用语言文字的使用应当有利于维护国家主权和民族尊严，有利于国家统一和民族团结，有利于社会主义物质文明建设和精神文明建设。

第六条　国家颁布国家通用语言文字的规范和标准，管理国家通用语言文字的社会应用，支持国家通用语言文字的教学和科学研究，促进国家通用语言文字的规范、丰富和发展。

第七条　国家奖励为国家通用语言文字事业做出突出贡献的组织和个人。

第八条　各民族都有使用和发展自己的语言文字的自由。

少数民族语言文字的使用依据宪法、民族区域自治法及其他法律的有关规定。

第二章　国家通用语言文字的使用

第九条　国家机关以普通话和规范汉字为公务用语用字。法律另有规定的除外。

第十条　学校及其他教育机构以普通话和规范汉字为基本的教育教学用语用字。法律另有规定的除外。

学校及其他教育机构通过汉语文课程教授普通话和规范汉字。使用的汉语文教材，应当符合国家通用语言文字的规范和标准。

第十一条　汉语文出版物应当符合国家通用语言文字的规范和标准。

汉语文出版物中需要使用外国语言文字的，应当用国家通用语言文字做必要的注释。

第十二条　广播电台、电视台以普通话为基本的播音用语。

需要使用外国语言为播音用语的，须经国务院广播电视部门批准。

第十三条　公共服务行业以规范汉字为基本的服务用字。因公共服务需要，招牌、广告、告示、标志牌等使用外国文字并同时使用中文的，应当使用规范汉字。

提倡公共服务行业以普通话为服务用语。

第十四条　下列情形，应当以国家通用语言文字为基本的用语用字：

（一）广播、电影、电视用语用字；

（二）公共场所的设施用字；

（三）招牌、广告用字；

（四）企业事业组织名称；

（五）在境内销售的商品的包装、说明。

第十五条　信息处理和信息技术产品中使用的国家通用语言文字应当符合国家的规范和标准。

第十六条　本章有关规定中，有下列情形的，可以使用方言：

（一）国家机关的工作人员执行公务时确需使用的；

（二）经国务院广播电视部门或省级广播电视部门批准的播音用语；

（三）戏曲、影视等艺术形式中需要使用的；

（四）出版、教学、研究中确需使用的。

第十七条　本章有关规定中，有下列情形的，可以保留或使用繁体字、异体字：

（一）文物古迹；

（二）姓氏中的异体字；

（三）书法、篆刻等艺术作品；

（四）题词和招牌的手书字；

（五）出版、教学、研究中需要使用的；

（六）经国务院有关部门批准的特殊情况。

第十八条　国家通用语言文字以《汉语拼音方案》作为拼写和注音工具。

《汉语拼音方案》是中国人名、地名和中文文献罗马字母拼写法的统一规范，并用于汉字不便或不能使用的领域。

初等教育应当进行汉语拼音教学。

第十九条　凡以普通话作为工作语言的岗位，其工作人员应当具备说普通话的能力。

以普通话作为工作语言的播音员、节目主持人和影视话剧演员、教师、国家机关工作人员的普通话水平，应当分别达到国家规定的等级标准；对尚未达到国家规定的普通话等级标准的，分别情况进行培训。

第二十条　对外汉语教学应当教授普通话和规范汉字。

第三章 管理和监督

第二十一条 国家通用语言文字工作由国务院语言文字工作部门负责规划指导、管理监督。

国务院有关部门管理本系统的国家通用语言文字的使用。

第二十二条 地方语言文字工作部门和其他有关部门，管理和监督本行政区域内的国家通用语言文字的使用。

第二十三条 县级以上各级人民政府工商行政管理部门依法对企业名称、商品名称以及广告的用语用字进行管理和监督。

第二十四条 国务院语言文字工作部门颁布普通话水平测试等级标准。

第二十五条 外国人名、地名等专有名词和科学技术术语译成国家通用语言文字，由国务院语言文字工作部门或者其他有关部门组织审定。

第二十六条 违反本法第二章有关规定，不按照国家通用语言文字的规范和标准使用语言文字的，公民可以提出批评和建议。

本法第十九条第二款规定的人员用语违反本法第二章有关规定的，有关单位应当对直接责任人员进行批评教育；拒不改正的，由有关单位做出处理。

城市公共场所的设施和招牌、广告用字违反本法第二章有关规定的，由有关行政管理部门责令改正；拒不改正的，予以警告，并督促其限期改正。

第二十七条 违反本法规定，干涉他人学习和使用国家通用语言文字的，由有关行政管理部门责令限期改正，并予以警告。

第四章 附则

第二十八条 本法自 2001 年 1 月 1 日起施行。

主要参考书目

[1] 吕秋薇主编:《财经应用文写作》，电子工业出版社 2012 年版。

[2] 曾辉、刘中平、王智平主编:《应用文写作》，高等教育出版社 2011 年版。

[3] 李道荣主编:《现代经济应用写作》，湖北人民出版社 2004 年版。

[4] 陈佩玲、许国英主编:《应用文写作》，化学工业出版社 2005 年版。

[5] 康建兰等主编:《财经应用文写作》，机械工业出版社 2011 年版。

[6] 杨文丰编著:《现代应用文写作》，中国人民大学出版社 2011 年版。

[7] 程玥编著:《财经应用写作》，中国人民大学出版社 2010 年版。

[8] 王晓红主编:《财经应用文写作》，电子工业出版社 2010 年版。

[9] 实用审计应用文写作编写组:《实用审计应用文写作》，中国时代经济出版社 2002 年版。

[10] 徐中玉主编:《应用文写作》，高等教育出版社 2012 年版。

[11] 徐智明主编:《中国通用应用文商贸文书》，上海交通大学出版社 2000 年版。

[12] 赵旭明主编:《财经应用文写作》，河北大学出版社 2010 年版。

[13] 娄永毅主编:《经济应用文写作教程》，立信会计出版社 2005 年版。

[14] 王桂清等主编:《经济应用文写作》，机械工业出版社 2004 年版。

[15] 程大荣、潘水根编著:《商务写作》，浙江大学出版社 2001 年版。

[16] 钟文斌、赵乾坤主编:《财经应用文写作》，北京工业大学出版社 2007 年版。

[17] 彭祝斌、刘社瑞主编:《现代财经写作》，湖南科学技术出版社 2003 年版。

[18] 王志、姚丽芳主编:《新编财经应用写作》，大连理工大学出版社 2002 年版。

[19] 刘葆金主编:《经济应用文写作》，东南大学出版社 2003 年版。

[20] 张浩编著:《财务文书写作技巧与范例》，蓝天出版社 2005 年版。

[21] 洪威雷、王颖主编:《应用写作新论》，武汉大学出版社 2001 年版。

[22] 邱宣煌主编:《财经应用文写作训练》，东北财经大学出版社 2001 年版。

[23] 乔刚主编:《经济应用文写作教程》，立信会计出版社 2005 年版。

[24] 张中伟、白波主编:《财经应用文写作》，经济科学出版社 2010 年版。

[25] 江少川主编:《新编大学实用写作》，北京大学出版社 2002 年版。

[26] 张微著:《广告文案写作》，武汉大学出版社 2002 年版。

[27] 张保忠主编:《公文写作格式与技巧》，广东经济出版社 2002 年版。

[28] 范瑞雪、刘召明主编《财经应用文写作》，经济科学出版社 2011 年版。

[29] 霍唤民主编:《新编应用文写作全书》，中国社会出版社 2003 年版。

教师反馈及教辅申请表

北京大学出版社本着“教材优先、学术为本”的出版宗旨，竭诚为广大高等院校师生服务。为更有针对性地提供服务，请您认真填写以下表格并经系主任签字盖章后寄回，我们将按照您填写的联系方式免费向您提供相应教辅资料，以及在本书内容更新后及时与您联系邮寄样书等事宜。

<table>
<tr><td>书名</td><td></td><td>书号</td><td colspan="2">978-7-301-</td><td>作者</td><td></td></tr>
<tr><td colspan="2">您的姓名</td><td colspan="3"></td><td>职称职务</td><td></td></tr>
<tr><td colspan="2">校/院/系</td><td colspan="5"></td></tr>
<tr><td colspan="2">您所讲授的课程名称</td><td colspan="5"></td></tr>
<tr><td colspan="2">每学期学生人数</td><td colspan="3">______人_____年级</td><td>学时</td><td></td></tr>
<tr><td colspan="2">您准备何时用此书授课</td><td colspan="5"></td></tr>
<tr><td colspan="2">您的联系地址</td><td colspan="5"></td></tr>
<tr><td colspan="2">邮政编码</td><td colspan="2"></td><td>联系电话
（必填）</td><td colspan="2"></td></tr>
<tr><td colspan="2">E-mail（必填）</td><td colspan="2"></td><td>QQ</td><td colspan="2"></td></tr>
<tr><td colspan="5">您对本书的建议：</td><td colspan="2">系主任签字

盖章</td></tr>
</table>

我们的联系方式：

北京大学出版社经济与管理图书事业部

北京市海淀区成府路 205 号，100871

联系人：徐冰

电话：010-62767312 / 62757146

传真：010-62556201

电子邮件：em_pup@126.com　　em@pup.cn

QQ：5520 63295

新浪微博：@北京大学出版社经管图书

网址：http://www.pup.cn